U0579371

高校财务管理与创新研究

冯思爽　著

中国国际广播出版社

图书在版编目（CIP）数据

高校财务管理与创新研究/冯思爽善. -- 北京：
中国国际广播出版社，2024.10. -- ISBN 978-7-5078-
5699-6

Ⅰ. G647.5
中国国家版本馆 CIP 数据核字第 2024X221C8 号

高校财务管理与创新研究

著　　者　冯思爽
责任编辑　张　玥
校　　对　张　娜
封面设计　万典文化

出版发行　中国国际广播出版社有限公司
电　　话　010-86093580　010-86093583
地　　址　北京市丰台区榴乡路 88 号石榴中心 2 号楼 1701
邮　　编　100079
印　　刷　唐山唐文印刷有限公司

开　　本　787 毫米×1092 毫米　1/16
字　　数　300 千字
印　　张　15
版　　次　2025 年 4 月第 1 版
印　　次　2025 年 4 月第 1 次印刷
定　　价　78.00 元

PREFACE 前 言

在全球化经济迅猛发展和信息技术深度融合的时代背景下，高校的财务管理面临着前所未有的机遇与挑战。作为教育体系中的重要组成部分，高校不仅是知识的传播者和创新的摇篮，更是学术研究的前沿阵地。在这一过程中，高校的财务管理不仅支撑着教学、科研和社会服务的有效开展，还直接影响着学校的战略决策与可持续发展。特别是在当前国家推动"双一流"建设、优化教育资源配置的背景下，高校的财务管理和创新已成为提升办学质量、增强核心竞争力的重要手段。

本书正是基于这一背景而展开的，旨在对高校财务管理中的关键问题、创新策略以及未来发展趋势进行深入的探讨。全书从理论出发，结合实践中的案例，探究高校如何通过现代化的财务管理手段，优化资源配置，提升管理效率，推动财务管理创新。本书的写作过程力求系统性和实践性的统一，为从事高校财务管理工作的研究者和管理者提供有效的理论支持与实践指导。

高校作为教育和科研的重要机构，其财务管理的复杂性和特殊性不同于一般企业或政府部门。高校的资金来源相对多样化，包括政府拨款、学费收入、科研经费、社会捐赠等；支出项目则涉及教学、科研、基础设施建设、行政管理等多个领域。如何有效管理这些资金，确保高校的资金安全、合理配置和高效使用，是财务管理的核心课题。

在传统的高校财务管理模式中，财务工作更多关注的是资金的收支平衡与账务核算，较少关注资金使用效率、风险防范以及长期的战略规划。然而，随着高校规模的扩展和学科建设的提升，财务管理的重心也逐渐从简单的资金管理转向更复杂的资源整合与价值创造。当前的高校财务管理面临着财务结构多元化、资金使用复杂化和风险管控紧迫化的多重挑战。因此，推动高校财务管理的创新已是大势所趋。

高校财务管理的核心之一是资金使用和资产管理的优化。高校资金的合理配置与有效使用不仅关系到教学和科研活动的顺利开展，更直接影响到学校的整体运营效率。高校的资产包括固定资产和流动资产，如何平衡资产结构、确保资金流动性和长期投资效益，是管理中的重要课题。

在实践中，许多高校面临着固定资产老化、资源浪费和资产管理不透明的问题。例如，实验室设备由于缺乏统一的管理，往往存在重复购置、利用率低等现象，这不仅造成了资金的浪费，还降低了科研的效率。此外，流动资产的管理也需要进一步优化，确保高校在应对短期资金需求时能够保持良好的资金流动性，同时兼顾长期发展的资金储备。

因此，高校必须建立完善的资金使用和资产管理制度，通过科学的预算编制、精准的资源配置和现代化的资产管理手段，提高资金的使用效益，降低不必要的开支。同时，推动高校资产管理的信息化建设，通过数字化手段实现对资产的实时监控和优化配置，提升管理效率。

在资金日益紧张的背景下，高校需要高度重视成本管理与内部控制。有效的成本管理可以帮助高校在有限的资源下最大化资金使用效率，确保每一笔资金都用在刀刃上。而内部控制机制则是确保资金安全、提升管理透明度的基础，通过严格的审批流程和责任机制，防止资金流失和浪费。

具体来说，高校的成本管理涉及教学、科研、行政等各个方面，如何有效控制行政办公成本、提高科研经费使用效率、优化教学资源配置，是成本管理中的重要环节。同时，内部控制还需涉及风险防范与预警机制，确保高校在面对外部经济环境变化时，能够及时调整资金管理策略，防范财务风险。在本书中，我们将深入探讨高校在成本管理和内部控制方面的创新实践，帮助高校通过精细化管理手段，提升财务管理的整体效率。

高校的资金风险管理与预警机制同样是现代财务管理中的重要内容。高校的资金来源具有多样性，但同时也伴随着一定的风险，特别是在资金结构复杂化、社会捐赠不稳定性增加、科研经费使用受限的情况下，风险管控显得尤为重要。高校需要通过科学的财务风险评估和预警机制，及时发现潜在的财务风险，并采取相应的管理措施进行防范。

在实践中，资金风险的防控需要结合大数据分析和财务信息化手段，通过对资金流动的实时监控，发现异常情况，及时采取调整措施。此外，建立完善的预警机制，还可以帮助高校在面对政策变化或外部冲击时，迅速反应，确保资金链的安全和稳定。

随着信息技术的迅猛发展，财务信息化管理在高校中的应用越来越广泛。通过现代化的财务管理系统，高校可以实现资金流动的全流程监控、数据分析的自动化处理以及决策支持的智能化提升。财务信息化不仅能够提高资金管理的透明度和安全性，还能极大提升管理效率，为高校的财务管理创新提供技术支撑。

未来，高校的财务管理将面临更加复杂的外部环境和内部需求。随着国家教育改革的深入推进，高校的自主财务管理权将进一步扩大，这既为高校带来了更多的管理空间，也提出了更高的要求。在这样的背景下，高校必须不断创新财务管理方式，紧跟时代发展潮流，确保资金使用的合理性和高效性，提升学校的综合竞争力。

总之，《高校财务管理与创新研究》不仅是对当前高校财务管理的系统梳理，更是对未来发展方向的深刻思考。希望本书能够为高校财务管理工作者、研究者和教育管理者提供新的视角和思路，助力高校在新时代背景下实现高质量的可持续发展。

冯思爽

2024 年 10 月

CONTENTS 目 录

第一章　高校财务管理的基本概念与理论基础

高校财务管理的核心目标是在保障高校正常运转的前提下，优化资金的配置与使用，提升资金使用效益，促进高校的可持续发展。随着高等教育规模的扩大和办学自主权的增强，高校财务管理的重要性愈加凸显。高校财务管理需要协调政府拨款、学费收入、科研经费、社会捐赠等多种资金来源，平衡资金的公益性使用和效率提升。这一管理体系的构建，要求在遵循国家政策和法规的基础上，结合市场化运作的现代管理理念，确保高校的财务稳定与发展。

第一节　高校财务管理的定义及特点

一、高校财务管理的定义

高校财务管理是高校内部一项核心管理活动，涉及资金的筹集、使用、分配和监督等各个环节，旨在保障高校教育、科研、基础设施建设和日常运营等各方面的资金需求。与其他类型的财务管理一样，高校财务管理的目标是提高资源利用率、确保资金的合理配置和使用效率，从而促进高校的健康可持续发展。然而，由于高校具有教育与公益的双重性质，其财务管理的内涵与企业财务管理存在显著差异。

（一）财务管理在高校中的具体内涵

高校财务管理涵盖的范围广泛，从资金的筹集与预算编制，到资金使用与财务风险控制，直至财务绩效评估与管理决策支持，均属于其管理范畴。与企业财务管理相似，高校财务管理也注重资金的高效使用和合理分配，以实现高校的战略目标和教育使命。

1. 资金筹集与预算编制

高校的资金来源主要包括政府拨款、学费收入、科研经费、社会捐赠及自有创收等。财务管理的首要任务便是根据高校的年度计划与长期发展目标，合理编制预算，并确保各类资金筹集与预算的紧密衔接。高校财务管理在此过程中，不仅需要充分考虑各类资金的使用要求，还需严格遵守国家的法律法规和政策规定，特别是在政府拨款和科研经费使用方面，高校需确保资金用途的合规性与透明性。

2. 资金分配与使用管理

高校财务管理中的重要环节之一便是对筹集到的资金进行合理分配，确保教学、科研、基础设施建设等核心领域的资金需求得到保障。财务部门需根据高校不同部门、项目的需求，以及预算的约束，对资金进行科学分配，并监督资金的实际使用情况。与企业不同的是，高校资金的使用具有较强的公益性与公共性，因此资金使用的透明度和监督力度要求较高，财务管理需建立完善的内控制度，避免出现资金浪费或违规使用的情况。

3. 财务风险管理与绩效评估

高校财务管理还需关注资金使用中的潜在风险，并建立相应的风险预警和控制机制。比如，科研经费使用不当或投资失误等，都可能给高校带来财务风险。此外，高校还需要通过绩效评估对资金使用效果进行考核，以确保资源配置的效率和合理性。通过定期评估资金的使用效果，财务管理可以为高校的决策提供重要参考，并对预算和资金分配进行适当调整，以提升整体财务管理水平。

（二）高校财务管理与企业财务管理的异同点

虽然高校与企业在资金管理方面都有共同点，例如提高资金使用效率、确保资金的合理分配等，但由于二者的性质、目标与管理模式不同，财务管理也呈现不同的特征。

1. 管理目标的差异

企业财务管理的核心目标是通过提高资金利用率增加利润，从而实现股东价值的最大化。企业管理者需要关注的是如何优化资本结构、降低成本、提高盈利能力等经济效益。而高校作为教育机构，其财务管理的首要目标并非赢利，而是为实现高校的教育、科研使命提供稳定的资金支持，保障教学质量和科研水平。因此，高校财务管理强调公益性、社会效益和资源的长期可持续利用。

2. 资金来源的多样性与复杂性

企业的资金主要来源于股东投资、银行贷款及企业自身的经营收入，而高校的资金来源相对复杂，包括政府财政拨款、学费收入、科研经费、社会捐赠以及高校自主创收等。由于资金来源的多样化，尤其是政府拨款和科研经费带有较强的政策性和使用规定，高校财务管理在资金使用时必须严格遵守国家政策法规，确保资金的合规使用。

3. 预算管理的差异

企业的预算管理更多地集中在利润最大化的策略上，预算编制以追求较高的投资回报为导向。而高校的预算管理则需要综合考虑学校的长期发展规划、教育与科研需求，以及各部门的资金需求，重点是保障教学和科研的顺利进行，而不是单纯追求财务上的回报。因此，高校财务管理在预算编制上更加注重资金的合理性、透明性和公益性。

4. 成本管理与财务控制

企业财务管理中，成本控制和财务管理是确保利润的核心环节，企业通过精细化的成本核算和严格的财务控制来提高效益。而高校的成本管理和财务控制则更加注重教育和科研的实际需求，过度的成本控制可能会影响教学质量或科研进展，因此高校财务管理的成本控制更加灵活，财务控制体系也更加注重合规性和透明性。

5. 风险管理与社会责任

企业的财务风险主要体现在市场竞争、资本市场波动等方面，企业的风险控制主要服务于企业的生存和利润。而高校作为社会公益机构，风险管理既要考虑财务风险，也要考虑社会责任与公众监督。特别是在资金使用、捐赠管理、科研经费分配等方面，高校的财务风险管理不仅需要考虑财务层面的安全性，还要体现出对社会责任的重视，确保高校资金使用的公平性和透明度。

二、高校财务管理的特点

高校财务管理是一种既复杂又具有公益性特征的管理活动。由于高校的社会功能不仅仅局限于营利性，还涉及教学、科研、社会服务等方面，其财务管理与企业有着显著区别。高校财务管理必须在实现教育目标的同时，确保资金的合规使用、资源的有效配置，并通过科学的预算管理来实现长期的可持续发展。

（一）高校资金来源的多样性

高校的资金来源具有高度的多样性，这是高校财务管理的一个显著特点。与企业依赖股东投资、销售收入或银行贷款不同，高校的资金来源更为复杂，涉及政府拨款、学费收入、科研经费、社会捐赠，以及自主创收等多种渠道。这种多元化的资金来源不仅是高校正常运转的基础，也决定了高校财务管理的复杂性和多变性。

1. 政府拨款

政府拨款是大多数高校的主要资金来源，特别是公立高校。拨款通常包括一般性财政拨款和专项拨款。一般性财政拨款用于支持高校的日常运转和教学活动，而专项拨款则多用于支持特定的科研项目或基础设施建设。政府拨款的优势在于其相对稳定性，但也具有较强的政策依赖性，且需要遵守严格的使用规定和审查程序。

2. 学费收入

学费收入是高校资金的另一重要来源，尤其是对私立高校或不完全依赖政府拨款的公立高校而言。随着高校扩招和教育国际化进程的推进，学费收入的重要性逐步提升。然而，学费收入的增减与生源、政策变化等因素密切相关，因此高校在财务管理中需审慎对待学费收入的波动性。

3. 科研经费

科研经费主要来源于政府的科研资助项目、企业合作研究项目以及国际科研基金等。科研经费具有专款专用的特性，使用上有较高的合规性要求。科研经费的筹集和使用管理，是高校财务管理中的一项关键工作，同时也与高校的科研能力和声誉直接相关。

4. 社会捐赠与自主创收

高校还可以通过接受校友和社会捐赠、自主经营项目（如出版、专利转化、咨询服务等）来筹集资金。社会捐赠作为一项非政府性的资金来源，近年来在国际顶尖高校中尤为重要，但在国内高校中的发展相对较慢。自主创收是高校利用自身资源进行创收的途径，如办学收入、培训收入、产业投资等，这也对高校的财务管理提出了更高要求，尤其在资金使用效率和风险管理方面。

（二）财务管理中的公共性和公益性特征

高校财务管理与企业财务管理的核心区别之一在于其公益性与公共性。作为公共服务机构，特别是公立高校，教育不仅是一项社会责任，更是国家发展的基础，高校的存在和运营带有明显的公益性质。这种性质决定了高校的财务管理不仅要考虑资金的使用效率，还必须兼顾社会效益和教育质量。

1. 公共性体现

高校作为教育公共服务的提供者，其资金使用和管理必须符合公共财政的规范和要求。政府拨款、社会捐赠等公共资源的流入，使得高校财务管理具有较高的公共性，资金使用的透明度和合规性要求非常严格。高校财务管理需要向政府、社会和公众交代资金的使用情况，确保公共资源的高效利用和社会效益的最大化。

2. 公益性特征

高校财务管理的公益性主要体现在高校为社会提供优质教育资源、推动科研进步以及服务社会的使命上。与企业追求赢利不同，高校财务管理的最终目标是为社会培养人才、推动知识创新，服务国家和社会。因此，高校财务管理在进行资金分配时，必须优先保障教学和科研等核心任务的资金需求，确保资金的使用符合高校的社会责任和公益使命。

（三）资金使用的合规性与透明性要求

高校财务管理的一个重要特点是资金使用的合规性与透明性要求高。这是由高校资金来源的公共性质和多样性决定的。尤其是政府拨款和科研经费的使用，必须严格遵守法律法规和财政纪律，确保每一笔资金都用于既定用途，并且可以接受社会和公众的监督。

1. 合规性要求

由于高校涉及多种资金来源，不同来源的资金通常有着不同的使用规定。例如，政府拨款和科研经费的使用具有严格的法律依据，任何违规使用都会引发审计问题甚至法律风险。因此，财务管理部门需要在资金使用前制订明确的使用规划，并在使用过程中建立严格的内部控制机制，确保资金使用合规。

2. 透明性要求

高校的财务透明度是社会公众和捐赠者衡量其诚信度和管理能力的重要标准。高校财务管理不仅需要定期向政府和社会公布资金使用情况，还需要接受内部和外部审计。通过财务公开，高校能够建立良好的社会形象和信任度，这对于吸引更多的社会捐赠和支持具有重要作用。

（四）长周期的资金回报及预算管理

与企业财务管理追求短期回报不同，高校的资金回报周期较长，且资金使用的周期性和长期性更为明显。高校的资金管理不仅要关注眼前的运营和建设，更要为学校的长期发展做好资金规划。这种长周期的资金管理要求高校在预算管理上更加谨慎和科学。

1. 长周期资金回报

高校投资的项目，如基础设施建设、科研项目、人才培养等，往往需要较长的周期才能看到经济或社会效益。例如，科研成果的转化可能需要数年甚至更长时间，这就要求高校财务管理具备长期规划能力，确保资金能够持续支持关键项目的顺利进行。

2. 预算管理的精细化

高校预算管理的目标不仅是合理分配年度资金，还要为未来几年甚至几十年的发展做出长远规划。尤其在大规模基础设施建设或科研项目中，高校必须通过精细化的预算管理确保资金的稳定供应，并避免因资金短缺而导致项目中断。此外，预算的执行情况和调整机制也至关重要，财务管理部门需要对资金使用情况进行动态监控，并根据实际情况灵活调整预算分配。

第二节　财务管理理论发展回顾

一、传统财务管理理论的发展历程

财务管理理论自其诞生以来，经历了长时间的发展与演变，逐步从早期的简单记账方式，转变为一套系统性、科学化的管理理论与实践体系。传统的财务管理理论从预算控制逐步发展到成本控制，进而扩展到涵盖风险管理、绩效评估等更为复杂的领域。

（一）从预算控制到成本控制的演变

在财务管理的发展历史中，预算控制和成本控制是两个重要的阶段，标志着财务管理从简单的账务记录转向科学的管理工具。

1. 预算控制的兴起

预算控制是财务管理的早期核心内容，最初在政府和非营利组织中广泛应用。早期的预算控制主要通过制定预算、执行预算和监督预算来确保资源的合理分配。对于高校而言，预算控制的重要性不言而喻，因为高校的资金大多来源于政府拨款和社会捐赠。通过预算控制，高校能够在不同的部门、项目之间合理分配资金，避免浪费与无序支出。

随着时间的推移，预算控制从简单的资金分配演变为一种复杂的管理工具，涵盖了高校的日常运作、科研活动和基础设施建设等多个方面。预算控制的精细化程度也不断提高，例如，高校会针对科研经费、教学支出等不同用途制定详细的预算，并对预算的执行情况进行跟踪与监督。

2. 成本控制的引入

随着经济环境的变化，企业和非营利组织逐渐意识到，单纯的预算控制无法全面解决资金使用效率的问题，于是成本控制理论应运而生。成本控制不再仅仅关注资金的分配，而是强调如何通过减少浪费、提高资源利用率来降低运营成本，提高资金的使用效率。

在高校管理中，成本控制的作用越发显著。高校的成本不仅包括教学、科研和基础设施维护的直接成本，还涉及诸如行政管理、后勤保障等间接成本。通过成本控制，高校能够优化资源配置，确保资金的最大化利用。例如，在教学成本管理中，高校可以通过优化课程安排、合理配置教学资源来降低教学成本；在科研成本管理中，高校通过科学管理科研设备和实验材料，也可以有效降低科研成本，提高科研资金的使用效率。

3. 从预算控制到成本控制的转变

预算控制和成本控制并非相互替代的管理方式，而是互为补充。预算控制确保资金的合理分配和合规使用，而成本控制则专注于如何在既定预算内提高资金使用效率。对高校来说，这种管理方式的演变不仅提升了资金的使用效能，也使得高校在资金使用上更加灵活、科学。

（二）传统企业财务管理理论对高校财务管理的影响

传统的企业财务管理理论在高校财务管理中有广泛的应用，尽管高校的目标和结构与企业有所不同，但在资金管理、成本控制、财务风险管理等方面，企业财务管理理论仍为高校提供了重要的指导。

1. 企业预算管理理论对高校的影响

企业预算管理理论强调通过科学的预算编制、执行与监督来确保企业资源的最佳配置与使用。高校借鉴企业的预算管理理论，逐步建立起一套更加完善的预算体系。在高校中，预算管理不仅是资金分配的工具，更是实现学校战略目标的重要手段。通过借鉴企业的预算管理经验，高校在预算编制过程中更加注重前瞻性和精细化，从而避免资金浪费，提高资金的使用效率。

此外，企业预算管理中的绩效考核和反馈机制也逐渐被引入高校的财务管理中。

通过对不同部门的预算执行效果进行考核，高校可以在下一年度的预算编制过程中做出合理调整，进一步优化资源分配。这一过程确保了高校的资金使用符合学校的整体战略发展方向，也提高了各部门对资金使用的责任感和自觉性。

2. 成本管理理念的移植

企业的成本管理理念对高校有着显著的影响。企业成本管理的核心是提高资源利用率，降低运营成本，而高校同样需要通过精细化管理来降低教学、科研和行政管理等方面的成本。在教学方面，高校可以通过优化教学安排、提高师资利用率来降低成本；在科研方面，高校可以通过合理安排科研项目、共享设备和资源来减少科研成本的浪费。

企业的成本核算体系为高校提供了重要的参考。高校可以通过科学的成本核算体系，准确计算每一项教学活动、科研项目、行政活动的成本，进而进行合理的资源分配。通过这种精细化的成本核算，高校能够更好地控制成本，提高资金的使用效率。

3. 风险管理理论的应用

风险管理是企业财务管理中的重要组成部分，企业通过识别、评估和控制风险，确保财务活动的安全与稳定。高校作为资金密集型组织，同样面临着各种财务风险。企业的风险管理理论为高校应对财务风险提供了重要借鉴。例如，在科研经费管理中，高校需要严格遵守资金使用规定，避免违规使用带来的法律风险；在资金投资与管理中，高校需要合理规避市场波动带来的财务风险。

通过借鉴企业的风险管理理论，高校可以建立健全财务风险控制体系，确保资金使用的安全性和稳定性。同时，企业财务管理中的内部控制机制、审计制度等也对高校的财务管理产生了深远影响。高校通过引入这些机制，能够更好地防范和化解财务风险，提高管理的透明度和公信力。

4. 绩效管理与财务透明度的提高

企业的绩效管理理论在高校中得到了广泛应用。高校逐渐将财务管理与绩效考核相结合，通过定期对资金使用效果进行评估，确保资金使用与学校的战略目标相一致。通过这种绩效管理模式，高校能够在有限的资源下，实现教育质量和科研产出的最大化。此外，企业财务管理中的透明度要求，也逐渐在高校财务管理中得到落实。高校通过定期公开财务报告、接受审计监督等方式，确保资金使用的透明和合规，增强社会公众的信任。

二、现代财务管理理论的出现与发展

随着经济和社会的不断进步，财务管理理论逐步从传统的预算控制和成本控制向现代财务管理理论演进。现代财务管理理论更加关注企业和组织的长期发展，涵盖了股东价值最大化、风险管理、资本结构优化等多方面内容。这些理论在企业财务管理中得到了广泛应用，但随着高校的发展和运作的日益复杂，许多现代财务管理理念也逐渐被引入高校财务管理中。尽管高校的财务管理和企业存在显著差异，尤其是在公益性和社会责任方面，但这些现代理论仍为高校的资金运作和管理带来了深刻启示和创新空间。

（一）股东价值最大化理论与高校公益性财务管理的差异

股东价值最大化理论是现代财务管理的核心理念之一，尤其在企业管理中得到了广泛应用。该理论的核心是通过财务决策和经营管理，最大化企业的股东财富，即提高公司股价和股东的长期回报。然而，股东价值最大化理论并不完全适用于高校财务管理，因为高校的主要目标并非追求利润最大化，而是以社会公益性为基础，致力于教育、科研和社会服务的价值实现。

1. 高校的多元化目标

高校财务管理的目标涵盖了教育、科研、社会责任等多个方面，这与企业单一追求股东价值最大化形成了明显对比。高校不仅需要通过财务管理实现资源的合理配置，还要在有限的资金条件下保障教学质量、科研能力和基础设施建设。其资金运作更强调长期的社会效益，而非短期经济收益。因此，高校财务管理决策更注重资金使用的社会影响以及对学术发展的促进作用。

2. 长期发展与社会责任

高校的长期发展目标决定了其财务管理需要更多地考虑社会责任和公益性。比如，高校在进行科研经费的分配时，不仅需要考虑项目的经济效益，还要注重其学术价值和社会影响力。与企业追求利润不同，高校在资金管理过程中，需要平衡好资源的使用效率和社会责任，确保资金用于提升教学、科研质量和服务社会的公益项目。

3. 资金使用的透明性与合规性

由于高校大部分资金来源于政府拨款、社会捐赠和科研资助，资金的使用透明性和合规性要求极高。高校必须向政府和公众汇报资金的使用情况，确保每一笔资金都得到了合理、透明的使用。这种高标准的透明度和合规性使得高校财务管理在决策过程中更加慎重，以保证公共资金的安全与高效利用。

（二）风险管理理论在高校财务中的应用

现代财务管理理论中的风险管理理念也逐步被高校财务管理所借鉴和应用。风险管理是指通过识别、分析、评估和应对潜在的财务风险，确保组织财务活动的稳定性和安全性。对于高校而言，尽管它们不以赢利为主要目标，但由于资金来源多样化和运作规模庞大，高校同样面临着多种财务风险。

1. 资金来源风险管理

高校的资金来源包括政府拨款、学费收入、科研经费和社会捐赠等，其中每一项资金来源都可能受到政策变化、经济环境波动的影响。例如，政府拨款的减少或学费收入的波动可能导致高校的财务紧张，影响教学和科研的正常进行。因此，高校需要通过风险管理，识别这些潜在的资金来源风险，并建立应对措施，如合理调整资金使用策略、建立资金储备和多元化的收入结构。

2. 科研经费管理中的风险控制

科研经费的管理是高校财务风险管理中的一项重要内容。科研项目的资金通常带有严格的使用规定，如资金使用的专款专用、时间限制等。如果管理不善，科研经费的违规使用可能会导致项目终止或经费回收，甚至影响高校的信誉。因此，高校需要通过建立完善的科研经费管理体系，确保资金的合规使用，并通过审计监督和内部控制，防范潜在的资金使用风险。

3. 财务管理的外部风险

外部经济环境的变化、政策的调整以及市场的不确定性也可能对高校的财务稳定性构成威胁。高校可以通过建立财务风险预警系统和应急管理机制，提前识别和防范外部风险。例如，通过多元化投资和合理的资金储备，高校可以应对外部资金来源不稳定或政策变化带来的冲击，确保学校正常运营。

（三）资本结构优化理论对高校财务结构管理的启示

资本结构优化是现代财务管理中的核心理论之一。该理论强调通过合理配置权益资本和负债资本，达到降低资金成本和提高企业价值的目的。在高校财务管理中，虽然资本结构的概念与企业有所不同，但资本结构优化理论仍为高校在管理负债、配置资金方面提供了有益启示。

1. 高校资本结构的特点

高校的资金主要来自政府拨款、学费收入、科研经费和社会捐赠，外部借贷和投资资金在高校资本结构中占比较小。因此，高校的资本结构更注重权益性资本的配置，而非负债资本的使用。然而，随着高校自主办学能力的增强和市场化改革的推进，部分高校开始利用债务融资进行基础设施建设或科研项目投资，这使得资本结构管理的重要性逐步提升。

2. 负债管理与资金使用效率的提升

尽管高校不像企业一样需要大量使用负债融资，但在基础设施建设和大型科研项目中，合理的负债管理有助于提高资金使用效率。通过适度的债务融资，高校可以更快速地完成项目建设，推动学校的发展和扩张。与此同时，高校需要通过精细化的资金管理，确保负债水平可控，避免过度依赖债务融资带来的财务风险。

3. 资本结构优化对高校财务管理的启示

资本结构优化理论为高校财务管理提供了重要启示。高校可以通过合理配置资金来源和使用方式，提高资金的使用效率。例如，适度增加自主创收和校企合作项目，扩展资金来源渠道，降低对单一资金来源的依赖。此外，资本结构优化也要求高校通过科学的资金管理，降低融资成本，合理规划负债和投资，以实现资金的最优配置和学校的长期发展目标。

三、高校财务管理理论的独特性

高校财务管理作为一种复杂的管理活动，具有独特性。这种独特性体现在其资金来源的多样性、管理目标的社会公益性，以及高校财务治理结构的特殊要求等多个方面。与企业财务管理相比，高校财务管理更注重公共财政的合理使用与社会责任的履行，财务治理结构也需要适应高校的多元化和复杂性。

（一）公共财政与社会责任理论在高校中的体现

高校财务管理不同于企业，其公益性决定了高校在资金管理上必须严格遵循公共财政的原则，同时高校也肩负着巨大的社会责任。因此，公共财政与社会责任理论是高校财务管理中至关重要的理论基础。

1. 公共财政的体现

公共财政理论强调政府作为公共服务的提供者，其财政资金应主要用于社会福利和公益性事业的建设。高校作为社会公益性机构，其财务管理的核心任务之一就是确保公共财政资金的合理使用和配置。这包括政府拨款、科研经费以及社会捐赠等资金来源的合规管理与分配。

在公共财政框架下，高校的财务管理需优先考虑教育和科研的基本需求，确保有限的财政资源能够实现最大化的社会效益。这意味着高校必须制定科学的预算管理体系，将资金合理分配到不同的教学、科研项目和基础设施建设中，以保障学校的可持续发展和社会责任的履行。

同时，公共财政的使用需要极高的透明度和合规性。高校作为公共资金的受益者，必须向政府和社会定期披露资金使用情况，接受外部审计和监督，确保公共资金的透明使用。通过这种方式，高校不仅能够增强公众的信任，还能够确保资金的使用符合社会公益性目标。

2. 社会责任的履行

高校在承担教育与科研使命的同时，必须在财务管理中体现出强烈的社会责任感。这种社会责任不仅体现在教育和科研的支持上，还包括如何通过合理的资金管理推动社会进步、技术创新以及国家经济的发展。

例如，在科研经费的分配和使用上，高校不仅要考虑科研项目的学术价值，还要关注其对社会进步的贡献。在许多情况下，高校承担的科研项目具有高度的公益性，例如环境保护、新能源开发、公共卫生等领域的研究，这些科研成果对于社会的发展和进步至关重要。因此，高校财务管理需要在资金分配时优先支持这些具有重大社会意义的科研项目。

同时，高校财务管理还必须在资金使用过程中，注重可持续发展和公平性原则。例如，在校园基础设施建设中，高校应通过节能减排、绿色建筑等项目体现对环境保护的社会责任。在学费收入的管理上，高校还需要考虑贫困学生的资助问题，通过合理的奖助学金体系，确保所有学生都能平等获得教育机会。

（二）高校财务治理结构的演进与优化

高校的财务治理结构直接影响到资金的管理与分配效率。随着高校的发展壮大，财务治理结构也经历了不断的演进和优化，从最初的简单管理模式发展到如今的多层次、多部门参与的综合治理体系。通过合理的治理结构优化，高校能够实现更高效的资金管理和决策支持。

1. 传统财务治理结构的局限性

传统的高校财务治理结构相对简单，主要由校领导层、财务部门和各个院系的管理人员组成。这种结构在高校规模较小时能够有效运行，但随着高校规模的扩展、科研任务的加重以及外部环境的复杂化，传统的治理结构暴露出了诸多局限性。

首先，传统的财务管理权力高度集中在校领导层和财务部门，院系和其他部门缺乏充分的参与决策的机会。这种权力过度集中的情况可能导致资金分配不合理，忽视了实际教学和科研需求。其次，传统治理结构下的监督机制相对薄弱，容易导致资金使用的透明度和合规性不足，尤其是在科研经费的管理中，可能出现资金使用效率低下的情况。

2. 现代高校财务治理结构的演进

随着高校的不断发展，财务治理结构逐渐向多元化和科学化方向演进。现代高校财务治理强调财务管理的分权化和决策的民主化，将资金管理的责任分配到各个院系和部门，以提高资金使用的科学性和合理性。

首先，越来越多的高校采用了预算委员会或财务委员会的形式，将各院系、部门的代表纳入财务决策过程。这种参与式治理结构有助于确保资金的分配更加符合各部门的实际需求，避免了资金过度集中在某一领域。此外，高校还在财务治理中引入了更多外部监督机制，包括社会审计和政府审计，以确保资金使用的透明性和公正性。

其次，现代高校财务治理还强调信息化建设，通过引入现代化的财务管理系统，实现资金管理的精细化和数据化。这种信息化治理模式使得高校可以实时监控资金的流动和使用情况，及时发现并解决可能出现的问题。信息化系统还为财务管理提供了强大的数据支持，帮助决策者更科学地进行资金分配和使用优化。

第三节　高校财务管理的基本职能

一、财务规划与预算编制职能

高校财务管理作为高校运营和发展的核心支撑，具有全局性、战略性和复杂性的特点。其中，财务规划与预算编制职能尤为重要，它决定了学校资源的配置方式、资金的使用效率以及长期发展的可持续性。财务规划的制定和预算编制是高校财务管理中的两项基础性工作，它们不仅为高校日常运营提供资金保障，还对高校战略目标的实现产生深远影响。

（一）长期财务规划的制定

高校的长期财务规划是为了保障学校的长期发展战略，确保学校的教学、科研、基础设施建设等目标能够顺利实现。长期财务规划通常涵盖三到五年，甚至更长的时间跨度，重点关注学校发展所需的资金筹集、使用和管理方式。制定长期财务规划需要充分考虑学校的教育目标、学科建设、科研需求以及外部经济、政策环境的变化。

1. 长期财务规划的目标设定

高校的长期财务规划首先需要明确其财务管理的总体目标。与企业不同，高校的财务目标不仅仅局限于资金的增值或效益最大化，而是为了支持学校的公益性事业，如人才培养、科学研究、社会服务等。因此，长期财务规划必须紧密结合学校的发展战略，确保财务资源能够持续有效地支持学校的核心职能。

例如，如果高校计划在未来几年内建设新的教学楼或实验室，扩大科研项目规模，或者引进高水平师资，那么长期财务规划就需要提前安排这些项目所需的资金筹措与分配方案。同时，学校的长期财务规划还需要考虑如何保持资金的长期可持续性，避免短期内过度举债或过度依赖单一资金来源。

2. 资金来源的预测与管理

在长期财务规划中，资金来源的预测与管理是关键一环。高校的资金来源通常包括政府拨款、学费收入、科研经费、社会捐赠以及自主创收等。不同资金来源的波动性和可靠性各不相同，因此，高校在制定财务规划时需要充分评估未来资金来源的稳定性与可持续性。

比如，政府拨款可能会受到国家政策变化的影响，社会捐赠受经济环境波动影响较大，而学费收入则与招生规模和学费标准密切相关。因此，长期财务规划不仅需要预测未来资金来源的增长或减少趋势，还需要采取相应的管理措施，确保在资金来源不确定时，学校能够维持正常运营。此外，资金的多元化管理也是确保高校财务稳定的重要策略，学校应尽可能扩大其资金来源的多样性，减少对单一渠道的依赖。

3. 投资与债务管理

高校的长期财务规划还需要涵盖投资与债务管理。对于那些通过投资来增加收入的高校，规划应明确投资方向和风险控制措施，以确保资金的安全性和增值潜力。同时，学校可能会根据发展需要进行适度的负债融资，如发行债券或银行贷款，以加速基础设施建设或科研设备采购。因此，在长期财务规划中，高校需要制定合理的债务管理策略，确保债务水平在可控范围内，并能通过后续的资金流入进行偿还，避免财务风险过高。

4. 应对不确定性的风险规划

由于长期财务规划往往涉及多年的发展周期，高校还必须在规划中加入对不确定性风险的应对策略。比如，外部政策环境的变化、经济危机、招生情况的波动等，都可能对高校的财务状况产生重大影响。因此，高校应通过风险管理措施，预留一定的财务储备，以应对可能出现的资金不足情况。同时，建立灵活的调整机制，以便在出现重大变化时及时对财务规划进行修正。

（二）年度预算的编制与调整

年度预算是高校财务规划的重要执行工具，承担着对资金的具体分配和支出的控制职能。年度预算不仅要与学校的长期财务规划保持一致，还要根据当年的实际情况进行灵活调整，以确保学校各项工作的顺利开展。预算编制与调整的科学性和合理性，直接决定了高校资源的使用效率。

1. 预算编制的流程与方法

年度预算编制通常由高校的财务部门主导，但需要各个部门的广泛参与。各院系、科研单位和职能部门需要根据其年度工作计划和资金需求提出预算申请。财务部门在综合考虑学校整体资金状况、战略重点和各部门需求的基础上，制定出初步的预算方案。然后，预算方案需要提交校领导和预算委员会审议，经过多轮讨论和修订，最终形成定案。

在预算编制过程中，财务部门需要综合运用多种预算编制方法。常见的预算编制方法包括增量预算法和零基预算法。增量预算法基于上年度的预算情况进行调整，而零基预算法则要求每个部门从零开始重新申报其资金需求，避免沿用以往的预算惯性。高校通常会结合这两种方法，根据实际需要进行调整，以确保预算编制既能保证基本需求，又能避免资金浪费。

2. 预算的分配与控制

高校的年度预算需要根据不同资金来源进行合理分配。例如，政府拨款通常会优先用于支持教学、科研和基础设施建设，科研经费则专门用于特定的科研项目支出，学费收入则可用于日常教学和管理活动。因此，预算编制需要对不同资金进行精准匹配，确保每一笔资金都用于最合适的项目。

预算的执行与控制是确保资金使用效率的关键环节。在预算执行过程中，财务部门需要实时监控各部门的资金使用情况，确保资金使用与预算计划保持一致。如果出现超支或资金使用效率低下的问题，财务部门应及时采取措施进行干预，如暂缓拨款、调整预算等。

3. 预算的调整与灵活性管理

尽管预算在年度初期已经经过了详细的编制与审核，但在执行过程中，实际情况往往会发生变化。因此，高校财务管理必须具备一定的灵活性，以便根据实际需求及时对预算进行调整。比如，某些科研项目可能因为进展超预期而需要追加资金，或者外部环境的变化导致政府拨款减少，高校需要通过削减非核心项目的预算来应对这些变化。

财务部门可以通过中期预算调整和追加预算的方式应对这些变化。在进行预算调整时，财务部门需要评估现有资金的使用情况，并与相关部门进行沟通，确保调整后的资金分配依然符合学校的整体发展战略。同时，任何预算调整都需要经过学校领导和预算委员会的批准，以确保财务管理的规范性和透明性。

二、资金筹集与使用职能

在高校财务管理中，资金筹集和使用职能是确保学校各项工作正常运行的核心要素。高校资金来源的多样性和复杂性要求财务管理部门具备高度的规划和管理能力，以确保资金的有效获取和合理使用。高校的主要资金来源包括政府拨款、社会捐赠和科研经费，而如何高效利用这些资金并确保其合规使用，是高校财务管理中的关键任务。

（一）政府拨款、社会捐赠和科研经费的筹集与管理

1. 政府拨款的筹集与管理

政府拨款是大多数高校的重要资金来源，尤其是公立高校。政府拨款的主要用途包括支持学校的日常运营、教学活动、基础设施建设以及科研发展等。高校通过政府拨款，不仅能够维持基本的教育和科研需求，还能为发展战略提供资金支持。

然而，政府拨款具有较强的政策性和合规性要求，资金的筹集和使用必须遵循国家和地方的财政政策以及相关法律法规。高校需要与政府部门保持密切沟通，了解拨款政策的变化趋势，合理规划预算并确保资金及时到位。例如，国家在"双一流"建设中提供了大量专项拨款，支持高校提升科研实力和国际竞争力。高校在申请和管理这些拨款时，需要紧密对接国家战略目标，确保资金的使用符合政策导向。

政府拨款的管理还要求高校制订详细的资金使用计划，并在使用过程中定期向政府部门提交资金使用报告，接受审计和监督。通过科学的管理，高校能够确保政府拨款的合规使用，避免资金浪费或违规操作，从而维护学校的财务健康。

2. 社会捐赠的筹集与管理

社会捐赠是高校资金的重要补充来源，尤其在欧美等教育体系成熟的国家，社会

捐赠已经成为高校发展的重要驱动力。近年来，国内高校也逐渐重视社会捐赠的筹集，通过校友、企业、基金会等渠道获取资金，以支持学校的教育、科研和公益事业。

社会捐赠的筹集具有一定的挑战性。高校需要建立广泛的社会联系，尤其是校友网络和企业合作关系，增强学校在社会中的影响力。捐赠者通常希望看到捐款的社会价值，因此高校需要向捐赠者展示资金的使用成效，确保捐赠的公开透明和管理规范。

在捐赠管理中，高校需设立专门的资金管理部门或基金会，负责捐赠资金的筹集、管理和使用。通常，捐赠资金会被用于奖学金、助学金、校园建设、科研项目支持等方面。捐赠资金的使用必须严格按照捐赠者的意愿和合同要求，同时高校还需要对捐赠资金进行定期审计，并向捐赠者反馈资金的使用情况，增强信任度和合作意愿。

3. 科研经费的筹集与管理

科研经费是高校发展科研实力的重要资金来源。高校通过申请政府科研项目、企业合作项目以及国际科研基金来获取科研经费。科研经费通常有严格的专款专用要求，其筹集和管理需要高度的合规性和透明度。

在科研经费的筹集过程中，高校需要积极申请国家和地方的科研项目资金，如国家自然科学基金、国家重点研发计划等。同时，企业合作也是高校科研经费的重要来源，尤其是一些技术密集型专业的高校，通过与企业合作开展科研项目，不仅可以获取资金支持，还能将科研成果转化为现实生产力，推动技术创新。

科研经费的管理要求非常严格。高校需要制定详细的科研项目预算，并根据项目进展情况分期拨付资金。同时，科研经费的使用必须严格按照项目预算执行，不得随意调整资金用途。此外，高校还需定期向资助机构提交科研经费使用报告，并接受审计，确保资金使用的合法性和合规性。

（二）资金使用效率和资金使用合规性的监控

资金使用效率和合规性是高校财务管理中的两大核心要素。通过科学的资金使用管理，高校可以最大化资金的效益，推动教学和科研事业的发展。同时，确保资金使用的合规性能够维护高校的社会声誉和财务健康。

1. 资金使用效率的提升

提高资金使用效率是高校财务管理的首要任务。高校的资金有限，如何将这些资金最大化用于教育、科研等核心领域，是财务管理部门的重点工作。为此，高校需要采取多项措施提升资金使用效率：

（1）预算管理的精细化。通过精细化的预算管理，确保每一笔资金都用在刀刃上。高校需要根据不同项目的资金需求进行科学的预算编制，避免资金浪费或重复投入。

（2）绩效考核与评估机制。通过建立资金使用的绩效评估机制，定期评估各部门、项目的资金使用效果。绩效评估不仅可以为未来的资金分配提供参考，还能促使各部门提高资金使用的责任意识。

（3）资金共享与资源优化。高校可以通过资源共享的方式提高资金使用效率。例如，在科研项目中，不同学科或实验室可以共享科研设备和设施，避免重复购置和资金浪费。

2. 资金使用合规性的监控

高校资金的合规性要求非常严格，尤其是政府拨款、科研经费和社会捐赠，这些资金来源都带有特定的使用条件和法律规定。高校必须通过严格的合规性监控，确保资金使用符合相关法规和政策，避免财务违规行为。

（1）内部控制制度的建立。高校应建立健全的内部控制制度，确保资金使用的每一个环节都有明确的审批和监督流程。通过内部控制机制，财务部门可以实时监控资金的流向和用途，确保资金的合规使用。

（2）审计监督机制。高校需要定期进行内部和外部审计，确保资金的使用合法合规。内部审计可以帮助高校及时发现资金使用中的问题并进行整改，而外部审计则可以增强资金使用的透明度和社会信任。

（3）资金使用的透明度。高校应定期向政府、捐赠者以及社会公开资金使用情况，尤其是社会捐赠和科研经费的使用情况。通过信息公开和透明度管理，确保资金使用的公正和透明，避免不必要的争议。

三、财务风险管理职能

高校财务管理的核心之一是对财务风险的有效控制和管理。由于高校的资金来源复杂、资金使用多样化，以及外部环境的不确定性，财务风险始终是高校财务管理中不可忽视的问题。良好的财务风险管理能够确保高校的资金稳定和可持续发展，而糟糕的风险控制可能导致财务危机，甚至危及学校正常运营。因此，财务风险管理职能在高校财务管理体系中占有至关重要的地位，主要包括财务风险的识别与预警机制，以及外部经济环境和政策变化对高校财务风险的影响。

（一）财务风险的识别与预警机制

财务风险识别与预警机制是高校财务管理中的关键环节，旨在提前发现潜在的风险源，确保高校能够及时采取防范措施，避免重大财务危机。风险识别涵盖资金筹集、使用和管理等方面，例如政府拨款、学费收入、科研经费等各类资金来源的波动性风险，以及科研经费管理、基础设施建设中的资金使用风险。此外，现金流管理也是高校财务运营的核心内容，流动性不足可能导致运营成本支付困难。为此，建立有效的预警机制至关重要。高校可以通过现代化财务数据监测系统、风险评估指标体系、定期审计，以及多元化资金储备等方式，及时识别异常情况并发出预警，确保财务管理层迅速应对潜在风险，防止危机发生。

（二）外部经济环境和政策变化对高校财务风险的影响

外部经济环境和政策变化对高校财务风险的影响不容忽视。外部经济因素如经济衰退、通货膨胀和市场波动都会对高校的资金来源、运营成本和投资收益产生直接影响。经济衰退时期，政府拨款和学费收入可能减少，高校需提高资金使用效率，并拓展多元化资金来源以减轻压力。通货膨胀则会增加高校的运营成本，侵蚀资金购买力，因此高校应合理调整投资组合，以应对通胀带来的挑战。同时，市场波动也可能对校办企业的投资带来不确定性，需要有效的风险管理机制来应对。此外，政策变化也是高校财务风险的重要因素。政府拨款、科研资助、学费政策等的调整都会直接影响高校的财务规划与运营。为此，高校需灵活应对，保持一定的预算余地，并及时调整科研方向和财务策略，确保在政策变化下能够持续稳健运营。

高校财务风险管理职能涵盖了对内外部因素的全面把控，通过识别财务风险、建立预警机制以及应对外部经济环境和政策变化，高校能够有效控制财务风险，确保财务健康和可持续发展。外部环境的不确定性要求高校具备灵活应对的能力，并通过稳健的风险管理策略最大限度地减少财务风险带来的负面影响。

四、财务分析与报告职能

在高校财务管理中，财务分析与报告职能是确保财务管理的透明度、合规性和效率的重要部分。这一职能不仅关系到高校资金的使用与分配，还直接影响到决策的科学性和学校的长期发展战略。高校通过年度财务报告的编制与披露向政府、社会、捐赠者等利益相关方提供财务状况完整、准确的信息，同时通过财务数据分析为管理层提供决策支持，确保学校资金的高效使用和战略规划的可行性。

（一）年度财务报告的编制与披露

1. 年度财务报告的编制

高校的年度财务报告是一份全面展示学校财务健康状况的文件，涵盖特定会计期间的资金运作、收入与支出情况、资产与负债状况等。通过这份报告，学校管理层能够深入了解资金流向、使用效率和潜在的财务风险，从而为下一年度的预算编制和资源配置提供数据支持。年度财务报告的核心部分包括：资产负债表，展示学校在短期和长期内的财务资源与负债水平；收入与支出表，反映学校的资金来源和支出分配情况；现金流量表，揭示学校的现金流动性和日常运营的资金储备情况；财务风险报告，帮助管理层识别潜在的财务风险，如资金来源波动、负债压力及外部经济环境影响，并为应对这些风险提供决策依据。这份报告为高校的财务管理和未来发展提供了全面的财务图景和分析工具。

2. 年度财务报告的披露

高校的年度财务报告不仅是内部管理的重要工具，同时也肩负着面向社会公开披露的责任。作为公共服务机构，尤其是公立高校，其资金主要来源于政府拨款、社会捐赠和学费收入等公共资金，因此透明、合规的财务披露尤为重要。高校需要定期向政府、社会、校友及捐赠者等利益相关方公开财务报告，以确保资金使用的透明度。披露过程通常包括：首先，向政府部门提交财务报告，确保资金使用符合国家政策和法规；其次，通过官网或其他公共渠道向社会公开披露，增强公众对学校财务管理的信任；最后，接受外部审计，由独立审计机构审核财务报告，确保报告的真实性和公正性，并提升财务管理的权威性和透明度。

（二）财务数据分析在决策中的应用

财务数据分析不仅是对过去财务状况的总结，更是为未来决策提供支持的重要工具。通过对财务数据的深入分析，高校管理层可以洞察资金使用中的问题，优化资源配置，提高资金使用效率，并为学校的战略发展提供数据支持。

1. 预算编制中的财务数据分析

财务数据分析在高校预算编制过程中起着关键作用。通过对历年收入、支出和现金流等数据的深入分析，财务部门能够更加准确地预测未来的资金需求和来源，从而制定合理的预算。具体而言，财务数据分析在收入预测和支出分配优化上提供了重要支持：在收入预测方面，财务部门可以根据过往学费收入、政府拨款和科研经费的情况，预估下一年度的收入，为预算编制奠定可靠的基础；在支出分配方面，通过分析各部门的历史支出数据，财务部门能够识别资金使用中的效率问题，并在新一年度的预算编制中优化资金分配，提升资金使用效果。

2. 资金使用效率分析

财务数据分析可以帮助高校评估资金使用效率，确保每一笔资金都得到了合理、有效的使用。例如，财务部门可以通过分析科研经费的使用情况，评估每个科研项目的资金投入与产出是否匹配。如果某些科研项目的资金使用效率较低，管理层可以根据数据分析结果进行资金调整，优先支持那些产出效益高的项目。

类似的，财务数据分析还可以用于评估基础设施建设项目的资金使用效率。通过对建设项目的预算执行率、资金到位情况和项目进展情况的分析，财务部门可以帮助管理层判断某些项目是否超支或进度滞后，及时采取措施避免资金浪费。

3. 长期财务规划中的数据支持

高校的长期财务规划需要大量的财务数据分析作为支持。通过分析学校的资产负债结构、现金流量和长期投资收益，管理层可以判断学校的财务健康状况，制订合理的长期发展计划。例如，财务数据分析可以帮助管理层判断是否需要通过债务融资进行大型基础设施投资，或者通过调整投资组合来提高学校资金的保值、增值能力。

此外，财务数据分析还可以为学校的学科发展和科研投入提供决策依据。例如，分析各个学科的资金使用情况和科研产出，可以帮助管理层合理配置学校的资源，优先支持那些对学校长期发展具有重要战略意义的学科和科研方向。

4. 风险预警与财务健康评估

财务数据分析在高校的风险管理和财务健康评估中也发挥着重要作用。通过对负债率、流动比率、资产周转率等财务指标的分析，管理层可以及时发现潜在的财务风险，提前采取应对措施。例如，如果某年的负债率显著上升，管理层可以根据数据分析结果判断是否需要调整资金结构，避免过度依赖外部融资。

另外，财务数据分析还可以帮助学校判断现金流是否健康、是否具备足够的流动性来应对突发事件。通过对现金流数据的深入分析，学校可以在资金紧张时提前做出应对方案，确保日常运营不受影响。

五、财务监督与控制职能

高校财务管理的有效性依赖于健全的监督和控制体系，这不仅确保了资金使用的合法性和合规性，还提升了资源配置的效率。财务监督与控制职能通过内部控制和外部审计机制相结合，保障高校财务活动的透明性、规范性以及财务信息的准确性。随着高校财务管理日趋复杂，监督和控制体系的建设也面临新的挑战，需要不断创新和完善。

（一）财务内部控制体系建设

1. 内部控制的概念与重要性

财务内部控制体系是指通过建立一系列的流程、制度和机制，确保高校在财务活动中的合法性、合规性以及资金使用效率。高校的财务内部控制不仅要符合教育部、财政部等相关部门的管理规定，还要确保资金在预算内合理使用，并防范风险和舞弊行为。建立健全的内部控制体系可以有效降低资金管理中的风险，提升学校财务管理的整体水平。

内部控制体系对于高校的意义重大。高校财务管理具有较强的公共性和公益性，资金来源复杂，涉及政府拨款、科研经费、学费收入以及社会捐赠等多种渠道。这种多样化的资金来源决定了高校在财务活动中面临多重责任，包括对社会和政府的问责，以及对资金使用者的管理责任。因此，建立强有力的内部控制体系，是确保高校财务健康运作和实现社会责任的基础。

2. 内部控制的核心要素

高校财务内部控制体系的核心要素包括预算控制、资金管理、财务审核、资产管理、信息披露等几个方面。通过这几个环节的相互配合，形成一个闭环管理机制，保障财务管理中的资金流动清晰、使用合规。

（1）预算控制。预算管理是高校财务管理的基础，合理的预算控制可以确保各个部门的资金使用符合学校的战略目标。在内部控制体系中，预算控制不仅要关注资金的分配和支出，还要加强对预算执行情况的实时监控，确保资金不超支或未充分使用。

（2）资金管理。高校的资金管理包括日常运行资金的使用、科研项目资金的管理以及资本投资项目的资金筹集和支出。内部控制要求高校在资金的使用过程中，设置清晰的审批流程和授权管理体系，防止资金被不当挪用或超范围使用。

（3）财务审核。财务审核是确保资金使用合法合规的关键步骤。内部控制体系需要在资金拨付前、使用过程中以及结算后，设立多个审核环节，确保每一笔资金都符合相关规定。同时，高校应当将财务审核结果作为绩效考核的重要依据，提升各部门在财务管理中的责任意识。

（4）资产管理。高校拥有大量固定资产，包括教学设备、实验室设施、科研设备、办公楼宇等。这些资产的管理是财务内部控制的一个重要组成部分，要求建立完善的资产管理制度，防止资产流失、闲置或浪费。资产的使用、报废、维修等环节均应设有严格的控制流程。

（5）信息披露与透明度管理。内部控制的一个重要目标是保障财务信息的透明度。通过信息披露，管理层能够掌握各项资金的使用情况，及时发现潜在的财务问题。高校应定期向管理层和相关利益方报告财务状况，确保财务数据的公开、透明和准确。

（二）外部审计与监督机制

1. 外部审计的必要性

外部审计是高校财务监督的重要一环，也是对内部控制体系的一种补充和强化。外部审计机构以独立的身份，对高校的财务活动进行审查，确保财务报告的真实性、准确性和完整性。外部审计通过对高校财务报表、资金流动、资产管理等方面的核查，帮助高校发现潜在的财务风险或管理漏洞，增强财务管理的合规性和透明度。

高校财务管理的公共性决定了外部审计的必要性。政府拨款、社会捐赠、科研经费等资金来源要求高校对公众负责。因此，通过外部审计，高校能够向政府、社会以及其他利益相关者证明资金使用的合法性、合理性和有效性，增强社会信任。

2. 外部审计的内容与流程

外部审计主要集中在以下几个方面：

（1）财务报表审计。外部审计机构对高校提交的年度财务报告进行审查，核对资产负债表、收入与支出表、现金流量表等财务数据的准确性。通过审计，可以发现是否存在虚报收入、隐瞒支出等不实信息。

（2）合规性审计。高校的资金使用需要严格遵守国家政策和法律法规。外部审计通过对资金使用过程的审查，确保高校的财务活动符合相关规定，特别是在科研经费、社会捐赠等具有专项用途的资金的使用上，审计尤为严格。

（3）绩效审计。外部审计机构还可以评估高校资金使用的绩效，即资金是否被有效地用在了学校的教育、科研和公共服务等核心任务上。通过绩效审计，审计机构能够为高校的资金使用效率提供建设性建议，帮助高校优化资源配置。

　　外部审计通常按照以下流程进行：首先，审计机构与高校达成审计协议，明确审计范围和目标；其次，审计人员对高校的财务报表和资金管理流程进行详细审查，并与相关部门人员进行沟通；最后，审计机构出具审计报告，指出高校财务管理中存在的问题并给出整改建议。

第二章 高校财务管理体制与机制的构建

高校财务管理体制与机制的构建是高校运行中至关重要的环节，它不仅直接影响学校的资源配置与资金使用效率，还决定着高校的整体管理水平和可持续发展能力。一个科学、完善的财务管理体制应能够有效整合资金来源，合理分配与使用各类资金，确保资金流动的透明性与合规性。高校财务管理机制的构建需要在遵循国家政策与法规的基础上，结合高校自身的办学特色与发展需求，建立灵活的财务决策机制、健全的预算管理制度以及高效的资金监控体系。

第一节 高校财务管理体制的形成与演变

一、高校财务管理体制的历史沿革

高校财务管理体制是随着国家经济体制的发展而不断变化的。在不同时期，国家对教育的投资方式、资金管理理念以及管理工具都在进行调整和变革，推动高校财务管理体制的演进。高校财务管理体制的历史可以大致分为两个阶段：计划经济时代和市场经济时代。两个时期的管理体制特点和变化反映了国家经济和政策环境对高校财务管理的深远影响。

（一）计划经济时代高校财务管理体制的特点

在计划经济时代，中国的高校财务管理体制具有高度的集权性和行政控制特征。这一时期的高校财务管理体制主要是通过政府集中规划和拨款，资金来源单一，管理方式也相对简单。这一时期的财务管理体制的特点可以概括为以下几个方面：

1. 高度集中与统一的财政管理

在计划经济体制下，高校的财务管理完全依赖于政府的集中控制。高校的主要资金来源是国家财政拨款，学校的资金收支都严格纳入国家预算管理。高校并没有独立的筹资权，所有的财务资源都由政府根据计划统一调配。^① 这种高度集中的财政管理使得高校的财务运作与国家整体的经济规划紧密结合，但同时也限制了高校的财务自主权和灵活性。

2. 预算管理以控制为主

计划经济时代的高校财务管理体制强调"计划"和"控制"。高校的预算编制是国家经济计划的一部分，预算的核心任务是控制和管理资金使用，确保高校的资金分配符合国家发展战略。学校的预算编制权利极其有限，所有的资金使用计划都由上级主管部门批准后才能执行。

在这一时期，预算管理侧重于严格控制经费的支出范围和额度，限制资金的灵活运用。这种预算管理方式注重成本控制，避免浪费，但也导致高校在资金使用上的灵活性不足。特别是在科研经费和基础设施建设方面，高校往往因为资金使用限制而无法快速应对实际需求的变化，影响了教育和科研的发展。

3. 缺乏财务绩效评估与监督

计划经济时期的高校财务管理体制基本没有现代意义上的财务绩效评估和监督机制。在这一时期，政府是唯一的资金提供者，高校没有其他收入来源，学校的资金管理更多关注如何按照政府计划使用拨款，而不是如何提高资金的使用效率。由于缺乏对资金使用效果的评估机制，高校的财务管理效率低下，资金使用也常常受到行政命令的影响，而不是依据市场需求或实际的教育、科研需要。

同时，资金管理的透明度也较低，外部审计和监督机制尚未建立。高校财务管理更多依赖于内部的自我监督，缺乏独立的审计和外部监督渠道，容易导致资金使用中的低效和浪费问题。

（二）市场经济背景下高校财务管理体制的改革与转型

随着中国经济体制的改革，市场经济的引入使得高校财务管理体制发生了根本性的变革。从20世纪80年代开始，高校逐步脱离了高度集中的计划体制，向自主筹资、自主管理的财务模式过渡。^② 市场经济背景下的高校财务管理体制改革推动了高校管理的现代化，也大大提高了高校的资金使用效率和自主决策能力。

1. 多元化资金来源的引入

在市场经济体制下，高校的资金来源从单一的政府拨款逐步扩展为多元化的模

---

① 吴素花. 关于高校预算管理的探索 [J]. 经济论坛, 2004（16）：141.
② 王海虹. 高校财务管理的新问题新目标新模式 [J]. 洛阳师范学院学报, 2009, 28（6）：202-204.

式。除了政府的财政支持，高校开始从社会上筹集资金，包括学费收入、科研经费、社会捐赠、企业合作收入等。特别是在高等教育大众化的背景下，学费收入成为高校重要的资金来源之一。同时，国家也开始推动高校与企业、科研机构等社会力量合作，通过产学研结合为高校引入更多的资金支持。

多元化资金来源的引入，使得高校的财务管理更加复杂和市场化。高校必须面对资金来源的多样性和不确定性，既要依靠政府拨款，还要积极参与市场，筹集社会资源。这一变化提高了高校的自主性，也促使高校在资金管理上更加注重效率和绩效考核。

2. 自主权的扩大与预算管理的现代化

在市场经济背景下，高校的财务自主权得到了极大提升。学校可以根据自身的教育和科研需求，制订相对灵活的资金使用计划。高校的预算编制不再仅仅是执行国家的计划，而是根据学校的具体发展目标和实际需求进行调整。尤其是科研项目的经费管理，逐步向竞争性拨款和自主筹集转型，高校有更多的自由度来规划和管理科研资金的使用。

预算管理也从过去的控制性转向目标导向。学校开始通过预算管理优化资源配置，确保各项资金的有效使用。预算管理工具的多样化使得高校可以根据自身的特点进行定制化的财务管理，提升了资金使用的灵活性和响应速度。同时，政府对高校的资金支持也逐渐从无偿拨款转向绩效评估和资金支持相结合的方式。高校通过提高资金使用效率和科研产出，获取更多的政府和社会资金支持。

3. 财务绩效考核与监督体系的建立

随着市场经济体制的完善，高校的财务管理逐渐引入现代管理理念，财务绩效考核成为高校财务管理的重要组成部分。学校开始采用一系列财务指标来衡量资金使用效果，确保资金投入与教育、科研产出相匹配。例如，学校对科研经费的使用效果进行考核，明确资金的投向和回报，并通过绩效考核机制激励教师和科研人员提高科研成果的产出质量。

外部监督与审计机制也逐步建立。政府通过审计、评估等方式对高校的财务运作进行监督，确保资金使用的透明度和合规性。此外，高校还逐步建立了自主的财务监督机制，形成内部控制体系，提升资金管理的规范性。社会公众、捐赠者以及合作企业等利益相关方对高校财务活动的监督也逐渐加强，推动高校财务管理的透明化和标准化。

4. 信息化与财务管理创新

在市场经济体制下，信息化技术的引入极大地提升了高校财务管理的效率。高校逐步建立了现代化的财务管理信息系统，通过数据化管理提升资金流动的透明度和管理效率。信息化系统不仅帮助高校实现了资金流的实时监控，还使得财务决策更加科学、精准。

高校财务管理信息系统的创新为财务风险控制、预算执行、绩效考核等提供了有力的技术支持。通过信息化平台，管理者可以及时掌握资金使用情况，发现问题并进行调整。信息化手段也促进了财务管理的精细化，使得高校能够更好地应对市场经济带来的资金管理挑战。

二、现代高校财务管理体制的形成

随着中国高等教育体制改革的深入和市场经济的快速发展，高校的财务管理模式发生了深刻的变革。高校不再依赖单一的政府拨款，而是通过拓展多元化资金来源、提高财务自主权来满足日益扩大的资金需求。在这一过程中，现代高校财务管理体制逐步形成，并且随着高校自主权的增强、财政拨款制度的改革，以及科研经费管理的特殊性进一步深化。以下将详细分析这些方面如何推动现代高校财务管理体制的形成。

（一）高校财务自主权的增强与自主管理的要求

1. 财务自主权的逐步增强

过去，中国高校的财务管理体制高度依赖于政府的集中管控，资金使用和分配完全遵循政府的指令，学校自主权较为有限。随着国家市场经济改革的推进，特别是在20世纪90年代以后，高校逐渐获得了更多的财务自主权。高校被赋予了更加灵活的资金管理权力，可以根据学校的具体需求进行资源配置和财务决策。[①] 这一转变使得高校能够更好地应对资金的使用挑战，同时提高了高校资金管理的效率。

高校的财务自主权不仅体现在资金使用的灵活性上，还包括资金筹集、投资管理、预算编制等多个领域的自主权提升。学校可以根据自身发展规划，自主筹集资金，进行基础设施建设、学科发展和科研项目投资。此外，学校在制定预算和进行资金分配时，也逐渐具备更多的决策权，能够根据实际需求进行调整和优化。

2. 自主管理的要求

高校财务管理体制的自主化发展带来了更高的自主管理要求。随着自主权的增强，高校需要承担更多的责任，不仅是管理资金的日常使用，还包括提高资金使用效

---

① 李丹. 中国高校财务制度研究 [D]. 长春：吉林大学，2013.

率、确保资金合规使用、规避财务风险等方面的职责。

自主管理要求高校建立完善的内部财务管理机制，包括预算管理、资金使用控制、资产管理、财务绩效评估等方面。通过建立内部控制机制，高校能够有效防范资金管理中的风险，确保资金流动的安全和透明。与此同时，学校需要加强对资金使用的审计和监督，确保资金符合使用规范，并通过绩效评估优化资源配置。此外，随着财务自主权的增强，高校还面临资金筹集能力的挑战，需要在政府拨款之外，积极拓展新的资金来源，保持财务健康。

（二）财政拨款制度的改革与高校经费来源的多元化

1. 财政拨款制度的改革

政府财政拨款是高校资金的传统来源，尤其是在计划经济时代，财政拨款几乎是高校唯一的经费来源。然而，随着经济体制的转型和高等教育规模的迅速扩张，政府财政无法完全满足高校日益增长的资金需求，因此，政府对财政拨款制度逐步进行了改革。

政府逐渐从传统的全额拨款模式转向了以"绩效评估"和"专项拨款"为主的模式。在这种模式下，政府根据高校的教育质量、科研成果、社会贡献等绩效指标，分配不同的财政拨款。这一改革有助于高校提升教学和科研质量，也促使高校在资金使用上更加注重效率与绩效。同时，政府的专项拨款，如"双一流"建设项目、重点学科建设经费等，也让高校的资金使用更加有针对性和明确。

此外，财政拨款制度改革还体现在拨款方式的多样化上。除了一般性的经费拨款，政府还为特定领域的科研项目、人才培养项目等提供专项资金支持，这种资金支持的灵活性也为高校财务管理带来了新的要求和挑战。

2. 高校经费来源的多元化

随着财政拨款逐渐从单一的固定模式向绩效模式转型，高校必须寻求更多元化的经费来源，以满足日益增长的教学、科研和基础设施建设需求。多元化的经费来源不仅有助于降低对政府财政拨款的依赖，还可以为高校的长期发展提供更为充足的资金支持。通过资金来源的多元化，高校能够在国家财政支持减少的情况下，依然保持财务的稳定性，同时也增加了财务管理的复杂性。高校需要在不同资金来源之间进行有效的管理和协调，确保资金的合理使用和合规管理。

（三）科研经费管理体制的特殊性

1. 科研经费的专款专用原则

在现代高校财务管理体系中，科研经费的管理具有其独特性。科研经费通常带有严格的使用规定，要求资金按照科研项目的计划专款专用。高校通过政府、企业、国际组织等渠道获得的科研资金，必须用于支持特定的科研项目或研究方向，不得随意挪作他用。

科研经费管理的特殊性要求高校在管理上建立更加严格的制度，确保科研资金的使用符合项目申请时的预算和计划。资金使用的合规性不仅要符合科研项目的要求，还需接受政府和科研资助方的审计监督。此外，科研经费的使用周期通常较长，且资金投入的风险较高，因此高校需要加强对科研项目的风险管理和资金调度，以确保科研项目的顺利进行。

2. 科研经费管理的透明性与监督机判

科研经费管理的透明性与监督机制在现代高校财务管理中具有极其重要的地位。随着科研经费规模的扩大和资金来源的多样化，科研资金管理的透明度要求越来越高。高校需要通过内部审计、定期财务报告等方式，确保科研经费的使用公开、透明，避免资金的违规使用和浪费。

此外，科研经费的绩效评估也是科研经费管理中的一个关键环节。科研经费的绩效评估不仅要关注科研成果的产出数量，还需要考虑资金投入与科研产出之间的匹配度。通过科学的绩效评估，管理层可以有效优化科研经费的分配和使用，推动学校科研实力的提升。

三、高校财务管理体制的演变趋势

随着全球高等教育的不断发展和竞争加剧，特别是在中国教育体系深化改革的背景下，高校财务管理体制经历了显著的演变。这一演变体现了高校适应社会、经济、技术等多重变化的能力，并且促使财务管理向更加高效、规范、市场化的方向发展。高校的财务管理体制不再局限于传统的政府拨款模式，而是在多元化资金来源、内部管理扁平化，以及市场化机制创新等方面进行积极探索和转型。

（一）从单一资金来源向多元化资金来源的过渡

在中国计划经济时期，高校主要依赖政府拨款作为单一的资金来源，这种模式虽然提供了稳定的资金支持，但也造成了灵活性不足的问题。由于政府拨款受到经济状况和政策方向的限制，高校在资金使用上缺乏自主性，难以满足日益扩大的教学、科研和基础设施建设需求。随着高等教育的发展，高校逐步过渡为多元化资金来源，以减少对单一拨款的依赖。① 多元化的资金来源包括学费收入、科研经费、社会捐赠和自主经营收入等，这不仅为高校带来了更高的财务灵活性，还为其提供了可持续的资金支持。然而，多元化资金来源也对高校财务管理提出了更高的要求，不同类型资金的使用规则和审计标准各不相同，高校需要建立完善的管理制度与监督机制，以确保资金的合规和有效使用，并避免对某一类资金的过度依赖，提升整体资金效益。

（二）学校内部财务管理体制的扁平化与规范化

传统高校财务管理体制通常采用层级式管理模式，财务决策权集中于高层管理人员，资金分配和使用需经过多个审批环节。这种模式虽能确保了资金管理的安全性，但层级繁多、流程复杂，导致资金流动效率低，难以迅速满足校内各部门的资金需求，也容易造成信息不对称，降低管理效率并增加风险。为应对这些问题，高校逐渐转向扁平化的财务管理。通过减少管理层级，将部分决策权下放至院系和职能部门，学校可以加快资金决策和执行，提高资金使用灵活性，快速响应教学和科研需求。此外，扁平化管理促进了财务信息的透明化，各级管理人员可以实时了解资金使用情况，减少决策延误。

与此同时，高校也在推行财务管理的规范化发展，以确保资金使用的合规性和透明性。规范化要求高校制定明确的财务管理规章制度，确保资金使用的流程、标准和责任清晰，同时通过内控体系和审计机制防范财务风险。预算编制、绩效评估和资金监控等方面的精细化管理也是规范化的重要内容，通过这些措施，高校可以确保资金投入与项目目标匹配，并通过绩效考核优化资源配置，提高整体资金使用效率。

（三）引入市场化管理机制在财务管理中的创新探索

随着社会经济的市场化发展，高校逐渐引入市场化机制，以解决过去单一依赖政府拨款带来的资金短缺和管理效率低下的问题，从而推动财务管理的创新。市场化机制在高校财务管理中的应用主要体现在以下几个方面：首先，资金筹集的市场化，高校不仅依赖政府拨款，还通过发行债券、与企业合作设立产业基金等方式获取长期资金支持；其次，投资管理的市场化，高校开始将部分资金用于投资，通过资本市场获

---

① 李伟. 我国高等教育经费来源多元化研究［D］. 石家庄：河北师范大学，2009.

取收益，这要求专业的投资管理团队来确保资金的安全性和增值；最后，科研成果的市场化转化，通过产学研结合，高校将科研成果转化为商业产品和服务，为学校带来额外资金支持，同时促进了创新动力与社会的融合。

尽管市场化机制带来了创新和收益，高校也面临着相应的风险和挑战。市场风险和盲目投资可能导致资金损失，且在追求收益的过程中，作为公益性机构的高校需要保持其公益性和社会责任，避免过度市场化。此外，高校还需平衡市场化机制与内部管理之间的关系，确保资金使用的规范化和透明度，并符合国家政策和教育发展的战略目标。

第二节　高校财务管理的制度建设

一、财务管理制度的建立与完善

高校财务管理制度是确保高校资金运行有序、合法合规的重要保障。随着高校规模的扩大、资金来源的多元化以及社会对教育质量要求的提高，建立并完善一套科学、合理的财务管理制度对于高校的可持续发展尤为重要。高校的财务管理制度不仅需要有法律法规的支持，还要涵盖预算管理、会计核算、审计监督等多个方面，并在制度建设中充分体现透明性和规范化要求。

（一）高校财务管理的法律法规依据

1. 财务管理的法律基础

高校作为公共教育机构，财务管理必须严格遵守国家的相关法律法规和政策要求。高校财务管理的法律依据主要来源于以下几个层面：

（1）国家教育法律法规。如《中华人民共和国高等教育法》等，明确规定了高校在财务管理方面的职责和权限。高校财务管理必须确保资金使用符合国家的教育发展目标，资金分配和使用应以支持学校教育、科研和人才培养为核心。

（2）国家财政法律法规。如《中华人民共和国预算法》《中华人民共和国会计法》等，对高校的预算编制、财务报告、资金使用合规性等提出了明确的法律要求。高校必须根据这些法律规定编制年度预算、管理资金收支、定期向社会和政府提交财务报告，并确保财务管理符合国家的财政纪律。

（3）专项资金管理条例。政府和社会为支持高校发展设立了各种专项资金，这些资金的使用管理也受到相应的法律法规约束。例如，科研经费使用的相关政策和规范对科研项目的资金管理提出了严格的要求，确保资金能够真正用于科研创新和成果转化。

（4）税法与经济法。高校在自主创收、技术转化等经济活动中，还需遵守《中华人民共和国税收征收管理法》《中华人民共和国企业所得税法》等与财务相关的法律法规。这些法律不仅影响高校的资金运作，还涉及高校校办企业、校友捐赠等收入的合规性管理。

2. 政策性依据和规范性文件

除了法律法规，高校财务管理还依赖于教育部、财政部等相关部门发布的政策性文件和规范性文件。这些政策依据为高校在预算编制、经费使用、财务报告和审计监督等方面提供了具体的指导。典型的政策文件包括《高等学校财务制度》《事业单位会计制度》《科研经费管理办法》等，它们在具体操作层面为高校提供了制度框架。

（二）各类财务制度的制定

高校财务管理的复杂性要求其财务制度建设覆盖预算管理、会计核算和审计监督等多个维度。通过科学合理的制度设计与实施，可以有效提高资金使用效率，确保资金管理的透明性和合规性。

1. 预算管理制度

预算管理是高校财务管理的核心之一，旨在通过合理的资源配置，确保资金使用符合学校战略发展目标及法律法规的要求。预算编制需兼顾日常运营与学校的中长期发展战略，财务部门根据各部门提交的详细预算申请及整体规划制定统一方案。执行过程中，财务部门需定期监控资金使用，确保预算得到有效落实，并进行必要的调整。预算管理还包括绩效评估，以评估资金的实际使用效果和达成目标情况。

2. 会计核算制度

会计核算制度的目标是确保财务活动的真实性、准确性和完整性。高校应采用统一的会计科目体系，确保财务记录的可比性和透明度。核算内容涵盖收入和支出管理、固定资产管理以及负债管理。会计核算制度需确保所有收入合规入账，支出合理合法，同时固定资产的购置、使用和折旧等环节得到规范管理，防范债务风险。

3. 审计监督制度

审计监督制度通过独立的审计机制确保高校财务活动的合法性和合规性。内部审计机构定期审查学校财务运作和资金使用情况，识别薄弱环节，提出整改建议。外部审计则提供独立的监督，确保高校的财务报告和专项资金使用符合法规。审计结果应公开披露，并依据审计建议进行整改，以提升财务管理透明度和改进财务管理中的问题。

二、高校内部财务管理规章制度的构建

高校财务管理是高校运作的核心之一，涉及资金的筹集、使用、管理和监督。为确保资金的合理、合规和高效使用，高校必须构建完善的内部财务管理规章制度。该制度的构建不仅要符合国家相关法律法规的要求，还要适应高校自身发展的需要，以支持教学、科研、基础设施建设等各项任务的顺利开展。

（一）预算管理制度的规划与执行机制

1. 预算管理制度的重要性

高校预算管理制度是内部财务管理的核心，承担着规划学校资金流动、资源分配与使用的关键职能。通过科学的预算管理，高校可以合理配置有限的资源，确保资金用于最紧急、最具战略意义的项目，同时防止资金浪费或不合理使用。预算管理制度还为学校的长期发展战略提供了财务保障。

2. 预算规划与编制流程

高校预算的编制是预算管理制度的起点，预算编制必须科学、合理，反映学校的整体战略目标和实际财务状况。[①] 编制流程通常分为以下几个步骤：

（1）各部门提交预算需求。每个院系、职能部门根据其年度工作计划、教学科研需求、基础设施建设项目等，向财务部门提交详细的预算申请。申请内容应包括预计支出项目、资金需求金额和支出时间安排等。

（2）财务部门进行综合审核。财务部门根据学校的整体财务状况和发展规划，审核各部门的预算申请，判断申请资金的合理性和必要性，调整不符合要求的部分，并进行整体预算编制。

（3）学校领导及财务委员会审议。编制完成的预算方案需提交学校领导和财务委员会进行审议。在审议过程中，重点评估预算是否与学校的战略发展目标一致、资金分配是否公平合理、资源使用是否最优化等问题。

（4）预算调整与最终确认。预算方案经过审核和讨论，必要时可以进行预算调

---

① 周红军.高校预算编制方法探讨［J］.事业财会，2007（6）：27-29.

整，以确保预算与实际需求和财务资源匹配。最终确认后的预算将在校内正式实施。

3. 预算执行与监控机制

在预算编制完成后，预算的执行和监控是确保资金有效使用的关键环节。高校应建立一套严格的预算执行机制，确保资金按照预算计划合理使用，并通过实时监控，及时发现并纠正预算执行中的偏差。

（1）分阶段资金拨付。为了防止资金超支或未按计划使用，学校可以采用分阶段资金拨付的方式。对于大型项目或科研经费，可以按照项目进展分期拨付资金，确保资金流向与项目实际进度相符。

（2）预算执行的动态监控。财务部门应对各部门的预算执行情况进行动态监控，定期检查各部门的资金使用是否符合预算计划。如果发现某些部门存在超支、滞后执行等问题，财务部门应及时干预并采取调整措施。

（3）中期预算调整机制。在预算执行过程中，外部环境的变化或学校内部资金需求的调整，可能导致部分预算需要进行修订和调整。高校应建立中期预算调整机制，在严格审核的前提下，适时对预算进行灵活调整，确保资金的合理使用。

（二）财务内控制度

在高校财务管理中，财务内控制度是确保财务活动规范运行的重要基础，也是提高资金使用效率、防范财务风险的关键措施之一。随着高校经费来源的多元化和财务管理需求的增加，建立健全财务内控制度显得尤为重要。

财务内控制度是指高校为实现管理目标而制定的一系列政策、程序和措施，用以保障资金的安全、准确及合法使用，并提升管理效能。其主要目标包括：

（1）确保资金安全与完整：通过完善的控制措施防止资金流失和财务舞弊现象的发生。

（2）提高资金使用效率：通过预算管理、成本控制等手段优化资源配置，促进资金的合理利用。

（3）规范财务操作流程：保证各项财务操作符合国家法律法规和高校内部规章制度的要求。

（4）防范和控制财务风险：识别并有效管理可能对高校财务造成影响的各类风险。

（三）财务信息公开制度

财务信息公开制度在高校财务管理中至关重要，是确保财务透明度和增强社会信任的关键。作为公共教育机构，高校的资金使用不仅要向政府汇报，还需接受社会、捐赠者、师生等多方监督。因此，建立健全的财务信息公开制度有助于提升透明度，减少资金使用中的不当行为，促进高校与社会的良性互动。财务信息公开的内容应包括年度财务报告，详细披露学校的收入、支出、资产负债等情况，并通过官方网站等渠道向公众公开；对于政府拨款、社会捐赠等专项资金，学校应定期公布资金投向、使用效果等信息，以增强信任。同时，预算执行情况也应定期报告，确保各方知晓资金的使用进展和效果。为了确保信息公开的真实、准确，学校还需建立监督机制，成立独立的审计或监察机构，对财务信息进行审核，并接受外部审计和社会监督，提升财务管理的公信力。

三、制度创新与实施保障

随着高等教育的国际化和管理复杂度的增加，高校财务管理面临着前所未有的挑战。为了适应新形势的需求，高校必须在财务管理制度上进行创新，通过引入信息化管理手段、应对制度执行中的问题与挑战，甚至借鉴国际高校的成功经验，以提高财务管理的效率与透明度。

（一）引入信息化管理手段促进财务管理的效率提升

1. 信息化管理手段的重要性

信息化管理手段在现代高校财务管理中扮演着至关重要的角色。随着高校财务管理的复杂化和资金流动规模的扩大，传统的手工财务管理方式已经无法满足管理的精细化要求。通过引入信息化手段，学校可以实现对财务数据的实时监控和管理，提高资金流转效率，增强决策支持能力。

2. 信息化管理的具体应用

高校财务管理的信息化建设主要体现在以下几个方面：

（1）财务管理系统的自动化。通过部署现代化的财务管理系统（如 ERP 系统），高校可以实现从预算编制、资金审批、支出报销到财务报告等环节的全流程自动化管理。该系统能实时更新和汇总财务数据，极大提升了数据的准确性和时效性，减少了人工操作带来的错误和延迟。

（2）资金流动的实时监控。信息化管理手段允许高校财务部门对资金的流动进行实时监控。通过搭建数据监控平台，管理者可以随时掌握各类资金的流动情况，及时发现超支、滞后或不符合预算的资金使用行为，并迅速作出应对，减少资金使用中的风险。

（3）数据共享与决策支持。财务信息化管理不仅仅局限于数据收集和监控，还可以为高校的决策支持提供坚实的数据基础。通过建立财务大数据分析平台，学校管理层可以从资金使用效率、项目投资回报、科研经费管理等多个维度进行分析，提升决策的科学性。

3. 信息化管理的创新作用

信息化手段的引入大大提升了财务管理的透明度和效率。它不仅减少了财务审批和资金拨付的时间成本，还通过自动化系统降低了操作中的人为失误。同时，信息化管理推动了财务管理流程的规范化，为学校的长远发展提供了强有力的财务支持。信息化管理手段还促进了高校财务信息的公开和透明，管理者和利益相关方能够通过系统查询财务数据，及时获取关键信息。

（二）制度执行中的问题与挑战

在高校财务管理制度的执行过程中，尽管制度设计通常较为完善，但仍会面临多种挑战，影响其实际效果。常见问题包括：首先，制度落实不到位。不同院系和部门对财务制度的理解不一致，导致在执行过程中出现违规支出、超预算等情况。其次，由于高校组织结构复杂，层级众多，信息传递滞后，导致决策效率低下，影响资金使用效能。此外，部分高校对财务内控的重视不足，缺乏有效的内控和监督机制，增加了资金流失或不当使用的风险。

为确保财务管理制度的有效执行，高校需要采取多种策略。首先，定期培训与宣传财务制度，确保所有相关人员正确理解和执行制度，尤其对于新出台的规定，需加大培训力度。其次，建立责任追溯机制，明确各级管理人员的责任，违规操作将追究相关责任人的责任，促使制度严格落实。同时，健全内部审计与风险控制体系，定期检查资金使用情况，保持审计的独立性与客观性。为了提升执行力，学校还可以将制度执行情况与部门绩效挂钩，对表现优秀的部门给予奖励，未有效落实的则进行惩罚。最后，通过信息化手段，建立实时监督与反馈机制，及时发现并解决执行过程中的问题，避免积累风险。

第三节 高校财务管理与政府的关系

一、政府对高校财务管理的监管与支持

政府作为高校财务的主要资金来源之一，在高校财务管理中扮演着重要角色。政府不仅通过财政拨款支持高校的运营与发展，还对高校的资金使用、预算编制、绩效考核等方面进行监管和指导，以确保公共资金的合理分配与高效使用。

（一）政府对高校的财政拨款模式及其变化趋势

1. 传统财政拨款模式

传统上，政府对高校的财政拨款主要采取"固定拨款"或"全额拨款"的模式，即根据高校的规模、学生人数、学科类别等标准给予固定的财政支持。这种拨款方式保证了高校的基本运转资金，适用于早期的高等教育发展阶段，但其缺点在于资金的使用与高校实际发展需求并不完全匹配，导致资金分配缺乏灵活性和针对性。

在固定拨款模式下，高校的经费多依赖政府的直接拨款，学校自身的财务自主权较为有限。拨款的标准化使得一些重点高校和科研强校难以获得更多的资金支持，而一些教学质量相对一般的学校也能获得相同的拨款额度，资金使用效率较低。此外，传统模式中资金的分配多为按需分配，缺乏与高校绩效相结合的激励机制。

2. 现代财政拨款模式的改革

随着中国高等教育的发展和财政体制改革的推进，政府对高校的拨款模式逐渐发生了变化。现代的财政拨款模式更加注重高校的绩效与产出，逐步从"固定拨款"向"绩效拨款"和"专项拨款"模式转型。

（1）绩效拨款。政府根据高校的教学质量、科研成果、社会服务等绩效指标进行拨款。这种模式旨在通过财政支持与绩效挂钩，激励高校提升教育质量和科研产出。例如，"双一流"建设计划中，政府对建设高校的拨款就与其学术影响力、科研水平和人才培养质量密切相关。[①]

（2）专项拨款。政府在支持高校发展过程中，逐渐增加了针对特定项目、学科或战略目标的专项拨款。专项拨款有助于政府将资金精准投入国家重点支持的学科领域

[①] 胡建华．"双一流"建设对我国高校学科建设的影响［J］．江苏高教，2018（7）：5-8，13.

或研究方向，如基础科学研究、关键技术创新等领域。高校申请专项拨款时需要提出详细的项目计划和预算，并在项目完成后进行成果汇报和资金使用报告。

（3）经费使用灵活性提升。政府逐步赋予高校更多的资金使用自主权，允许高校在总体预算内根据实际需求进行资金调整。特别是在科研经费和基础设施建设经费的管理上，政府支持高校根据项目进度和市场变化灵活使用资金，从而提升资金的使用效率和产出效果。

3. 财政拨款的未来变化趋势

未来，政府的财政拨款模式可能会继续向更加精细化、市场化和多元化的方向演变。随着科技创新和人才竞争的加剧，政府可能会进一步加强对重点科研领域和高水平学科的专项支持，推动高校科研成果转化和国际化合作。同时，财政拨款中的绩效考核将更加严格，高校的资金使用效果将成为拨款的重要依据。此外，政府还可能鼓励高校拓展社会资金来源，逐渐减少对单一财政拨款的依赖，推动高校财务管理的市场化改革。

（二）财政监督从预算审批到绩效评估的政府干预

1. 预算审批机制

政府对高校财务管理进行监管的第一步通常体现在预算审批环节。高校每年需根据政府的要求编制年度预算，并将其提交至教育主管部门或财政部门审核。预算审批是确保高校资金使用符合国家政策和财政纪律的重要环节。

在预算编制过程中，政府部门要求高校详细说明其各项资金的用途、预期支出和收入情况。预算内容通常包括教学经费、科研经费、基础设施建设费、行政管理费用等方面。政府在审批预算时，会根据高校的资金需求、过往资金使用情况以及未来发展计划，决定拨款额度并对资金分配进行调整。对于科研经费和专项资金，预算审批尤其严格，要求高校提供详细的项目计划和资金分配方案。

2. 资金使用的跟踪监督

除了预算审批，政府还对高校的资金使用进行实时跟踪和监督。通过财政管理系统，政府部门可以对高校资金流动进行监控，确保资金的使用符合预算计划，避免资金挪用或滥用。

高校在资金使用过程中，需定期向政府提交财务报告，说明资金的实际使用情况和预算执行进度。政府可以根据这些报告，对高校的资金使用效果进行评估。一旦发现超预算或不合理使用资金的情况，政府将及时介入并要求高校整改。

3. 绩效评估机制

随着财政管理的精细化，政府逐渐引入了绩效评估机制，通过对高校资金使用效果的考核，确保财政拨款的使用效益。绩效评估主要关注以下几个方面：

（1）资金使用效率。政府通过对资金使用的投入产出比进行评估，判断高校是否将拨款用于最有效的项目，是否达到了预期的教学、科研和社会服务效果。

（2）科研成果与社会影响。在科研经费管理中，政府通过评估高校科研项目的产出，包括发表的论文、申请的专利、科研成果的转化应用等，衡量高校在国家科技创新中的贡献。

（3）人才培养质量：高校是否通过财政支持提高了人才培养质量，是否为社会输送了高水平人才，这也是绩效评估的重要内容。政府会考察毕业生就业率、学生国际竞争力等指标，以此作为拨款依据。

（三）政府对高校财务自主权的保障和限制

1. 财务自主权的保障

随着高等教育改革的深化，政府逐渐赋予高校更多的财务自主权。高校作为独立法人单位，可以根据自身的战略目标和发展需求，自主决定资金的分配和使用方式。这种自主权使得高校能够更灵活地应对日益复杂的教育、科研和市场环境。

（1）预算分配自主权。高校在总体预算框架内，可以根据实际需求调整资金的具体分配，灵活应对教学科研中的变化。例如，当某一科研项目取得突破性进展时，学校可以调整预算，将更多的资金投入该项目，确保其顺利推进。①

（2）科研经费管理自主权。政府允许高校在科研经费使用上拥有更大的自主权，高校可以根据科研项目的进度，灵活调整科研经费的支出比例，提升科研效率。同时，高校在科研设备采购、人才引进等方面也拥有更多的决策权。

2. 财务自主权的限制

尽管政府赋予了高校一定的财务自主权，但为了确保公共资金的安全与高效使用，政府仍对高校的财务管理设有一定的限制和监管机制。

（1）专项资金使用限制。对于政府提供的专项拨款和科研经费，资金的使用范围和方向是严格限定的。高校必须按照项目计划和预算执行资金使用，不得将专项资金挪作他用。特别是在重大科研项目或基础设施建设中，政府要求高校严格遵循资金使

---

① 程倩. 地方高校负债风险化解问题研究 [D]. 重庆：西南大学，2012.

用的标准和规范。

（2）财务审计与外部监督。政府对高校的财务管理设有严格的审计机制，要求高校定期接受政府审计和外部独立审计。审计内容包括资金流动情况、资产负债管理、项目资金使用等方面，旨在确保高校的财务管理符合国家法律法规。审计结果不仅直接影响高校的信誉和未来拨款额度，还可能因不合规行为而受到处罚。

3. 平衡自主权与政府监管

在赋予高校财务自主权的同时，政府通过合理的监督机制确保高校财务管理的规范性和透明度。未来，如何平衡高校的财务自主权与政府的监管要求，将成为推动高校财务管理创新的重要议题。一方面，高校应在自主权的框架内提升财务管理能力和资金使用效率；另一方面，政府也应在监管中适度放权，支持高校的自主发展，推动高等教育质量的提升。

二、高校与政府财务管理体制的协同

高校财务管理与政府财政政策的协同合作是高校财务健康发展的重要保障。政府通过财政拨款、政策制定和监督管理，直接影响高校的资金来源和使用方式；而高校作为教育和科研的实施主体，在国家战略和财政政策的指导下进行财务管理。随着社会和经济形势的变化，政府、高校与社会三者之间的资金关系日益复杂，要求各方在财务管理上实现更高效的协同与合作。

（一）政府、高校与社会三者之间的资金筹集与使用关系

1. 政府对高校的资金支持

政府是高校最主要的资金来源之一，尤其是在公立高校中，政府通过财政拨款、科研资助、基础设施建设资金等方式为高校提供长期稳定的财务支持。政府的资金投入主要用于支持高校的教学、科研、基础设施建设、人才培养等各项核心活动。随着国家战略的转变，政府对高校的资金支持方式也在发生变化，从传统的固定拨款向绩效拨款、专项拨款等模式转型。

2. 高校资金来源的多元化趋势

尽管政府拨款是高校的主要资金来源，但随着高等教育规模的扩大和高校发展需求的多样化，高校逐渐探索并依赖于更多元化的资金来源。高校通过学费收入、社会捐赠、科研合作、自主创收等方式筹集资金，以弥补政府拨款的不足。多元化的资金来源不仅为高校提供了更多的财务自主权，还提升了高校在市场化经济中的竞争力。

3. 社会资本对高校的资金支持

除了政府拨款和高校自主筹集资金，社会资本的引入为高校财务管理带来了新的可能性。随着高等教育与社会经济的联系日益紧密，社会资本不仅通过捐赠方式支持高校，还通过合作项目、企业研发资助等渠道为高校提供资金支持。政府、高校与社会三者之间的合作推动了高校资金使用的多元化和灵活性，帮助高校应对日益复杂的资金需求。

（二）政府政策变化对高校财务管理的影响

1. "双一流"建设对高校财务管理的推动

国家实施的"双一流"政策对高校财务管理带来了深远影响。该政策旨在通过政府专项拨款，支持具有国际竞争力的高校和学科，推动中国高等教育整体水平的提升。高校在接受这些资金时，需要调整财政管理策略，重点向优势学科倾斜，并确保资金的高效利用。专项资金主要用于学科建设和科研创新，高校需制订详细的资金使用计划并定期提交报告，以保证资金的专款专用。同时，政府加强了对资金使用的绩效考核，重点评估科研产出、学术成果和国际影响力，促使高校更加注重资金使用的效果。

2. 科研经费政策对高校财务管理的影响

国家科研经费政策的变化对高校的科研发展和资金使用策略产生了直接影响。近年来，科研经费从"拨款制"逐渐转向"竞争性分配制"，高校和科研人员需通过申请国家重点科研项目和参与科研基金竞争来获得经费。这一转变使得高校筹措科研经费的方式更加灵活，同时也对资金管理提出了更高要求。高校不仅需要通过竞争性项目，如国家自然科学基金和重点研发计划，获取经费，还需在资金管理上保持高度透明与精细化。此外，国家推动科研成果转化，要求高校在基础研究的基础上，积极促进科研成果的市场化，确保科研经费的投入能够带来社会效益和经济效益。

3. 政府政策变化带来的挑战

政府政策变化不仅为高校带来了更多的发展机遇，也对高校的财务管理提出了更高的要求。首先，政策变化加剧了高校之间的资金竞争，要求高校不断提升财务管理水平和资金使用效率；其次，政策变化带来了对资金使用的严格监管和绩效评估，要求高校在资金使用上具备高度的透明度和可操作性。高校必须通过制定更具前瞻性的财务战略，以应对政策变化带来的挑战。

（三）高校在国家教育财政政策框架下的财务战略调整

1. 根据政策导向制定财务战略

高校财务战略的制定必须紧密围绕国家的教育财政政策和发展目标展开。例如，在"双一流"建设背景下，高校应优先考虑重点学科和科研项目的资金投入，确保在资源有限的情况下，资金能够用于最具战略意义的领域。高校在制定财务战略时，需要充分考虑政府的政策导向，以获得更多的财政支持并提升学校的竞争力。

2. 提升资金使用效率

随着国家对高校资金使用的绩效要求越来越高，高校必须通过财务战略调整来提升资金使用效率。首先，财务管理需具备精细化管理能力，将有限的资源合理配置到最关键的项目上；其次，财务部门应加强预算管理和资金监督，确保资金使用过程中的透明度和合规性。此外，财务战略应注重资金的长效使用，通过科研创新和成果转化，形成良性的资金循环，保障高校长期发展。

3. 应对政策变化的灵活性与风险控制

政府政策的调整往往伴随着新的资金分配模式和使用要求，给高校带来了风险和机遇并存的挑战。高校的财务战略应具备灵活性，能够根据政策变化迅速调整资金使用计划，确保在政策变化中保持资金运作的连续性和稳定性。同时，财务战略还应注重风险控制，防范政策变化可能带来的资金流断裂或项目停滞等问题。通过建立资金储备机制和加强风险评估，确保高校在应对政策变化时具有足够的财务应对能力。

三、高校与政府的互动创新机制

高校与政府之间的互动在促进高等教育发展的过程中扮演着重要角色。政府通过政策制定、资金支持和监督管理，引导高校的财务管理方向；而高校通过创新管理和资源配置，确保资金使用效率，实现其教育和科研目标。为了更好地适应日益复杂的教育环境和资金需求，建立起高校与政府的互动创新机制成为推动高校财务管理创新的关键。

（一）政府资金与高校资源的优化配置机制

1. 政府资金支持的核心作用

政府资金一直是高校财务管理的基础部分，特别是公立高校，政府拨款在其总收入中的占比相对较高。政府资金通过财政拨款、专项资金、科研经费等形式，为高校的教学、科研、基础设施建设和人才培养等提供长期支持。在资金配置中，确保政府投入与高校需求的精准匹配，并且推动高校内部资源的合理配置，是优化政府资金使用效率的重要课题。

2. 高校资源的整合与优化配置

高校的资源不仅来源于政府拨款，还包括学费、科研经费、校办产业收入和社会捐赠等。如何有效整合这些多元化的资金来源，以最大化实现教育、科研和社会服务等目标，是高校长期发展的关键。高校应根据需求，将科研经费、政府专项拨款与社会资金相结合，形成合力支持重点项目，优化资金配置，推动学术和科研的创新。同时，高校还需建立动态调整机制，定期评估学科发展、科研成果和教育质量，灵活调整资金分配优先级，确保资源配置与学校发展重点相匹配，以促进重点项目的持续推进。

3. 政府与高校的资源协同

政府资金与高校资源的协同配置是实现资金使用效益最大化的重要途径。政府通过政策导向，鼓励高校在特定领域进行重点投入。例如，政府通过"双一流"建设专项资金引导高校在学科建设和国际竞争力提升方面的资源配置，同时支持高校自主创新，通过产学研结合推动科研成果的转化。高校通过资源整合机制，将政府资金与内部资源协同使用，实现整体财务管理的优化配置。

（二）财政绩效评价机制在高校财务管理中的应用

1. 财政绩效评价机制的引入背景

随着高等教育的扩展和财政投入的增加，如何确保政府资金的高效使用成为重要问题。为了增强资金使用的透明度和效率，政府逐渐引入了财政绩效评价机制。这一机制旨在通过对高校资金使用效果的评估，确保财政拨款能够真正用于推动高校的教学质量提升、科研创新和社会服务。

2. 绩效评价的核心内容

财政绩效评价机制的应用范围广泛，涉及高校财务管理的多个方面，主要集中在以下几个领域：

（1）资金使用效率。绩效评价首先考察高校是否有效利用了政府提供的资金，是否存在资金浪费、超预算或低效使用的情况。评价标准包括项目预算执行率、资金使用的投入产出比等。

（2）科研产出与学术成果。对于科研经费，绩效评价关注高校的科研产出，包括发表的论文、申请的专利、科研成果的转化应用等。科研项目的产出和实际效益直接影响绩效评价结果。

（3）人才培养质量。绩效评价机制还衡量高校在人才培养方面的表现，包括毕业生就业率、学生的国际竞争力、社会服务贡献等。政府希望通过财政支持，提升高校的人才培养能力，因此绩效评价需反映高校在这一领域的成效。

（4）财务管理规范性。政府资金的合规使用是财政绩效评价的基础，高校必须确保资金按照预算计划使用，并符合政府的相关法律法规。

（三）借助政府支持进行财务改革创新

1. 专项资金管理的改革

随着政府对高等教育的支持力度不断加大，专项资金成为高校财务管理中的重要组成部分。专项资金的设立具有明确的使用方向和目标，要求高校严格按照项目计划进行资金使用。为了适应专项资金管理的复杂性和多样化需求，高校需要在财务管理中进行创新改革。高校在接收专项资金时，必须严格按照政府的资金使用要求进行管理，确保资金使用的透明度和规范性。为此，高校应建立专项资金的精细化管理制度，包括项目立项、预算编制、资金拨付、项目执行、资金结算等环节的全流程管理，确保专项资金的高效使用。政府对专项资金的使用效果有明确的绩效要求，因此高校需要在资金管理中引入绩效考核机制，确保资金使用的合理性和效益最大化。通过定期对专项资金项目进行中期评估，及时发现问题并进行调整，确保项目按时按质完成。

2. 创新管理机制的探索

除了专项资金管理，高校还可以借助政府支持，探索更多财务管理创新机制。例如：高校可以借助政府的政策支持，建立更加规范的社会捐赠资金管理机制，确保社会捐赠资金的透明使用，并通过公开披露、定期报告等方式提升社会对资金使用的信任度；高校可以通过与政府合作，探索更加灵活的科研经费管理机制，如简化科研经费的审批流程，允许项目资金根据实际需求灵活调整，确保科研项目的顺利推进和科研产出的最大化。

3. 财务改革的协同推进

高校在进行财务管理改革创新时，离不开政府的政策支持。政府通过资金投入、政策引导、监管机制等，推动高校财务管理的改革和创新。同时，高校通过对创新管理机制的探索，不断提升资金使用效率，推动财务管理现代化。通过高校与政府的协同互动，财务改革可以更加有序、高效的推进，从而实现资金使用效益的最大化。

第三章 高校预算管理与资金筹集

在当前高等教育竞争日益激烈的背景下，高校的财务管理成为提升办学质量和竞争力的关键环节。预算管理和资金筹集作为财务管理的核心内容，直接影响高校的资源配置、科研投入和长期发展策略。随着国家"双一流"政策和科研经费管理模式的变化，高校不仅需要优化预算编制和执行，还必须积极拓展多元化的资金来源，如政府专项拨款、社会捐赠、校办产业收入等。同时，建立灵活的资金管理机制，确保资源的高效配置与合理使用，是高校实现可持续发展的必然要求。

第一节 高校预算管理的基本流程

一、预算编制前的准备工作

预算编制是高校财务管理中的一项核心工作，它直接影响着学校的资源配置、资金使用效率以及未来发展的可持续性。在进行预算编制之前，做好充分的准备工作是确保预算科学、合理和高效执行的基础。高校的预算编制不仅要符合财务管理的基本要求，还必须与学校的教育发展目标、科研需求和社会服务任务相结合，以实现最佳的资源配置。本文将围绕预算编制前的准备工作，探讨如何通过历史财务数据分析、制定明确的预算目标与原则，以及与各部门的沟通，确定资金优先级，确保预算编制的科学性和可行性。

（一）收集和分析历史财务数据

1. 历史财务数据的重要性

历史财务数据是编制预算的基础信息。通过分析过去几年的财务数据，高校可以了解以往的资金流向、各类支出的实际情况，以及收入与支出结构的变化趋势。这些信息对于编制未来预算具有重要参考价值，有助于提高预算编制的精准性和科学性。

2. 数据收集的主要内容

在预算编制前，财务部门应全面收集并分析历史财务数据，确保预算的科学性和合理性。首先，收集包括学费收入、科研经费、政府拨款及社会捐赠等收入来源的数据，评估各类收入的稳定性和增长趋势，以预估未来的资金来源。其次，分析过去几年的支出情况，涵盖教学、科研、行政管理及基础设施建设等领域，了解各部门和项目的资金需求和使用情况，为未来的资金配置提供依据。此外，分析资金结余和项目完成情况，评估以往预算的合理性，及时发现预算编制中过于宽松或低估的现象，并在未来做出相应调整。

3. 数据分析与趋势预测

在收集到历史财务数据后，财务部门应结合定量和定性分析方法，对数据进行深入解读，找出过去预算执行中的问题及资金使用规律。首先，通过定量分析，利用数据分析工具计算各类支出的平均值、增长率及标准差等指标，了解各部门或项目的资金需求变化趋势，如科研经费的增长或基础设施建设的资金需求是否放缓。其次，通过定性分析，将数据与学校战略目标及外部政策环境相结合，分析支出增长是否符合学科发展方向，或政府拨款变化是否受国家政策影响。通过这种分析，高校能够为未来预算编制提供数据支持，合理预估资金需求与收入变化，确保预算的科学性与准确性。

（二）制定预算编制的目标与原则

1. 预算目标的明确化

预算编制必须明确目标，这是确保其与学校整体发展规划一致的关键。高校的预算目标通常需要从以下几个方面综合考虑：首先，围绕提升教育质量、优化学科布局和加强教学设施等教育发展目标展开，特别是在重点学科和新兴领域加大投入。其次，科研经费分配需根据学校的科研规划和国家战略需求，合理确定科研项目的优先级，确保科研投入与产出平衡。此外，预算还应涵盖人才培养和社会服务，如师资建设、社会实践项目支持和产学研合作的推进。明确这些预算目标，有助于确保资金分配方向清晰，避免执行过程中的盲目性。

2. 预算编制的基本原则

除了明确预算目标，高校在编制预算时还应遵循一定的原则，以确保资金使用的合理性和科学性。首先，预算必须符合学校的实际发展需求，避免盲目扩张造成的资金浪费，并注重经济效率，追求投入与产出的最佳平衡。其次，预算分配应遵循公平性原则，各部门和项目应有平等的机会获得资金支持，通过充分沟通与评估，确保分配符合学校的整体发展规划。此外，预算编制还需具备灵活性，预留机动资金应对未来不可预见的支出或突发事件，增强财务管理的应变能力。合理制定预算目标和原则，是确保预算科学可行的重要前提，可以有效指导资金分配与使用。

（三）与各部门沟通需求，确定资金优先级

1. 各部门需求沟通的重要性

高校的预算编制涉及多个部门和项目，每个部门都有其独特的资金需求，因此与各部门的充分沟通是预算编制过程中不可或缺的一环。通过与各部门沟通，财务部门可以了解不同部门的实际资金需求、工作计划和项目进展，为预算编制提供一手资料。

2. 需求沟通的流程与方法

在预算编制的准备阶段，财务部门应与各院系、科研和行政部门沟通，收集其具体的资金需求。这个流程包括两部分：第一，各部门根据年度工作计划和发展目标，提交详细的预算需求申请，内容涵盖资金用途、支出时间节点和预期产出，财务部门据此收集各部门的资金需求清单。第二，财务部门对这些申请进行初步审核，结合历史支出和项目执行效果，评估其合理性。对于资金需求较高的项目，财务部门需与申请部门进一步沟通，合理调整预算额度。

3. 确定资金优先级

在预算编制过程中，由于资源有限而需求多样，必须合理进行资金优先级排序，确保资金分配科学、合理。首先，应优先支持核心项目，如学校的重点发展计划、国家支持的科研项目以及具有较大社会影响的项目。通过对这些核心项目的资金倾斜，确保学校战略目标的实现。其次，虽然重点项目优先，但不能忽视其他部门的资金需求。财务部门需在兼顾不同领域发展的基础上，合理分配资源，确保教育、科研和基础设施等各方面的平衡发展。最后，对于临时性或突发性项目，学校应根据紧急程度和重要性，灵活调配资金，并在预算编制时预留一定的机动资金以应对紧急需求。

二、高校预算编制流程

预算编制是高校财务管理的核心工作之一，它不仅关系到学校的资金使用效率，还直接影响教学、科研、基础设施建设等方面的发展。一个科学合理的预算编制流程可以确保资金合理配置、资源有效使用，并为学校的长远发展提供财务保障。高校预算编制的流程通常包括各院系、部门提交预算申请，财务部门汇总与初审，预算委员

会审核优化，最终提交校领导审批与政府备案。这一系列流程既需要科学的管理，也需要各方协同合作，以确保预算的合理性、可行性和符合学校整体发展战略。

（一）各院系、部门提交预算申请

1. 预算申请的必要性

高校各院系、部门是预算编制的基础单位，预算申请是他们根据年度工作计划和战略目标，提出的对下一年度资金需求的具体说明。通过预算申请，学校能够了解各院系、部门的资金需求，掌握其未来的工作计划和资金使用意图，从而为整体预算编制提供必要的基础信息。预算申请不仅涉及教学、科研等日常运作，还包括设备采购、基础设施建设、人才引进等方面的资金需求。

2. 预算申请的具体内容

各院系和部门在提交预算申请时，应对其资金需求进行详细说明，包括资金用途、金额、执行时间和预期成果等方面。具体内容包括：首先，每个院系或部门需根据其年度工作计划，明确未来一年中的核心任务和发展方向，例如，某院系计划开设新课程或引进高水平教师，科研部门计划启动重要科研项目等。其次，院系或部门应详细列出每个项目的资金需求，包括具体用途，如科研设备购置、实验材料费、人员经费等；教学部门可能需要资金用于更新教学资源或设施。最后，院系或部门应对各项目的资金使用优先级进行排序，明确最紧迫的需求，帮助学校在有限的资源下优先支持核心项目。

3. 预算申请流程与时间安排

高校通常要求各院系、部门在规定的时间内提交预算申请。申请提交后，财务部门会根据时间表进行汇总和初步审核。因此，预算申请的时间安排对预算编制整体流程的顺利推进至关重要。各部门必须提前做好工作计划，确保在规定时间内完成申请的编制与提交，以免影响学校整体预算编制进度。

（二）财务部门汇总与初审

1. 汇总各部门预算需求

各院系、部门提交预算申请后，财务部门会将这些申请进行汇总，形成一个初步的全校预算需求清单。这一过程要求财务部门对各院系、部门的预算申请进行统一收集和整理，并根据其资金用途和项目分类进行归纳总结。这不仅为后续审核提供了基础数据，也为资源的合理分配打下基础。

2. 初审：结合学校财务战略进行调整

在汇总各部门的预算需求后，财务部门的核心任务是对这些申请进行初步审核，确保其符合学校的财务战略和资源分配要求。首先，财务部门会评估各院系和部门的预算需求是否与学校的整体发展战略契合。例如，如果学校正在推进"双一流"学科建设，财务部门可能优先支持相关的学科和项目。其次，财务部门将评估资金需求的合理性，确保申请的金额与实际需求相符，避免出现过高或过低估算，并通过对比历史数据来核实资金需求的准确性。最后，财务部门会根据学校的核心发展目标和整体资源情况，对各项目的优先级进行调整。紧急或关键项目可能会获得更多资金支持，而非核心项目的预算需求可能会被适当缩减，以确保资源合理分配。

3. 与各部门的进一步沟通与反馈

在初审过程中，财务部门通常会与各院系、部门保持紧密沟通，了解他们的实际资金需求和未来工作重点。对于某些申请过高或不符合实际的预算需求，财务部门会与相关部门进行沟通，反馈调整建议，并协商修改方案。通过这种互动，财务部门可以确保预算申请既符合学校财务战略，也能充分满足各部门的实际需求。

（三）学校预算委员会审核，优化资源分配

1. 预算委员会的组成与职责

学校的预算委员会是负责审核和优化预算编制的核心决策机构，通常由学校领导、财务负责人、院系代表、外部专家等组成。预算委员会的主要职责是对财务部门提交的预算初审结果进行审核，确保资源分配的公平性、合理性和战略性。

2. 审核重点与优化资源分配的原则

在高校财务管理的审核过程中，预算委员会的核心任务是确保预算编制契合学校的发展战略，并推动整体发展。审核的重点体现在两个方面：第一，资源分配的公平性和战略性。委员会确保各部门获得的资源合理，避免因主观因素导致分配失衡。同时，针对学校的中长期发展目标，对关键领域如重点学科建设、重大科研项目等给予战略倾斜。第二，预算委员会注重资金使用的效率，特别是对过去绩效不佳的部门或项目进行严格审查，以确保资金能产生预期的效益，并通过绩效考核优化未来的资源配置。

3. 最终调整与优化预算方案

审核过程中，预算委员会会根据学校整体的财务状况、发展需求和各部门的预算

申请，提出最终的调整方案。通过对预算初稿的进一步优化，确保各部门的核心需求能够得到保障，同时避免资源浪费和资金重复分配。在优化过程中，预算委员会还会预留一定的机动资金，用于应对突发性项目或紧急情况。

（四）提交校领导审批与政府备案

1. 校领导审批的程序与重点

预算委员会审核通过后的预算方案需提交校领导进行最终审批。校领导的审批重点在于确认预算编制是否符合学校整体发展规划，资金使用是否合理有效，以及是否预留了应对不可预见情况的资金。校领导通常会根据学校的整体财务状况，对预算方案进行最终确认或提出修改意见。

2. 政府备案与合规性审核

高校的预算编制还需符合国家和地方政府的相关财政政策和管理规定。在校领导审批通过后，预算方案需提交给上级教育主管部门或财政部门进行备案或审核。这一流程的目的是确保高校的预算编制符合国家教育财政政策的要求，并且资金使用透明、合规。

在提交政府备案时，高校通常需要提供详细的预算报告，包括预算编制过程、资金分配方案、项目计划等。政府相关部门会根据其预算管理规定，对高校的预算方案进行审核，确保其符合法律法规，并对预算执行进行必要的监管。

三、预算执行与监督

预算执行是高校财务管理中至关重要的阶段，它将预算编制过程中确定的资金分配转化为实际支出，从而推动学校的教学、科研、基础设施建设等各项工作顺利进行。预算执行的效果直接影响到高校财务管理的效率和透明度，确保资金的合理使用与资源的最佳配置。为了保障预算执行的顺利进行，高校不仅需要各部门按计划执行预算，还需通过实时监控和动态调整机制，灵活应对执行过程中出现的各种变化。

（一）各部门按计划执行预算

1. 按计划执行预算的重要性

预算执行的关键在于各院系、部门根据预算编制时确定的计划，按部就班地使用资金。预算编制的目标是为学校各项活动提供资金保障，因此各部门必须严格按照预算计划执行，以确保资金合理分配，支持学校的整体战略发展。按计划执行预算能够提高资金使用的有效性，减少资源浪费，避免因支出随意而导致的资金短缺或不平衡现象。

2. 资金分配与使用的责任机制

在预算执行阶段，高校通常会设立明确的责任机制，要求各部门对其预算执行结果负责。各部门应根据年度工作计划和预算中的支出安排，制定详细的资金使用方案，并按月或季度执行，确保资金的具体使用符合学校的财务制度和预算目标。一方面，高校应建立健全的部门预算管理制度，明确各部门在预算执行中的责任，指定专人负责预算执行与管理，确保资金支出符合预算要求，并保证其合规、合法、合理。另一方面，学校还需建立规范的支出管理流程，涵盖支出审批、资金划拨和报销等环节，确保资金使用前经过财务审批，使用后严格按照财务流程进行报销和记录。

3. 资金使用的透明度与合规性

在预算执行过程中，资金的使用透明度和合规性是关键。高校各部门在使用预算资金时，必须确保支出的合法合规。具体要求包括资金用途的明确、资金支出的真实记录，以及按规定进行的财务报销流程。通过这些措施，财务部门可以有效监督资金流动，确保资金使用符合学校和国家的相关财务制度，避免违规支出或资金挪用。

（二）实时监控资金使用情况与执行进度

1. 实时监控的重要性

在预算执行过程中，资金使用情况的实时监控是确保预算合理、有效执行的关键。通过实时监控，财务部门可以及时掌握各部门的支出进度和资金流向，防止超支、资金滞留等问题的发生。实时监控的目的是提升财务管理的透明度和敏捷性，使得管理者能够根据实际执行情况，及时发现并纠正偏差，保障预算执行的顺利推进。

2. 资金使用监控系统的建立

高校要实现资金使用的实时监控，需依赖现代化信息技术和管理系统。通过建立资金监控系统，学校可以对各部门的资金流动进行实时跟踪，确保财务部门和管理层随时掌握预算执行进度，了解资金是否按计划使用，避免资金滞留或项目资金不足的问题。一方面，预算执行进度可通过系统与财务管理软件的集成实现自动跟踪，实时更新各部门的支出数据，管理者可随时查询已执行金额、剩余预算及支出结构，确保预算执行的透明度和时效性。另一方面，系统还可设置异常支出报警机制，当某部门超出预算或资金使用进度滞后时，系统将自动警报，提醒财务部门和相关负责人进行及时调整。

3. 资金流向与项目进展的匹配监控

在预算执行过程中，确保资金流向与项目进展的匹配非常重要。财务部门应监控各项目的进展情况，确保资金的使用与项目需求相符。例如，某些科研项目可能在初期资金需求较大，而后期资金需求较小。财务部门应根据项目进展合理分配和调整资金，避免资金滞留或使用不及时影响项目进度。

（三）执行过程中预算的动态调整与再分配

1. 预算执行中的灵活性需求

预算编制时，虽然高校已经对未来的资金需求进行了详细规划，但在实际执行过程中，可能会遇到各种不可预见的情况，如项目进展延迟、新的科研机会出现、政府政策变化等。这就要求高校在预算执行过程中，具备一定的灵活性，能够根据实际情况对预算进行动态调整与再分配，确保资金能够及时响应新的需求或应对突发状况。

2. 预算动态调整的原则

在高校进行预算动态调整时，必须确保整体预算的平衡与科学性。财务部门在调整预算时需遵循以下原则：首先，合规性原则，即所有预算调整必须严格遵守国家相关财务法规及学校的管理制度，确保调整过程的透明和合法。其次，优先级原则，学校应优先保障教学、科研及基础设施建设等核心项目的资金需求，非核心项目则在不影响整体运作的前提下适当减少资金支持，以优化资源配置。最后，平衡原则，调整时需确保整体预算的平衡，避免部分项目资金过度占用而导致其他项目资金短缺，确保各项工作协调推进。

3. 再分配的机制与操作流程

预算再分配是在原有预算框架内对资金用途进行调整，以确保资源从资金富余的项目流向资金紧缺或急需的项目，最大化预算资源的使用效率。再分配通常遵循以下流程：首先，相关部门在需要追加预算时，应提交资金调拨申请，详细说明追加理由、资金使用计划和项目进展。财务部门接收申请后，会对其进行审核，判断是否符合再分配条件。其次，预算再分配需要经过学校领导或预算委员会的审批，期间会评估当前资金使用状况，确保再分配资金充足且不影响其他项目的执行。最后，获得批准后，财务部门应立即执行资金调拨，并通过监控系统跟踪资金使用情况，确保其合理性并符合原计划。

第二节　高校资金筹集的途径

一、政府财政拨款

政府财政拨款是高校财务管理中最为重要的资金来源之一，尤其是在公立高校中，政府的财政支持直接决定了高校的运行效率、发展潜力以及教学科研等核心工作的推进。中央和地方政府通过拨款机制，为高校提供运行经费、专项资金和科研项目支持。随着国家教育政策和财政预算管理的变化，高校也需要不断优化其财务管理策略，以应对拨款机制中的变化，确保资金使用的合理性与有效性。

（一）中央和地方政府对高校的财政支持机制

1. 中央政府的财政支持

中央政府是中国公立高校的重要财政支持来源，尤其对国家重点高校和高水平科研院所的支持尤为关键。中央财政拨款主要分为基础拨款和专项资金两类：基础拨款是用于高校日常运行的基本经费，包括教学、科研、设施维护、教师薪资和学生助学金等。[①] 基础拨款通常依据学校的规模、学科设置和学生人数等因素进行分配，确保高校能够正常开展教育和科研活动，是其财务的基本保障。专项拨款是根据国家战略需求和教育发展规划设立的专项资金，用于支持高校在重点领域和关键项目上的发展，如"双一流"建设专项拨款，旨在推动高校在科研创新、人才培养和学科建设方面的突破，提升整体办学水平。

2. 地方政府的财政支持

除了中央政府的拨款，地方政府也是高校，尤其是地方高校和省属高校的重要财政支持来源。地方政府的拨款机制主要包括以下几类：首先，运行经费是用于支持地方高校日常教学、科研和管理等活动的基本资金，类似于中央财政的基础拨款，是地方高校财务的基本保障。经费的分配通常根据高校的区域影响力、学生规模和学科建设水平等因素综合评估。其次，地方政府还提供专项资金支持，主要根据区域经济发展和产业需求。例如，地方政府可能设立专项拨款，支持高校应用型学科建设或产学研合作项目，帮助高校更好地服务地方经济，促进教育资源与地方需求

---

① 吴伟. 中国高等教育财政拨款制度研究［D］. 南京：南京农业大学，2008.

的结合，提升区域竞争力。

3. 中央与地方财政支持的协同机制

中央和地方政府的财政支持在高校的发展中发挥着互补作用。中央政府的拨款更多关注高校的整体发展战略和国家重点项目，而地方政府的拨款则侧重于高校服务地方经济发展的需求。在这一机制中，高校需要合理协调中央和地方的资金来源，确保各类资金在不同项目中的高效使用。例如，对于一所地方重点高校，中央财政可能提供"双一流"建设的专项拨款，而地方政府则提供基础运行经费和区域特色学科发展的支持。

（二）专项拨款与项目资金

1. "双一流"建设专项资金

"双一流"建设专项资金是中国教育现代化进程中的重要政策工具。该项目旨在通过重点支持一批高校的学科建设，推动中国高校进入世界一流大学和一流学科的行列。[①] 中央政府每年通过专项资金对入选的高校进行支持，用于重点学科建设、国际合作交流、科研设施升级、人才引进等方面。

对于高校来说，"双一流"建设专项资金具有明确的使用方向和考核标准。高校需要根据教育部和财政部的规定，制订详细的项目实施方案和资金使用计划，并定期向政府提交项目进度和成果报告。通过专项资金的支持，高校可以集中资源，提升重点学科的国际竞争力，同时加快人才培养和科研成果转化的进程。

2. 科研专项经费

除了"双一流"专项资金，政府还为高校提供各类科研专项经费，旨在推动国家科技创新。这些经费用于支持高校的基础研究和应用研究，通常通过科研项目申报和竞争性评审获得。高校科研团队需提交详细的项目计划书，经过专家评审和审核后才能获得资助。首先，国家自然科学基金是中国支持基础科学研究的重要专项资金之一，高校科研人员可以通过申请该基金，资助物理、化学、生命科学、材料科学等基础研究，提升高校的基础科研能力。其次，国家重点研发计划由科技部主导，主要支持应用研究和技术创新。高校通过与企业或科研机构合作，申请该计划的专项经费，开展高新技术、先进制造、生物医药等领域的研究，推动科研成果向产业化应用迈进。

---

① 檀慧玲，谢予涵. 教育政策执行视角下"双一流"建设实施的思考 [J]. 北京教育（高教），2016（12）：14-17.

3. 项目资金管理的挑战

在管理政府拨款的专项资金时，高校面临着多方面的挑战。首先，专项资金具有明确的使用要求和考核标准，高校必须确保资金按规定用途使用，不能挪作他用。其次，专项资金的拨付通常伴随着严格的时间节点要求，高校必须按照既定的时间计划执行项目，避免资金滞留或进度延迟。此外，项目资金的使用还需要严格的财务审计，确保资金使用的合法性和透明度。高校财务部门在管理这些专项资金时，必须建立完善的资金监督机制，确保项目资金的高效使用和规范管理。

（三）政府拨款机制中的变化与应对策略

1. 财政拨款机制的变化

随着国家经济形势和财政政策的变化，政府拨款机制也在不断调整。近年来，政府在财政拨款中逐渐引入了绩效考核机制，并强化了对资金使用效率的监督。财政拨款不再仅仅根据高校的规模和基础需求进行分配，而是更多地依据高校的绩效表现和发展成就。这种变化使得高校的资金获取方式更加依赖于项目成果、科研创新和学科竞争力。

例如，在"双一流"专项拨款中，政府对高校的资金支持越来越依赖于对其科研产出、国际影响力和学术水平的评估。绩效不达标的高校可能会面临拨款减少的风险，政府通过资金的分配机制，激励高校不断提升自身的科研实力和办学水平。

2. 高校的应对策略

面对政府拨款机制的变化，高校需要采取积极策略，确保资金渠道的稳定性并提升资金使用效率。首先，高校应提升科研与教学绩效，因政府引入绩效考核机制，高校需通过优化学科结构、增加重点学科投入、提升科研成果转化效率等方式，确保资金支持不受影响。其次，加强项目管理与资金使用监督至关重要，高校应建立完善的项目管理体系，确保专项资金按计划使用，并接受审计监督，避免资金滞留或挪用。最后，高校需多元化资金来源，减少对政府拨款的依赖，拓展其他资金渠道，如与企业合作、吸引社会捐赠、开设继续教育项目等，确保资金来源的多样性与可持续性。

3. 与政府的积极互动

在应对拨款机制变化的过程中，高校还应加强与政府的沟通和互动。通过定期向政府部门汇报项目进展和成果，确保政府了解高校的工作成就和资金需求。此外，高校还可以通过参与政府的教育和科研政策制定过程，积极争取更多的资金支持和政策优惠。

二、学费与学杂费收入

在高校财务管理中，学费与学杂费收入是高校自主筹资的重要来源之一，尤其是随着高等教育规模的扩大和政府拨款的相对稳定，学费收入成为许多高校资金来源的关键组成部分。合理制定学杂费收取标准、确保资金使用的透明性和合规性，以及在提升教育质量的同时保持学费的合理增长，都是高校财务管理中面临的重要挑战。

（一）学费收入作为高校自主筹资的重要来源

1. 学费收入的财务意义

学费收入是高校维持运作和发展的主要资金来源之一，特别是在财政拨款有限的情况下，学费收入为学校提供了稳定的现金流，帮助学校进行日常运营、学科建设、基础设施维护、师资队伍建设等。相比政府拨款，学费收入具有更大的灵活性，学校可以根据自身发展需要，自主决定这部分收入的使用方式。因此，学费收入在高校自主筹资体系中占据了重要地位，成为确保学校可持续发展的关键因素。在一些国家，高校特别是私立高校，学费收入甚至成为学校财政的主要支柱，直接影响学校的办学规模和质量。即便是公立高校，随着高等教育需求的不断增长，学费收入也逐渐成为重要的财政补充。

2. 学费收入的用途

学费收入的主要用途涵盖以下几个方面：首先，学费为教学与科研提供资金支持，用于购置教学设备、建设实验室、更新教材和改革教学内容，还为科研项目提供配套资金，支持师生的科研活动。其次，学费收入用于高校基础设施的建设和维护，帮助更新教室、实验室、图书馆等设施，改善教学环境，满足学生的学习需求。最后，学费收入为师资队伍建设提供保障，支持引进优秀教师、提升教师待遇以及开展师资培训，进而提高学校的教学与科研水平。

3. 自主筹资的灵活性

相较于政府拨款的严格限制和固定用途，学费收入的灵活性为高校提供了更多的资金调配空间。学校可以根据实际需求，在不同领域和项目之间分配资金，从而更好地响应教育和科研的需求变化。例如，某些学科可能在短期内需要大量资金支持，而学费收入可以通过灵活调配及时响应这些需求，避免过度依赖政府拨款或其他资金。

（二）学杂费收取标准的合理性与合规性

制定学杂费收取标准时，高校需确保其合理性与合规性。在合理性方面，学杂费标准应基于学校的实际运营成本，同时兼顾教育公平性和学生的经济承受能力。学校应核算办学成本，包括教师薪资、设备维护和科研投入等，尤其是高成本的学科如医学、工程类专业，学费可能高于文科类专业。此外，学杂费标准应动态调整，依据市场需求与竞争力进行设定，避免过高或过低导致的学生流失或资金不足。同时，学校应考虑学生的经济负担，并通过奖助学金等保障教育公平。

在合规性方面，学杂费的制定与调整必须遵守国家和地方相关政策法规。高校应依据教育、财政和物价部门的政策制定收费标准，并通过主管部门审批，确保收费合法。此外，学校需确保收费项目透明公开，通过官网或公告渠道向社会公示收费标准和用途。为防止违规收费，学校应建立内部审计和外部监督机制，避免出现捆绑收费或不合理收费行为。

（三）平衡学费收入与教育质量之间的关系

1. 学费收入与教育质量的相互依赖

学费收入为高校提升教育质量提供了直接的资金支持，而教育质量的提升也是吸引学生愿意支付学费的关键因素。高校需要在学费收入增加与教育质量保障之间找到平衡，确保增加的学费主要用于提升教育，而不是流向非教学领域。首先，资金投入应合理分配，优先用于与教学和科研直接相关的方面，如师资建设、教学设施更新和科研支持，确保学费收入带来的价值体现在教育质量的提高上。其次，高校应通过定期教学评估和学生满意度调查等反馈机制，了解学费收入对教育质量提升的实际影响。通过这些反馈，学校可以及时调整资金使用策略，确保学费收入真正促进教学与科研水平的提升。

2. 学费增长与教育质量的匹配

在学费调整过程中，高校必须确保学费增长与教育质量提升相匹配。学费的上涨应同步反映在教学投入、学科建设和学生服务等方面的改进上，确保学生支付的学费能够带来切实的教育回报。首先，高校应持续改善教学与科研环境，将学费收入用于更新实验设备、建设现代化教学楼和丰富图书馆资源等，创造优质的学习条件，提高学校的教育质量和竞争力。其次，优化师资队伍是关键，高校应利用学费收入引进国内外优秀教师，增加教师培训和教学研讨的经费支持，提升教学和科研水平，同时合理增加教师配比，避免教师资源不足对教学质量产生不利影响。

3. 学费收入与奖助学金体系的平衡

为了平衡学费收入增长与教育公平性，高校应建立完善的奖助学金体系。通过合理的奖助学金政策，学校在确保学费收入的同时，能够减轻经济困难学生的学费负担，保障教育公平和可持续性。奖助学金体系不仅能够激励优秀学生，还能帮助那些因经济压力而坚持学业的学生，从而促进整体教育质量和社会公平。首先，学校可以利用学费收入设立更多奖学金项目，鼓励学生在学术、科研和社会服务等方面取得优异表现，以提高学生整体水平，进而提升教学质量。其次，助学金的救助机制能够有效减轻经济困难学生的负担，确保他们顺利完成学业，从而让更多学生有机会接受高质量教育，推动教育公平发展。

三、科研经费筹集

科研经费是高校推动科研创新、提升学术影响力、支持人才培养的核心要素之一。如何有效筹集科研经费，管理和分配资金，确保科研活动的顺利进行，是高校财务管理中的一大挑战。科研项目资金的申请与管理、与企业及社会组织的合作，以及通过科研成果的转化获取收益，都是高校科研经费筹集的重要途径。

（一）科研项目资金的申请与管理

1. 科研项目资金的申请

科研项目资金的申请是高校科研活动中的关键环节。高校通过申请政府资助、竞争性科研基金和国际合作项目等，获取科研所需的资金支持。通常，科研团队需提交详细的科研计划书、项目背景和预期成果，经过专家评审后方可获得资助。科研经费的主要来源包括：国家自然科学基金，作为中国高校科研资金的重要来源，主要支持基础研究和应用基础研究，要求项目具备创新性、学术价值和明确的科研目标；政府专项科研资金，如国家重点研发计划和科技重大专项，旨在推动技术突破和科研创新，申请时需强调项目的产业化前景和社会效益；国际合作基金，通过全球科研合作，高校科研人员不仅能获得资金支持，还能促进国际学术交流与合作。

2. 科研项目资金的管理

获得科研经费后，合理有效地管理资金是高校科研管理的关键任务，必须确保资金按照项目计划进行合理分配。科研项目资金的管理应严格遵守财务制度和合规性要求，以确保资金的合理使用、透明运作和规范管理。首先，科研资金的分配应依据详细的使用计划,涵盖设备采购、实验材料、人员经费和差旅费用等,确保科研项目顺利推进,并与项目进展同步,避免资金滞留或支出不均。其次,经费的使用必须符合法规及学校财务管理规定,每笔支出需经过审批,并建立完善的报销制度,确保资金使用透明、合规,接受校内外监督和审计。最后,高校应建立动态监控机制,实时跟踪科研项目的进展和资金使用情况,定期审查项目执行,确保资金使用与项目目标一致,及时发现并调整问题,避免资金浪费。

(二) 与企业、社会组织合作进行科研项目的资金筹集

1. 与企业合作进行科研资金筹集

除了政府拨款和科研基金,高校还可以通过与企业合作筹集科研经费。作为技术创新的需求方,企业往往愿意为高校提供资金支持,共同推动科技研发,尤其是在工程技术、信息技术、生物医药等与行业需求密切相关的领域。这样的合作不仅为高校提供资金,还能推动科研成果的产业化,最大化科研价值。首先,高校可以通过产学研合作项目吸引企业资金,利用科研力量开发新技术或解决技术难题,实现双方互利共赢。例如,企业可能资助高校工程项目,以推动先进制造技术的开发与应用。其次,高校和企业可以通过签订技术合同进行定向研究,企业提供资金支持,高校针对其具体需求进行研发,科研成果可以直接应用于企业的生产经营,加速科研成果转化为现实生产力。

2. 与社会组织合作进行科研资金筹集

社会组织、基金会和非政府组织(NGO)也是高校科研资金的重要来源之一。许多社会组织在特定领域(如环保、公共卫生、教育等)设立专项资金,用于支持高校开展科研工作。高校可以通过与这些组织合作,筹集科研经费,开展符合社会需求的科研项目。首先,一些社会组织设立了公益科研项目,支持高校从事与社会公共利益相关的研究。例如,环保基金会可能为高校的生态环境研究提供资金,推动绿色科技的发展与应用。其次,社会责任合作项目也是高校筹集资金的途径。社会组织与企业共同设立的社会责任项目基金,支持高校利用科研力量解决社会问题,如环保或可持续发展。高校科研团队可以通过申请这些基金,开展相关科研工作。

(三) 创新科研成果转化模式以获取收益

1. 科研成果转化的意义

科研成果的转化是高校科研工作的重要延伸,通过科研成果的产业化,高校不仅

可以提升社会影响力，还能获得可观的经济收益。科研成果转化为产品或技术，可以实现科技与市场的结合，为高校创造收入来源，同时推动社会的技术进步和经济发展。科研成果的转化包括专利授权、技术转让、成立校办企业等多种形式。这不仅能提高科研工作的实际效益，还能增强高校的科研实力，吸引更多的科研资金和社会资源。

2. 创新科研成果转化模式

为了提高科研成果转化的效率和效益，高校可以探索多种创新的科研成果转化模式，确保科研成果更快、更高效地进入市场并获得经济收益。首先，高校科研团队可以将研究成果申请专利，并通过技术转让或专利授权的方式实现商业化。这种形式使高校通过专利授权或转让给企业，获取技术转让费或专利使用费。其次，校企联合研发是另一种有效模式，高校与企业建立长期合作，共同开发新产品或技术，商业化后进行利润分成，充分结合高校科研优势与企业的市场资源，实现双赢。最后，高校还可以创办校办企业，将科研成果直接推向市场。这类企业依托高校的技术优势，开发具有市场潜力的产品或服务，同时为师生提供科研实践平台，推动科研成果的持续创新与发展。

3. 科研成果转化中的挑战与对策

在科研成果转化过程中，高校面临着技术市场化中的诸多风险和挑战，如市场不确定性、知识产权保护不足以及科研团队与市场的衔接问题。为应对这些挑战，高校可以采取以下措施：首先，加强知识产权保护，建立健全的知识产权管理机制，确保科研成果及时申请专利并获得有效保护。同时，借助法律顾问团队为科研成果的转让和商业化提供法律保障，避免技术流失和侵权风险。其次，搭建科技成果转化平台，提供技术转化服务，帮助科研人员与企业对接，推动技术成果的市场应用。通过设立专业化的科技成果转化办公室，提升科研成果的市场化效率，助力科研技术实现产业化。

四、社会捐赠与校友基金

社会捐赠与校友基金是高校财务管理中不可忽视的重要资金来源，它不仅为学校的教育与科研项目提供了额外支持，还能帮助学校应对突发性资金需求，增强其财务可持续性。通过建立稳固的校友网络和面向社会的捐赠筹资渠道，高校可以通过多元化资金来源，减轻对政府拨款和学费收入的依赖，增强财务管理的灵活性和创新能力。

（一）通过校友网络筹集资金，建立校友基金

1. 校友网络的作用

校友是高校的重要资源与支持力量，他们不仅与母校有深厚的情感联系，也高度认同学校的发展和成就。因此，利用校友网络筹集资金是高校财务管理中的关键环节。通过设立校友基金，不仅可以筹集到可观的资金，还能增强校友与母校的互动，扩大高校的社会影响力。首先，校友基金作为长期的资金支持平台，为校友捐赠提供了便利和透明的渠道。学校可以定期向校友募集捐款，资金可用于教学、科研、奖学金等方面，激励更多校友参与学校建设。其次，校友返校日、年会、校庆等活动也是筹集资金的好机会。在这些活动中，展示学校的教学科研成果、基础设施发展及未来规划，能够增强校友的认同感和归属感，鼓励他们为母校发展贡献力量。

2. 校友基金的运营与管理

校友基金的运营需要建立专业的管理机制，确保捐赠资金的合理使用，并向捐赠者负责。高校可以成立专门的校友基金会或基金管理委员会，负责校友基金的筹集、管理和分配。首先，透明的资金管理机制是关键，高校应定期公布校友基金的使用情况，清晰展示捐赠资金的去向和效果。这样的透明性能够增强校友对捐赠的信任，确保校友基金的可持续发展。其次，校友基金应具备长期规划，不仅要解决当前资金需求，还要将部分捐赠资金设立为永久性基金。通过投资产生的收益，支持学校的长期发展项目，如奖学金设立、科研支持或校园建设，确保基金持续为学校提供财政保障。

（二）面向社会和企业的捐赠筹集途径

1. 社会捐赠的广泛性

除了校友捐赠，高校还可以面向社会广泛筹集资金，吸引企业、慈善基金会和个人捐赠者为学校发展提供支持。社会捐赠的优势在于资金来源广泛且使用灵活，能够帮助高校快速应对突发资金需求或在短时间内为重大项目筹集大规模资金。首先，企业捐赠是重要渠道之一。高校可以通过与企业建立长期合作，吸引资金用于科研项目、设施建设或奖学金计划。这不仅提升了科研实力，还推动科研成果产业化，促进产学研结合，增强学校和企业的竞争力。其次，慈善基金会也为高校提供专项资金支持，特别是在教育和科研发展领域，帮助推动特定项目，如支持弱势群体的教育或资助偏远地区的教学资源。最后，公众捐赠通过互联网平台或公益活动广泛吸引个人捐赠者参与。高校可以分享使命和愿景，激励社会大众捐款支持科研项目、文化活动等，增

强学校与社会的互动。

2. 面向企业与社会的筹资策略

为了吸引更多企业和社会组织的捐赠，高校需要制定清晰的筹资策略，积极向潜在捐赠者宣传学校的优势、愿景和项目需求，并提供透明的捐赠使用信息。首先，高校可以提供定制化捐赠计划，针对捐赠者的兴趣和需求灵活设计。例如，企业可能愿意将资金投入与其行业相关的科研项目，而慈善基金会可能更倾向于支持弱势群体的奖学金项目。通过这种灵活的捐赠选项，高校能够吸引不同类型的捐赠者。其次，荣誉与感谢机制也至关重要，高校可以通过设立捐赠者荣誉墙、命名权或捐赠仪式等方式对大额捐赠者表达感谢，增强捐赠者的归属感和参与感。例如，企业可通过捐赠获得实验室或学术楼的命名权，个人捐赠者可设立以其名义命名的奖学金。最后，高校应注重与捐赠者建立长期合作关系，定期沟通并分享学校的动态、项目进展和资金使用情况，增强捐赠者的信任感，确保未来的持续支持。

（三）社会捐赠在财务管理中的重要性与管理规范

1. 社会捐赠对高校财务的贡献

社会捐赠在高校财务管理中的重要性不仅体现在资金来源的多样化上，还在于其对学校灵活应对各类项目和突发需求的支持作用。通过社会捐赠，高校可以获得政府拨款和学费收入外的额外资金，用于支持重点项目、资助科研活动以及推动校园建设。尤其在政府拨款有限或面临经济压力时，社会捐赠为高校财务健康提供了关键保障。首先，社会捐赠的灵活性使高校能够快速应对临时性资金需求，例如在紧急的校园建设或科研设备更新中，社会捐赠能够及时填补资金缺口，确保项目顺利进行。其次，捐赠还可以补充科研和教学经费，增强特定学科的科研执行能力，同时为教学资源更新提供资金支持，进而提升整体教育质量。

2. 社会捐赠资金的管理规范

社会捐赠资金的管理必须遵循严格的财务管理规范，确保资金的透明使用和合规性。为了维护捐赠者的信任，学校必须建立完善的资金管理和监督机制，确保捐赠资金的使用过程公开透明，资金去向和使用效果清晰明确。

所有社会捐赠资金的使用必须符合捐赠者的意愿和学校的财务管理规定。捐赠资金的使用范围、使用方向和项目执行情况应与捐赠协议保持一致，确保资金的合规使用。例如，若某笔捐赠指定用于建设实验室，那么资金不得挪作他用。

学校应定期向捐赠者报告资金的使用情况和项目进展，通过透明的财务报告机制，向捐赠者展示捐赠资金的具体去向。通过定期的资金使用汇报，高校可以增强捐赠者的信任感，并确保未来的持续捐赠。

为了确保社会捐赠资金的合理使用，学校应定期对捐赠资金进行审计，确保资金使用符合法律法规和捐赠者的意愿。通过内外部审计，学校可以发现资金使用中的潜在问题，并及时进行调整，确保捐赠资金最大化发挥其作用。

五、创收活动与投资收益

在现代高校的财务管理中，创收活动与投资收益已成为高校拓展资金来源、提升财务自主权的重要途径。随着高等教育的扩展和多样化发展，高校通过开展各类创收活动，如校办产业、学术服务等，获得了可观的收入，这些资金不仅用于弥补高校日常运营中的资金缺口，还能进一步支持教学、科研和基础设施建设。此外，高校还通过财务投资策略获取投资收益，以保证资金保值增值，优化资金使用效益。然而，投资与创收活动的多样化也伴随着一定的风险，因此，建立风险控制机制对高校财务管理中的投资风险防范至关重要。

（一）高校创收活动的资金贡献

1. 校办产业的资金贡献

社会捐赠资金的管理必须遵循严格的财务规范，确保资金使用的透明度和合规性。为维护捐赠者的信任，学校需建立完善的资金管理和监督机制，确保捐赠资金的使用过程公开透明，去向清晰，效果明确。首先，资金使用的合规性是关键，所有捐赠资金的使用必须符合捐赠者的意愿，并与学校的财务管理规定一致。捐赠资金的用途和项目执行情况应严格按照捐赠协议执行，确保资金不被挪用。其次，学校应定期向捐赠者报告资金使用情况和项目进展，通过透明的报告机制展示资金具体去向，增强捐赠者的信任，确保持续支持。最后，学校需建立审计与监督机制，定期对捐赠资金进行内外部审计，确保资金使用符合法律和捐赠者的意愿，并及时调整潜在问题，最大化发挥资金效益。

2. 学术服务与社会服务的收入贡献

除了校办产业，高校还可以通过提供学术服务和社会服务来创收。这些服务依托高校的学术资源和智力资本，满足社会对高端知识、技术和人才的需求，同时为学校带来收入。首先，继续教育与培训项目是高校创收的重要途径。通过开设继续教育、职业培训和远程教育等项目，高校可以面向社会提供高质量的教育服务，获取学费收入。这不仅拓宽了高校的收入来源，还扩大了社会影响力，增强了社会服务功能。其次，高校的专家学者可以通过提供咨询与技术服务，如技术指导、工程项目评估和专业咨询等，获取服务费用。这类服务涵盖工程技术、社会管理、环境保护和医疗卫生等领域，不仅为高校带来经济收益，还能为地方政府和企业解决实际问题，进一步提升高校的社会贡献度。

（二）高校财务投资策略与收益管理

1. 高校的财务投资策略

随着高校创收资金的积累，如何合理投资以实现资金保值增值，已成为高校财务管理中的重要课题。财务投资不仅为高校带来稳定的收益，还能分散单一收入来源的风险，提升财务抗风险能力。首先，稳健型投资是最常见的策略，旨在保障资金安全的前提下获得合理收益。高校通常将资金投入银行定期存款、国债、企业债券等低风险金融产品，以获取稳定的利息收入，适合保值需求。其次，多元化投资通过分散资金至不同资产类别，如股票、基金、房地产等，降低单一投资的风险，提升收益。例如，部分高校通过购买物业获取租金收入或投资优质企业股票获得股息和资本收益。最后，高校还可以选择长远性与社会责任投资（SRI），兼顾财务回报与社会效益。投资可持续能源、环保技术等领域，不仅促进资金增长，还与高校的社会责任价值观相符，体现环境、社会和治理（ESG）标准。

2. 投资收益的管理与分配

高校在获取投资收益后，需要对这些资金进行科学管理和合理分配。投资收益不仅可以补充学校的日常运营开支，还为科研创新、教学设施建设、奖学金设置等提供资金支持。首先，收益再投资是实现长期资金增长的有效策略。高校可以将部分收益重新投入金融市场，形成复利效应，进一步扩大资金规模，为学校带来更多长期收益。其次，高校可以根据实际需求，将部分投资收益设立为专项资金，支持学术研究、奖学金项目、教师培训等。定向使用投资收益，不仅提升了资金的使用效率，还推动了学校核心领域的发展。

（三）高校投资的管理与风险防范

1. 投资风险的来源

尽管高校通过财务投资能够实现资金增值，但投资活动本身伴随着风险。金融市场的不确定性、经济政策变化和企业经营风险等因素都可能对高校的投资收益产生不利影响。因此，建立有效的风险控制机制是高校投资管理的关键。首先，市场风险是金融市场波动带来的挑战，如股市下跌或债券利率上升，可能导致投资资产贬值和损失。其次，信用风险是高校在投资企业债券、股票等金融产品时，若企业经营不善或违约，可能面临无法按时收回本金或利息的风险。最后，政策风险也需重视，国家宏观经济政策调整、监管规定变化或税收政策变动等，都可能影响投资回报。例如，政府对房地产投资的调控政策可能会削弱高校在不动产投资中的收益。

2. 风险防范与管理机制

为了有效防范投资风险，高校需要建立全面的风险控制机制，确保资金安全并实现合理回报。具体措施包括：首先，审慎投资决策是关键，高校在做出任何投资前应进行严格的风险评估和分析，确保资金的安全性和预期收益的合理性。学校可以设立专业的投资决策委员会，负责审核和评估投资项目，避免盲目投资。其次，采用风险分散与组合投资策略是降低风险的重要手段。高校应将资金分散投资于不同类别的资产，如股票、债券和房地产，通过资产多元化，当某一类资产表现不佳时，依靠其他资产的收益来平衡整体风险。最后，定期审计与监控也是必不可少的，高校应对投资组合进行定期审计和监控，及时发现潜在风险并根据市场变化调整投资策略。同时，定期财务审计确保投资项目的合规性，防止资金流失，并建立完善的信息反馈机制，保障投资管理的透明度和监督性。

第三节 预算管理的科学化与精细化发展

一、预算编制的科学化

高校的预算编制是财务管理的核心任务之一，它不仅直接关系到学校的资源分配与使用效率，也影响着高校的长远发展。随着信息化技术的不断进步和高校财务管理需求的日益复杂化，预算编制的科学化已成为高校财务管理的创新趋势。通过引入大数据分析和信息化技术、建立和优化预算模型以及基于绩效的预算编制方法，高校能够实现更加精准、高效和科学的预算管理。

（一）引入大数据分析和信息化技术进行精准预算编制

1. 大数据在预算编制中的应用

现代高校的财务管理面临数据量庞大、项目多样、需求复杂等挑战，传统预算编制方法依赖历史数据和人工分析，难以精准预测未来需求。随着大数据技术的成熟，预算编制的精准化成为可能。通过大数据分析，高校可以更深入地挖掘财务数据中的趋势，实现更加科学的预算编制。首先，历史数据分析可以帮助高校分析大量财务数据，发现支出规律。[①] 例如，分析各学科和部门的资金使用情况，准确预测未来支出需求，优化资源分配，减少预算浪费。其次，趋势预测与模拟功能使高校能够通过大数据建立预测模型，模拟未来的财务需求，结合外部经济环境、政府财政政策和学校发展目标，确保财务稳定性和灵活性。最后，实时监控与调整，通过信息化手段实现预算执行的动态监控，财务部门可以随时掌握资金使用进度，发现偏差并及时调整，提升预算编制的灵活性和效率。

2. 信息化预算管理系统的构建

为了充分发挥大数据的优势，高校应构建完善的预算管理信息化系统，使预算编制过程更加标准化、透明化和智能化。首先，数据集成与共享是关键，高校可以通过信息化平台整合财务、教学、科研等多方面数据，建立统一的预算管理系统，实现实时数据共享和互通。各部门可以方便地提交预算需求，财务部门则通过综合分析各类数据，制订精准的预算计划。其次，自动化预算编制工具能简化流程，系统可自动生成各部门预算需求报告，结合历史数据与预测模型分配资金。此外，自动化工具能对异常数据进行预警，减少人为错误，提升预算编制的效率与准确性。

（二）预算模型的建立与优化

1. 预算模型的建立

预算模型是科学化预算编制的重要工具，通过将高校财务数据与实际需求相结合，建立起反映资金需求、支出结构和使用效率的框架。高校可以通过不同类型的预算模型，为资金分配和资源管理提供科学依据。首先，零基预算模型是一种从零开始的编制方式，不参考以往支出，每年根据实际需求重新评估各部门的资金需求，适用于不断变化的项目或科研领域。通过详细说明资金用途和预期效果，这种模型有助于优化资源配置，避免浪费。其次，滚动预算模型定期（如每季度或半年）调整和更新预算，确保预算能及时反映学校的最新发展与需求，灵活应对项目进展和市场变化，特别适合科研项目多、学科发展迅速的高校。最后，项目预算模型专门针对具体的科研、教学或基础设施建设项目，强调根据项目需求、周期和预期产出制订资金计划，帮助控制单个项目的成本，确保资金有效使用，避免超支或资金滞留。

---

① 韩丹丹. 大数据时代下高校财务管理如何做好基础数据的分析 [J]. 财会学习, 2015 (18): 82.

2. 预算模型的优化

随着高校发展和预算管理需求的变化，预算模型需要不断优化，以应对新的财务管理挑战。高校可以通过以下方式优化预算模型：首先，引入绩效评估机制。通过评估各部门资金使用的效果，财务部门能够更好地判断资金投入的产出，从而在未来预算中优先支持高效项目，减少对低效项目的资金分配，确保资金使用的合理性。其次，建立动态调整与反馈机制。通过定期评估预算执行情况，学校能够及时发现预算中的问题，并对模型进行调整。例如，当某些科研项目的实际资金需求与预算偏差较大时，财务部门可以利用滚动预算模型进行调整，确保资金使用更加灵活和合理。

（三）基于绩效的预算编制方法

1. 绩效导向的预算编制

基于绩效的预算编制方法（Performance-Based Budgeting，PBB）是一种创新的高校预算编制实践，它将资金分配与绩效评估相结合，通过对各部门或项目的绩效进行量化评估，将资金优先分配给表现优异的项目或学科。这种方法强调投入与产出的平衡，确保资金产生实际效果。首先，高校需要为各部门或项目设定明确的绩效指标，例如科研成果的数量与质量、教学质量的提升、学生就业率、学科影响力等。通过对这些指标的量化评估，财务部门可以判断各部门的资金使用效果，并在预算编制中进行差异化分配。其次，PBB要求建立完善的绩效评估流程。高校可以通过年度考核、科研成果评估、教学质量审查等方式，对各部门的资金使用情况进行评估，评估结果直接影响未来的预算分配决策，激励各部门优化资金使用并提升绩效。

2. 基于绩效的资金分配机制

在基于绩效的预算编制方法中，资金分配机制的核心是根据各部门或项目的实际表现进行差异化分配。绩效优异的部门将获得更多资金支持，而表现不佳的部门可能面临预算减少的风险。首先，对于表现突出的项目或部门，高校可以通过增加预算作为奖励，进一步激励其提升绩效。例如，科研成果显著、学术影响力较强的研究团队可获得额外资金，推动科研创新。其次，对于绩效不达标的部门，学校可以采取改进措施，如减少资金支持或要求提交改进计划，促使其优化资源使用，提高绩效。这样的差异化分配机制有助于推动高校整体绩效的提升。

二、预算执行的精细化管理

高校的预算执行管理是财务管理的核心环节之一，它决定了预算编制的有效落实，也直接影响到学校各项事业的健康发展。随着高校财务管理的不断深化，预算执行的精细化管理成为提高资金使用效率、避免资源浪费的重要手段。通过资金支出的精细化监控与核算机制、部门间预算执行的协调与资源优化配置，以及信息化工具在预算执行中的广泛应用，高校可以更好地掌握资金流动，确保预算的科学执行。

（一）资金支出的精细化监控与核算机制

1. 资金支出的精细化监控

预算执行的精细化管理首先体现在对资金支出过程的精细化监控上。高校的预算执行涉及教学、科研、行政管理等多个领域，资金支出的复杂性要求财务部门对每一笔资金流动进行详细跟踪，确保支出符合预算计划，避免超支或资金滞留。首先，通过引入信息化手段，高校可以实现资金支出的实时监控。每一笔支出都通过财务系统进行记录和追踪，财务部门能够随时掌握各部门的资金使用进度，及时发现并纠正异常情况，避免资金滞留或违规使用。其次，支出分类与细化管理是预算精细化管理的另一个重要环节。财务管理系统应根据不同项目、部门和学科等维度，对资金支出进行详细分类。例如，科研经费可细分为设备采购、人员费用、差旅费用等，以确保各项支出在预算范围内，帮助财务部门更好地控制资金流向，减少不必要的开支。

2. 核算机制的优化

资金支出的精细化监控依赖于高效的核算机制。高校资金使用涉及多个部门和项目，核算机制必须及时、准确地反映资金流动情况，以确保资金支出的合规性和合理性。首先，项目核算与成本控制是核算机制的重要部分。在科研项目或大型建设项目中，财务部门应建立独立的项目核算机制，每个项目都应设立独立的财务账户，详细记录收入和支出。通过项目核算，财务部门能够实时掌握项目资金使用效率和成本控制情况，确保资金得到有效利用。其次，核算机制还应包括预警与纠偏功能。在预算执行过程中，如出现支出超标或项目进度延迟，系统应自动发出预警，提醒相关部门进行调整。例如，当某部门资金使用滞后，财务系统可及时通知负责人，确保资金按计划执行，避免重大偏差。

（二）部门间预算执行的协调与资源优化配置

1. 部门间的协调机制

高校的预算执行涉及多个部门，如教学、科研、行政管理等，如何协调这些部门的预算执行是精细化管理的关键。高校财务部门需要建立跨部门的沟通与协调机制，确保各部门的预算执行与学校整体发展规划保持一致。首先，资金需求的统筹安排是核心，各部门在执行预算时可能会有临时资金需求或项目调整。财务部门应根据整体财务状况统筹安排资金，优先支持核心项目或紧急需求。例如，当某科研项目需要追加经费时，财务部门应评估其重要性，并协调其他部门的预算执行，确保资金合理分配。其次，部门间的协同合作是提高预算执行效率的关键。某些科研项目可能涉及多个学科和院系，要求各部门共享资源、共同承担经费。通过建立跨部门协同机制，学校能够优化资源配置，减少重复投入，提升资金使用效率。

2. 资源优化配置与资金再分配

在预算执行过程中，资源优化配置是精细化管理的核心内容之一。高校资金有限，如何在多个项目、学科和部门之间合理分配资金，是财务管理中的重要课题。通过精细化的资源优化配置，确保每一笔资金都得到最有效的利用。首先，动态调整与再分配机制至关重要。在预算执行过程中，某些项目可能因进度滞后出现资金闲置，而其他项目则可能资金短缺。财务部门应根据实际需求进行动态调整，将闲置资金再分配到急需资金的项目，确保整体预算的平衡和高效执行。其次，资源共享与集约化管理可以进一步提升资金使用效率。例如，某些大型科研设备可供多个院系共享使用，减少重复购置的浪费。通过集约化管理，学校能够在有限资金下实现更大的效益，最大化资源利用。

3. 绩效导向的资金分配机制

为了实现资源的最优配置，高校可以引入绩效导向的资金分配机制。各部门或项目的资金使用情况将基于其绩效表现进行评估，资金分配向表现优异的项目或学科倾斜。这种机制不仅提高了资金使用效益，还激励各部门优化资源使用，提升工作效率。首先，财务部门应建立定期的绩效评估与反馈机制，对各部门的预算执行效果进行量化评估。例如，通过科研产出（如论文发表数量、科研成果转化率等）来判断项目资金使用的有效性。根据评估结果，学校可以在下年度的预算编制中调整分配，优先支持绩效优秀的项目，减少对表现不佳项目的资金投入，从而促进资源的合理利用与优化配置。

三、预算绩效考核与改进

高校的预算管理是保障其教学、科研、基础设施建设等方面顺利运作的基础，预算执行的效果直接影响到资金使用的效率和学校的长远发展。因此，预算绩效考核作为一种管理工具，能够有效监督预算执行情况，确保资金得到合理使用，并通过持续的改进机制，推动预算管理的科学化、精细化发展。

（一）通过绩效评价体系提升预算使用效率

1. 绩效评价体系的必要性

在预算管理中，绩效评价体系是确保预算执行符合预期目标、提升资金使用效率的重要工具。高校预算执行涉及多个部门和项目，如何评估资金使用效果是管理中的一大挑战。通过建立科学的绩效评价体系，财务部门能够有效评估资金使用的合理性和有效性，确保每笔支出都有明确的目标和产出。首先，绩效评价的核心在于衡量资金使用效率，即每一笔投入是否带来了预期的成果。例如，科研经费是否促进了科研成果的产出，教学经费是否提升了教学质量等。通过这一体系，学校可以识别出资金使用效率较高的部门或项目，并优先支持。其次，绩效考核还能帮助发现资金使用中的问题，如某些项目的资金支出与实际效果不符，导致浪费或低效使用。通过评估实际使用效果，学校能够及时调整预算分配，减少不合理支出，确保资源得到最大化利用。

2. 绩效评价指标的设定

绩效评价体系的关键在于设定科学合理的评价指标，以全面衡量预算执行效果。高校可以根据不同项目的性质，设立多维度的评价指标，确保绩效考核的全面性与针对性。首先，结合定量与定性指标是核心。定量指标如科研成果数量、发表论文数量、专利申请数等，能够提供具体的衡量标准；定性指标则评估项目对学校战略发展的贡献、教学质量提升等，通过两者结合，学校能更加全面地衡量预算执行效果。其次，绩效评价应采用多部门协作的机制。财务部门应与教学、科研、人力资源等相关部门共同参与评价工作，确保考核过程全面、科学、客观，提升评价结果的准确性与实用性。

3. 绩效评价结果的应用

绩效评价体系的最终目标是通过考核结果反馈，优化预算分配和执行过程。高校应将绩效评价结果作为未来预算编制和调整的重要依据，对表现优异的项目或部门给予更多资金支持，而对绩效较差的项目则进行调整或整改。首先，差异化资金分配策略是关键。根据评价结果，学校可以优先将有限资源分配给绩效表现优秀的项目或学科，提升资金使用的整体效益。例如，某科研项目在过去一年取得了显著成果，则下一年度可获得更多经费支持，进一步扩大科研影响力。

（二）预算执行过程中的动态反馈与优化机制

1. 动态反馈的必要性

预算执行是一个动态过程，受项目进展、政策变化和外部经济环境等因素的影响，因此，建立动态反馈机制是确保预算执行顺利的重要手段。通过及时的反馈和监控，财务部门能够在预算执行过程中发现潜在问题并采取相应调整措施，保证预算的灵活性和有效性。首先，实时监控与数据反馈是关键。通过信息化系统，财务部门可以实时掌握各部门的资金使用进度，跟踪预算执行中的变化。系统自动生成数据反馈，帮助财务部门及时发现预算超支或资金滞留等问题，确保资金使用的透明度和高效性。其次，异常支出的预警机制是重要保障。在预算执行中，若某项目的支出与计划不符，系统应发出预警。例如，某部门短期内出现大额支出或预算执行进度滞后，财务系统可通过数据分析发出预警，提醒相关负责人及时调整支出计划。

2. 预算调整与优化机制

动态反馈机制的核心在于根据实际情况对预算进行调整和优化。由于预算编制时无法预见所有变化，学校应在执行过程中灵活调整预算分配，以优化资金使用效率。首先，预算调整应有流程化管理，确保每项调整经过严格审核和评估。例如，某科研项目因取得阶段性成果需要追加经费，财务部门应先评估其资金需求，通过审核流程确认资金追加的合理性和必要性。通过流程化管理，预算调整变得更加规范和透明。其次，资源再分配与优化是关键。当某些项目进展不顺或资金使用效率低时，学校可将其部分未使用资金重新分配给其他紧缺项目。通过资源再分配，学校能实现资金的最大化利用，确保资金流向最需要的领域。

（三）建立预算精细化管理的长效机制

1. 预算精细化管理的重要性

预算精细化管理是确保高校资金使用效率最大化的重要手段。高校的财务管理涉及科研、教学、行政等多个领域，资金流动的复杂性要求财务部门对每笔资金进行精细化管理。通过建立长期有效的精细化管理机制，学校可以实现预算管理的规范化、科学化和透明化。首先，全过程预算管理是核心，要求从预算编制、执行到绩效考核的每个环节都有明确的规范和标准，确保预算执行的每一步都在可控范围内。这不仅提升了预算执行效率，还能有效防范财务风险。其次，精细化的支出管理与核算机制也是关键。高校支出项目繁多，财务部门应对各类支出进行详细分类，确保资金使用合规合理。核算机制应细化到每个项目和科目，帮助学校更好地掌握资金流向和使用情况，进一步提升资金管理的透明度与精确度。

2. 信息化工具的支持

要实现预算精细化管理，信息化工具的应用至关重要。高校可以借助财务管理系统，实现预算编制、执行、反馈和考核的一体化管理。信息化工具不仅提高了数据处理的效率，还能通过自动化工具对预算执行进行动态监控和数据分析。首先，财务管理系统的集成与优化能够将预算编制、执行和反馈等环节无缝连接，确保各环节数据实时更新。财务部门可以通过系统实时跟踪各部门的预算执行进度，并进行自动化数据处理，减少人为误差。其次，信息化工具还能利用大数据分析来支持预算优化。通过历史数据分析和趋势预测，系统可以帮助财务部门优化预算编制，提升预算执行的准确性和效率。

3. 持续改进与长效机制的建立

预算精细化管理的核心在于持续改进，建立长效机制。高校应根据每年度的预算执行情况，提出改进建议，并在下一年度的预算管理中进行优化。长效机制不仅体现在预算执行的管理上，还体现在预算管理制度的规范化和优化上。首先，制度化管理与规范化操作是关键，高校应建立明确的预算调整流程、绩效考核标准和支出核算机制，确保每个环节规范操作，保障预算管理的长期可持续性。其次，持续培训与管理优化也是不可或缺的环节。通过对财务人员进行定期培训，提升其精细化管理能力，确保长效机制的有效落实。随着培训和管理的持续优化，学校的预算管理水平将不断提升，确保资金使用的最大效益。

第四章 高校财务分析与绩效评估

随着高等教育的迅速发展，高校的财务管理面临日益复杂的挑战。高校不仅要合理分配和使用有限的资金，还需要确保资金的使用效果最大化，以支持教学、科研和校园建设的持续提升。财务分析与绩效评估已成为高校管理中至关重要的工具，它不仅有助于全面了解高校的财务状况，还能通过量化绩效指标，优化资金使用效率。通过深入的财务分析，高校能够及时发现潜在的财务问题，而通过科学的绩效评估机制，则可以确保资源的合理配置，促进高校的可持续发展和核心竞争力的提升。因此，探索高校财务分析与绩效评估的有效方法，已成为高校管理创新与精细化管理的关键议题。

第一节 财务分析的主要指标

一、收入指标分析

高校的收入结构决定了其资金运作的稳定性和可持续发展能力。在日益复杂的财务环境下，对收入指标的分析是高校财务管理中的重要环节。通过对各类收入来源的构成、收入结构的多样化和稳定性，以及收入增长率的分析，高校能够深入了解其资金来源的健康状况，为制定长期发展战略提供重要的数据支持。

（一）各类收入来源及其构成

高校的收入的构成和比例反映了高校的财务自主性、抗风险能力和发展潜力。首先，政府拨款是公立高校的主要收入来源之一，分为基础拨款、专项拨款和科研拨款，支持高校的日常运营、基础设施建设及科研项目。其次，学费收入是高校自主筹资的重要部分，受学生人数、学科设置和学费标准的影响。随着招生规模扩大，学费收入逐年增长，为高校运营、教学设备更新和师资建设提供了重要支持。此外，科研经费通过政府项目资助和企业科研合作，推动高校的科研创新与技术转化。最后，社会捐赠作为高校的非财政收入来源，尽管不确定性较强，但在奖学金设立、新校区建设和教学设备购置中发挥了重要作用，尤其是校友和企业的捐赠支持高校发展和产学研合作。

（二）收入结构分析：收入多样化和稳定性

1. 收入多样化的重要性

高校的收入结构越多样化，应对经济波动和政策变化的能力就越强。依赖单一收入来源的高校在面对外部环境变化时，容易承受更大的财务压力，因此收入多样化是高校财务管理的关键。首先，政府拨款虽然是公立高校的重要资金来源，但由于其波动性和政策调整的不可预测性，过度依赖政府拨款会增加财务风险。因此，高校应通过增加学费收入、科研经费和社会捐赠等自主收入，减少对政府拨款的依赖。其次，学费收入增长存在一定的限制，特别是在政府严格控制学费标准的情况下。因此，高校应通过扩大科研项目和加强企业合作，提升科研经费在总收入中的比例，优化收入结构，促进均衡发展。

2. 收入稳定性的保障措施

稳定的收入结构为高校的长期发展提供了坚实的财务基础。收入的稳定性依赖于多种因素，如资金来源的可靠性、收入构成的合理性及收入增长的可持续性。首先，政府拨款的长期稳定与国家财政政策密切相关，高校应与教育主管部门保持紧密联系，争取持续的政府支持。通过提升教学和科研质量，学校还可获得更多的政府专项资金。其次，扩大校友捐赠和社会募资渠道是增强收入稳定性的重要手段。高校应积极设立校友基金会和企业合作平台，拓展校友捐赠和企业资助的规模，吸引更多社会资金支持学校的长期发展。

（三）收入增长率：年度对比与趋势分析

1. 收入增长率的计算与分析

收入增长率是衡量高校收入增长速度及其财务健康状况的重要指标。通过比较不同年度的收入变化，高校可以评估其收入增长的可持续性。收入增长率的计算应涵盖所有收入来源，如政府拨款、学费收入、科研经费和社会捐赠，确保全面反映高校的财务状况。首先，学费收入增长率通常受招生规模和学费标准的影响。若某年度招生规模扩大或学费标准上调，学费收入增长率将明显上升。因此，高校应根据招生计划和市场需求合理制定学费政策，确保学费收入的稳定增长。其次，科研经费增长率是衡量高校科研实力的关键指标。通过分析科研经费的增长率，学校可以评估其科研项目申请、企业合作和科研成果转化的表现，并根据增长趋势优化科研资源配置。

2. 收入增长趋势的解读

通过分析收入增长率的趋势，学校可以识别其收入增长的主要驱动因素和潜在风险点，并据此制定财务策略。首先，长期收入增长趋势反映出财务稳健性和收入多样化的可持续性。如果收入增长率长期上升，表明学校财务状况良好。然而，若增长率下降，可能意味着外部资金支持减少或自主收入增长乏力，学校需及时调整战略。其次，短期收入波动可能由外部政策或市场环境变化引起。学校应通过优化收入结构和提升自主筹资能力，减少收入波动带来的财务风险。

二、支出指标分析

高校的支出管理直接影响其资金使用效率和整体发展能力。通过对支出指标的科学分析，高校能够确保各项资金的合理分配，优化资源配置，避免不必要的开支。支出构成包括多个维度，涵盖教学科研、基础设施建设、行政管理费用等核心领域，如何通过支出结构优化提升资金使用效率是财务管理中的重要课题。同时，通过对支出增长与收入增长的协调性分析，高校可以掌控财务的平衡与可持续性。

（一）各类支出的构成

高校的支出构成十分复杂，涵盖了多种项目和用途，主要包括教学科研支出、基础设施建设费用、行政管理费用以及其他专项支出。这些支出共同决定了高校的发展速度和教学、科研水平的提升。

1. 教学科研支出

教学科研支出是高校核心支出之一，直接关系到学校培养人才和科研创新的能力，主要包括教学设备采购、科研项目资助及教学科研人员的薪资。首先，教学设备和实验室建设是提升教学质量的基础，高校需定期更新设备、维护实验室，特别是医学、工程等专业对实验材料和设备要求较高，这类支出占比较大。其次，科研项目资助与研究经费是高校科研创新的保障，除了科研人员薪资，还包括设备购置、专利申请、学术会议等支出，推动高质量科研成果产出并提升学术影响力。

2. 基础设施建设

基础设施建设是高校教学与科研活动的物质保障，不同发展阶段对基础设施的需求各异，包括教学楼、宿舍、图书馆、体育设施等。高校需定期升级校园基础设施，如教学楼、实验室和信息化建设等，特别是智能化校园建设的投资，如图书馆信息系统、智能教室及网络基础设施升级，对于学校长期发展至关重要。此外，大型基础设施建设项目如新校区扩建、实验楼建设等，支出巨大且需多年的资金规划，因此科学安排资金尤为关键。

3. 行政管理费用

行政管理费用是高校日常运作的必要支出，尽管不直接用于教学科研，但合理的行政支出能提高运营效率。主要包括办公费用和管理人员薪资，涵盖行政人员薪酬、办公场所维护、日常办公用品等。高校需优化行政支出，避免占用过多资源。此外，随着信息化技术发展，许多高校投资于管理系统的数字化升级，如人事、财务、学籍管理系统，以提升管理效率并降低长期成本。

（二）支出结构优化与资金使用效率

1. 支出结构优化的重要性

在高校日益复杂的支出需求下，合理优化支出结构有助于提升资金使用效率，确保每一笔资金都能得到有效利用。通过科学的支出规划，学校能够优先保障核心领域的资金需求，避免不合理支出导致资金短缺或浪费。首先，学校应优先支持教学科研等核心支出，因为这是提升学校竞争力的关键领域。其次，行政支出应适当控制，尽管必要，但过高的行政费用会挤占教学科研资金。高校应通过优化管理流程、数字化管理手段来减少行政开支，从而将更多资源用于教学和科研发展。

2. 资金使用效率的提升策略

高校可以采取多种措施提升资金使用效率，确保每一笔支出带来最大效益。首先，学校应引入绩效考核机制，将资金分配与绩效挂钩，特别在科研资助方面，应优先支持科研成果显著的团队和项目。其次，实施精细化预算管理，对每笔资金的使用进行详细规划和实时监控，发现异常支出时及时调整。例如，某基础设施建设项目出现成本超支，财务部门应立即介入进行调整，以确保资金合理使用。

3. 加强资源共享与集约化管理

在大型基础设施建设和科研设备采购上，资源共享与集约化管理是提升资金使用效率的重要手段。高校应建立跨部门、跨学科的设备共享机制，以减少重复投资和降低采购成本。例如，大型科研设备可以由多个院系共同使用，避免同类设备重复购置，确保资源得到最大化利用。

（三）支出与收入增长的协调性分析

1. 支出增长率的分析

支出增长率是衡量高校年度支出变化的关键指标，反映了资金使用的扩展趋势。通过对比不同时期的支出增长率，学校可以判断其支出是否合理、是否符合整体发展规划。首先，教学科研支出增长率应与学校的发展需求相适应，随着科研水平提升，科研支出通常会增加。但若增长率过高且超出实际需求，可能导致资金使用效率下降。因此，学校应确保科研支出增长与科研成果产出相匹配。其次，行政管理费用的增长应保持在合理范围内，若行政支出增长速度超过教学科研支出，学校应优化行政管理机制，减少不必要的支出。

2. 支出与收入增长的协调性

保持支出增长与收入增长的协调性是维护高校财务健康的关键。如果支出增长率远高于收入增长率，学校将面临财务压力。因此，分析两者的协调性有助于保持资金平衡。首先，在收入增长有限时，学校应合理控制支出增长，尤其是非核心支出项目，如行政费用和基础设施建设。通过严格控制这些项目的支出，学校可以在收入增长缓慢的情况下维持财务平衡。其次，当收入显著增长，尤其是科研经费和社会捐赠增加时，学校可适度扩展支出，尤其是教学科研设备的投资，提升学校核心竞争力。

三、资产负债分析

高校的资产负债管理是财务管理中至关重要的组成部分，它反映了学校整体财务状况的健康水平和可持续发展能力。通过对资产负债的科学分析，学校可以了解其资产配置的合理性、负债水平的可控性，以及资产利用效率的提升空间。以下将从资产结构分析、负债结构与负债率分析，以及资产利用效率指标三个方面，探讨高校资产负债管理的核心内容，并提供优化资产负债管理的创新思路。

（一）资产结构分析

1. 固定资产与流动资产的定义与构成

高校的资产主要分为固定资产和流动资产两类。固定资产指长期用于教学、科研、行政管理等活动的资产，包括校舍、实验设备、图书馆设施等；流动资产则指在一年内可以变现或消耗的资产，如现金、应收账款、短期投资等。首先，固定资产是高校教学和科研活动的物质基础，主要包括教学楼、实验室、图书馆、宿舍楼等不动产及设备，通常占高校资产总额的较大部分。其次，流动资产包括现金、短期投资、应收款等，能够迅速变现，提升高校的资金流动性和应对突发财务需求的能力。

2. 固定资产与流动资产比重的合理性分析

固定资产与流动资产的比重反映了高校资产配置的合理性。固定资产比重较高，通常表明高校在基础设施和教学科研设备上有较大投入，而流动资产比重较高则显示出较强的财务灵活性和短期偿债能力。随着高校发展，固定资产的比重通常会上升，特别是在大规模基础设施建设期间。然而，过高的固定资产比重可能削弱学校的财务灵活性。因此，学校应在提升基础设施的同时保持适当的资金流动性。流动资产过低可能导致应对短期财务需求时资金紧缺，而过高则意味着资金没有充分利用。高校应根据财务需求灵活调整流动资产比重，以保证资金的合理运用。

3. 资产结构优化的必要性

合理优化资产结构是提升高校财务管理水平的关键。通过优化固定资产与流动资产的比重，高校可以实现资产配置的最大效益，既保证长期教学科研投入，又确保日常运营和突发支出需求的资金充足。首先，在资产配置上，应通过科学规划基础设施建设进度，保持固定资产投入和流动性之间的平衡，避免一次性过多投入影响财务灵活性。其次，资产结构优化应与学校未来发展规划相结合。例如，学校未来有大规模建设计划，需增加固定资产比重，同时通过合理调配流动资产确保资金充足。此外，学校还需考虑外部经济环境，避免因经济波动导致资产配置失衡。

（二）负债结构与负债率分析

1. 负债的构成与分类

高校的负债主要分为流动负债和长期负债。流动负债是指需在一年内偿还的短期债务，如应付款项、短期借款等；长期负债是偿还期超过一年的债务，包括长期借款、债券融资等。合理利用负债可以为高校提供发展资金支持，但过高的负债可能增加财务风险。首先，流动负债通常用于日常运营，如支付供应商款项、职工薪酬等。合理控制流动负债有助于增强学校的短期偿债能力。其次，长期负债用于支持高校的长期项目，如基础设施建设。通过长期借款或债券融资，学校能获得大规模资金推动发展，但必须确保长期负债在可控范围内，以避免财务压力过大。

2. 负债率的分析与风险评估

负债率是衡量高校财务风险的重要指标，反映了学校负债水平与资产规模的关系。较高的负债率意味着财务杠杆较大、风险承受能力较弱，因此，高校需要维持适度的负债率，避免因负债过高导致的财务危机。首先，适度的负债可通过财务杠杆效应，帮助高校扩大资产规模、提升基础设施和科研能力，例如通过长期负债建设校区或实验室。但如果负债率过高，学校将面临偿债压力，尤其是在外部经济不稳定时。其次，负债风险评估至关重要。高校应定期评估其负债状况，确保流动负债和长期负债与收入能力平衡，避免因流动资产不足或长期负债增长过快带来的财务风险。根据负债率的变化趋势，学校应及时调整债务管理策略。

（三）资产利用效率指标

1. 资产周转率的分析

资产周转率是衡量高校资产利用效率的重要指标，反映了学校通过资产投入所获得的收入。周转率越高，说明资产使用效率越高，能够通过有限的资产创造更多收入。首先，固定资产周转率衡量学校在基础设施和设备上的投入产出比。如果周转率较低，可能表明投资未得到充分利用，存在资源浪费。因此，高校应加强资产管理，提升固定资产利用率，确保每一笔投入都能带来有效回报。其次，流动资产周转率衡量高校通过短期资产获取收入的能力，周转率较高表明资金使用效率高，增强了学校财务的灵活性和短期偿债能力。

2. 投资回报率的分析

投资回报率（ROI）是评估高校投资效益的重要指标，尤其在基础设施建设和科研资助方面。通过分析 ROI，学校可以判断资金投入是否产生了预期效益。首先，科研投资回报率通过科研成果数量、专利申请和技术转化等指标来评估。如果回报率低，可能意味着科研资金投入与产出不匹配，学校应调整分配策略，优先支持高产出项目。其次，基础设施投资回报率体现在学术资源和教学环境的提升上，如扩建图书馆、实验室等，这可以吸引更多学生和科研人员，从而提高学费收入和科研经费。因此，在大型基础设施投资时，学校应评估其长期回报，确保投资效益最大化。

3. 提升资产利用效率的策略

高校可以采取多种措施提升资产利用效率，确保资产创造最大价值。首先，建立设备与设施的共享机制，允许实验设备和图书馆资源在不同院系和学科间共享，减少资源闲置、降低采购成本，从而提升资产周转率。其次，进行科学规划与投资优化，基于长期发展制订合理的投资方案。通过可行性研究，确保基础设施建设和科研资助带来预期收益，定期评估已投资项目的回报情况，调整投资策略，优化资金使用。

四、现金流量分析

高校财务管理的核心之一是对现金流的全面分析和科学管理。现金流量反映了学校在特定时期内的资金流动状况，直接决定了高校的支付能力和运营的持续性。稳定且健康的现金流是高校顺利运作、提升财务灵活性和保障长期发展的重要前提。通过对经营活动、投资活动和财务活动现金流的深入分析，学校可以更好地理解资金的流入与流出情况，从而采取合适的管理策略，确保资金使用的高效性和风险控制。

（一）现金流的稳定性与健康状况

1. 现金流的定义与重要性

现金流指高校在特定时期内资金的流入和流出情况，它反映了高校的财务健康和支付能力。健康的现金流意味着高校能够满足日常运营中的资金需求，如工资支付、设备采购和基础设施维护。现金流的稳定性决定了高校应对财务波动的风险承受能力。首先，持续的正向现金流（资金流入大于流出）是高校维持正常运营的基础，能够确保学校有足够的资金应对日常支出和突发需求。如果现金流入不足或波动过大，学校可能面临支付困难，甚至引发资金链断裂。其次，高校应平衡短期和长期现金流，短期现金流影响日常运营，而长期现金流与基础设施建设、科研投入等长期发展密切相关。学校必须在这两者之间找到合理的平衡，避免长期投资过大影响日常运营。

2. 现金流稳定性的衡量指标

高校可以通过多项财务指标来衡量其现金流的稳定性和健康状况。首先，现金流覆盖比率衡量高校是否有足够的现金流来支付短期债务。如果比率较高，表明学校支付能力强；若比率较低，则可能面临短期支付压力，需调整资金调配策略。其次，净现金流量是指资金流入减去资金流出的差额。净现金流量为正表明资金流入大于流出，学校资金充裕；净现金流量为负表示资金压力较大。定期监控净现金流量，能够帮助学校及时发现并应对潜在的财务问题。

（二）经营活动现金流分析

1. 学费收入的现金流分析

学费收入是高校重要的经营现金流来源之一，尤其在学费占比高的学校中，其稳定性对正常运营至关重要。通过分析学费收入的现金流，学校可以了解年度资金流入的高峰和低谷，以优化资金调配。首先，学费收入通常具有季节性波动，集中在学期初收取，因此秋季和春季学期初期为资金流入高峰，随后逐渐减少。学校需根据这一特点规划资金使用，在高峰期积累足够的现金储备，以应对后期的支出需求。其次，学费标准的调整直接影响学费现金流的增长。若收入增长缓慢，学校可通过扩招或适度调整学费来增加收入，同时需关注学费收入与其他收入来源的平衡，避免过度依赖单一现金流。

2. 科研收入的现金流分析

高校的科研收入主要来自政府科研项目、企业资助和科研合作项目。科研收入的现金流分析帮助学校评估经费使用效率，并为未来科研项目资金管理提供依据。首先，科研经费的到账和使用存在不确定性，尤其是政府拨款或企业资助项目，资金到位和科研进度之间可能有时间差。学校需根据不同项目制订详细的资金调配方案，确保项目不因现金流短缺而延误。其次，科研支出包括实验材料费、设备采购、人员工资等，通常与项目进展密切相关，具有周期性。学校应合理规划科研支出，避免资金使用过于集中或延迟，确保项目顺利进行。

3. 日常运营支出的现金流分析

高校的日常运营支出，如工资发放和行政管理费用，是不可避免的现金流出项，合理规划这些支出有助于提升现金流的稳定性。首先，工资发放和社保等固定费用是每月的主要支出，学校应确保有足够的现金储备来应对这些固定支出。对于可变支出如办公费用和维修费用，学校可以根据实际需要灵活调整，避免不必要的现金流出。其次，行政管理费用是必要的，但过高的行政支出可能影响核心领域的资金配置。通过精细化管理，学校可以减少不必要的行政开支，提高资金使用效率，从而增强整体现金流的稳定性。

（二）投资活动现金流与财务活动现金流的监控

1. 投资活动现金流的分析与管理

投资活动现金流涉及高校在资产购置、基础设施建设和对外投资等方面的资金流动，通常涉及长期资本投入，因此需要严谨的规划和管理。首先，基础设施建设和设备更新是高校投资活动的重要组成部分。定期分析项目的资金流动能确保按计划推进，避免因资金短缺导致项目延期或质量问题。学校还可以通过设备共享和资源整合降低设备更新成本，提升投资活动现金流的效率。其次，对外投资与回报监控是获取额外收入的途径之一，学校应定期监控投资的现金流动情况，确保预期回报。如果某项投资未达预期，应及时调整投资策略，避免资金长期占用无回报。

2. 财务活动现金流的监控

财务活动现金流主要指高校通过融资、借贷和债务偿还产生的资金流动。此类现金流与债务管理和融资活动密切相关，需要严格的风险评估和控制。首先，借款与偿债的现金流监控至关重要，高校通过银行贷款或发行债券筹集资金用于长期项目时，应确保借款的合理使用和按时偿还，以避免过度借贷带来的财务压力。其次，财务杠杆的使用应保持适度，通过贷款融资等杠杆手段可提高资金使用效率，但过高的杠杆会增加偿债压力，特别是在经济环境变化时，因此需要谨慎使用，定期评估财务活动中的风险。

3. 现金流量表的定期监控与分析

现金流量表是监控高校资金流动的核心工具，能够帮助学校通过对经营、投资、财务活动的现金流进行分析，及时发现财务中的潜在问题并采取相应措施。首先，现金流量表的编制与更新应由财务部门定期进行，以确保所有现金流动都被详细记录。通过对比不同时间段的现金流数据，学校可以评估资金使用的合理性，并发现异常或波动。其次，学校应根据现金流分析结果，动态调整现金流管理策略，例如，当经营活动现金流不足时，可通过调整支出或增加融资解决短缺问题；当投资活动现金流过大时，应重新评估项目投资计划，确保资金使用与流入相匹配。

五、财务健康状况的整体评价

高校的财务健康状况直接影响其运作效率和长期发展能力。评估高校的财务健康状况需要从多维度进行综合分析，包括财务稳定性、财务安全性和资金使用效率等核心指标。这些指标不仅反映了高校在短期内的支付能力和财务稳健程度，还揭示了其在长期发展中的资金利用水平和风险控制能力。通过这些指标的深入分析，高校管理者可以全面了解学校的财务状况，及时发现潜在的风险，做出科学的财务决策。

（一）财务稳定性：流动比率、速动比率

1. 流动比率的定义与重要性

流动比率（Current Ratio）是衡量高校短期偿债能力的关键指标，反映学校是否拥有足够的流动资产来应对短期负债。该比率通过流动资产与流动负债的比值来计算，通常来说，流动比率越高，说明学校的短期偿债能力越强。具体来说，流动比率的计算公式为：流动比率＝流动资产÷流动负债。流动资产包括现金、应收账款和短期投资，流动负债则包括应付款项和短期借款。理想的流动比率通常为 2：1，即流动资

产是流动负债的两倍，这意味着学校具备充足的资金应对短期偿债需求。不过，过高的流动比率可能表明资金没有得到有效利用，而过低的流动比率则意味着学校可能面临短期偿债压力。

2. 速动比率的分析与应用

速动比率（Quick Ratio）是对流动比率的进一步细化，排除了库存等变现速度较慢的流动资产，更准确地评估学校在紧急情况下的偿债能力。速动比率的计算公式为：速动比率=（流动资产－存货）÷流动负债。通过剔除难以快速变现的资产，速动比率更能反映高校短期内快速变现资产的能力。通常，速动比率的理想值为1∶1，这意味着高校的流动资产（扣除存货后）能够完全覆盖短期负债，从而确保在紧急情况下可以迅速偿还债务；速动比率过低则意味着学校短期内可能面临资金紧张，需采取措施增加流动性以提高偿债能力。

3. 流动性管理的优化策略

在高校财务管理中，保持合理的流动比率和速动比率至关重要，以确保短期偿债能力与资金使用效率之间的平衡。过高的流动性可能意味着资金未得到充分利用，而过低的流动性可能引发支付风险。首先，流动性规划与资金储备是关键，高校应通过合理的资产规划，确保有充足的资金储备以应对短期负债，例如优化应收账款管理和增加现金储备，以保持资金的流动性和安全性。其次，闲置资金的有效利用同样重要，学校应在维持适度流动性的同时，投资短期金融工具或优化流动资产的使用，避免资金闲置，从而提升资金利用效率，更好地支持教学和科研活动。

（二）财务安全性分析

1. 资产负债率的分析

资产负债率（Debt to Asset Ratio）是衡量高校财务杠杆水平的重要指标，显示了学校通过借债获取资产的比例。较高的资产负债率意味着学校依赖债务融资较多，财务风险随之增加；较低的资产负债率表明学校的负债较少，财务安全性更高。资产负债率的计算公式为：资产负债率=总负债÷总资产。该比率越高，表示学校的资产更依赖于债务扩张，财务风险相对较大；如果比率较低，则说明学校的负债依赖程度较低，财务状况更为稳健。一般来说，50%以下的资产负债率较为理想，表明学校在利用债务扩展资产的同时，能够保持较强的偿债能力。

2. 偿债能力指标的评估

高校的偿债能力是衡量其财务健康状况的重要指标。通过评估短期和长期的偿债能力，学校能够判断其是否有足够的财政资源来应对未来的债务偿还需求。常用的偿债能力指标包括利息保障倍数和债务覆盖率。利息保障倍数的计算公式为：利息保障倍数＝息税前利润÷利息费用，它反映了学校支付债务利息的能力，数值越高，说明偿债能力越强；数值较低，则表明债务利息可能给学校的财务状况带来压力。债务覆盖率则衡量学校的总收入与债务偿还额的比率，较高的债务覆盖率表明学校具备较强的偿债能力，反之可能存在偿债风险。

3. 优化财务安全性的策略

高校在维护财务安全性时，需确保负债率适度并维持较强的偿债能力，避免因过度负债带来财务风险。首先，学校应合理控制负债规模与债务期限，在扩展资产时避免过度依赖债务融资，同时合理规划长期与短期债务的期限，避免集中偿债压力。其次，学校应提升收入能力以增强偿债能力，通过增加科研经费、社会捐赠等收入来源，减少对外部债务的依赖。此外，学校还可以优化运营成本，提升净利润，从而提高利息保障倍数，增强整体的偿债能力。

第二节 财务绩效评估方法

一、财务绩效评价的基本方法

高校财务管理的创新和持续优化，离不开科学的财务绩效评价体系。财务绩效评价是评估高校财务管理效率和资源配置合理性的重要工具，它不仅能反映学校在财务管理中的短期成效，还能为长期发展规划提供数据支持。高校的财务绩效评价体系通常借助多种方法运行，常见的包括财务指标法、平衡计分卡法和数据包络分析（DEA）。这些方法从不同的角度提供了财务管理的评价框架，帮助高校管理者从量化财务数据、内部流程优化、资源配置效率等方面全面评估财务绩效。

（一）财务指标法

1. 财务指标法的定义

财务指标法是一种通过使用一系列量化的财务指标来评估高校财务绩效的方法。该方法以财务报表中的核心数据为基础，通过分析各类财务比率，反映高校在资金利用、成本控制、偿债能力和盈利能力等方面的表现。财务指标法是最传统也最常用的财务绩效评价工具，适用于高校财务的年度或季度表现分析。

2. 常用的财务指标

财务指标法包括多种反映财务管理不同方面的比率，以下是高校常用的几类财务指标：

（1）流动比率与速动比率。这两个指标用于衡量高校的短期偿债能力。流动比率（流动资产÷流动负债）表示高校能否通过流动资产支付短期债务；速动比率［（流动资产－存货）÷流动负债］剔除了难以快速变现的资产部分，更准确地反映了高校的流动性和支付能力。

（2）资产负债率。该指标（总负债÷总资产）评估高校的财务杠杆和债务压力。较高的资产负债率表明学校依赖负债扩展资产规模，但也伴随着更高的财务风险。因此，高校需在资产扩展和负债之间找到平衡。

（3）投资回报率。投资回报率（净收益÷投资成本）衡量资金投入的有效性，尤其是在基础设施建设、科研项目或校办企业的投资领域。通过分析该指标，学校可以评估资金使用的效率，并调整未来投资策略。

（4）利润率。虽然高校的核心目标不是赢利，但利润率依然能反映学校在运营管理中的经济效益。通过分析收入与成本的关系，学校能够发现成本控制中的薄弱环节，提升资金使用效率。

3. 财务指标法的优点与局限性

（1）优点。务指标法直观、量化且易于应用，为管理者提供了明确的财务数据参考，是定期评估财务健康状况的有效工具。

（2）局限性。务指标法依赖历史数据，可能无法全面反映学校的长期发展潜力。此外，财务指标忽视了非财务因素如教育质量和科研成果的影响，因此更适合短期财务表现评估，而非长期战略规划。

（二）平衡计分卡法

1. 平衡计分卡法的定义

平衡计分卡法（Balanced Scorecard，BSC）是一种综合性的绩效评估工具，它通过财务、客户、内部流程、学习与成长等四个维度对组织的整体绩效进行全面评价。与单纯依赖财务数据的指标法不同，平衡计分卡法将财务绩效与非财务指标结合起来，帮助高校在实现短期财务目标的同时，关注长期发展战略的执行。

2. 四个维度的解读

平衡计分卡法将高校的财务管理绩效划分为四个关键维度：

（1）财务维度。维度通过传统的财务指标（如流动比率、资产负债率、投资回报率等）来评估学校的财务健康状况。同时，学校可以设定具体的财务目标，如提升资金周转效率、优化预算执行等，以支持其长期战略目标的实现。

（2）客户维度（学生和社会需求）。高校中，"客户"主要包括学生、家长、用人单位和社会。该维度评估学校是否满足这些"客户"的需求，例如学生满意度、毕业生就业率和社会声誉等。通过关注客户需求，学校可以持续优化教育服务质量，提高其社会影响力和口碑。

（3）内部流程维度。维度关注学校内部运营的效率，如教学质量、科研管理和行政管理。通过优化内部流程、减少冗余工作并提高工作效率，学校可以降低运营成本并提升整体绩效。

（4）学习与成长维度。维度着眼于高校的长期发展能力。通过评估教师和员工的培训、科研创新能力提升和信息化建设，学校能够衡量其未来可持续发展的潜力，确保不仅关注当前绩效，还重视长期能力建设和提升。

3. 平衡计分卡法的优势

（1）多维度综合评价。衡计分卡法超越了传统财务指标的局限，结合财务和非财务指标，帮助高校从全局视角评估绩效。在实际应用中，这种方法促使高校在实现财务目标的同时，注重教育质量、科研发展和内部管理的全面提升。

（2）战略管理与执行结合。衡计分卡法将战略目标与各维度绩效挂钩，有助于高校将长期发展目标与日常运营紧密结合，确保战略得以有效实施。

（三）数据包络分析（DEA）

1. 数据包络分析的定义

数据包络分析（Data Envelopment Analysis，DEA）是一种基于线性规划的绩效评价方法，主要用于评估不同决策单位（如高校的各院系、部门）在资源配置上的效率。DEA通过将投入（如资金、教职工、设备等）与产出（如科研成果、学生就业率、教学质量等）相比较，判断各部门在资源利用方面的有效性。DEA特别适合高校内部多个部门之间的横向绩效比较。

2. DEA的工作原理与应用

在高校管理中，不同院系和部门的资源投入与产出存在较大差异，DEA（数据包络分析）方法通过比较各部门的相对效率，帮助识别绩效较低的部门或项目，为资源重新配置提供依据。

（1）投入与产出的定义。DEA 模型中，投入通常指的是各部门消耗的资源，如预算、教师数量、科研设备等；产出则包括发表的论文数量、获得的科研经费、学生的就业率等。DEA 利用线性规划技术计算各部门的效率边界，确定哪些部门达到效率前沿，哪些则需要优化。

（2）相对效率的衡量。EA 的核心在于衡量相对效率，而非绝对效率。通过比较各部门的资源利用情况，DEA 可以发现资源投入少但产出高的高效部门，以及资源投入多但产出不足的低效部门。

3. DEA 的优势与局限性

（1）优势。EA 方法能够同时考虑多个投入和产出指标，适用于分析高校多个部门的绩效差异。它不仅关注绝对表现，还能识别那些在资源利用上表现出色的高效部门。

（2）局限性。DEA 依赖数据的准确性与全面性，数据采集过程较为复杂。此外，DEA 只能提供相对效率的排名，难以明确指出低效部门的具体改进措施，并且对定性因素的考量较少，无法评估那些难以量化的绩效指标。

二、基于成本效益分析的绩效评估

高校财务管理的创新和有效性离不开对成本效益的科学分析。成本效益分析（Cost-Benefit Analysis，CBA）是一种通过衡量投入与产出之间的关系，评估资源使用效率的管理工具。在高校中，教育支出和科研投入的巨大体量，使得通过成本效益分析来衡量其投入产出比显得尤为重要。通过这种分析，学校管理者可以更好地了解资金的使用效率，并根据绩效评估的结果优化资源分配，确保每一笔投入都能带来合理的产出。

（一）成本效益分析

1. 成本效益分析的定义

成本效益分析是一种通过对项目或活动的投入（成本）与其产生的结果（效益）进行比较，以判断其价值和绩效的分析方法。在高校管理中，成本效益分析可以帮助决策者评估各类资金投入的合理性，了解资源的使用是否带来了预期的回报，进而提高财务管理的效率。高校的财务管理涉及教育、科研、基础设施建设等多个方面，通过成本效益分析，可以为各类项目的优先级排序提供依据。

2. 高校成本效益分析的应用领域

高校的财务支出主要分为教育支出、科研支出、基础设施建设支出和行政管理支出。每个领域的投入产出比可能存在较大差异，利用成本效益分析，学校可以合理优化和调整不同项目的资源分配。

（1）教育支出。这部分支出包括教师薪资、教学设备维护、实验室运作、奖助学金等。通过成本效益分析，学校可以评估每单位资金投入对教学质量提升、毕业率、就业率等方面的影响，确保支出能显著提升学生的学术成就和就业竞争力。

（2）科研支出。科研支出涉及科研项目资助、设备采购、科研人员薪酬等。通过分析科研投入和论文、专利、成果转化等产出的比例，学校可以优化科研资金分配，支持高效的科研团队和项目。

（3）基础设施建设支出。这类支出包括校区建设、图书馆扩建、信息化更新等。成本效益分析帮助学校评估资金投入是否有效改善了教学科研环境，例如新建实验楼是否提高了科研产出，图书馆扩建是否提升了学生学习效率。

3. 高校成本效益分析的实施步骤

（1）成本核算。学校需要对项目或活动的投入进行详细核算，包括资金、人力、时间和机会成本。例如，在教育支出中，除了教师薪酬和设备，学校还需考虑教学资源维护和时间分配的成本。

（2）效益评估。学校要评估项目或活动带来的效益，既包括直接效益（如毕业率、科研成果），也包括间接效益（如学校声誉、社会认可度）。量化这些效益是成本效益分析的核心，学校需要设计合理的指标体系进行衡量。

（3）成本与效益的比较。将成本与效益对比，学校可以得出资金投入的产出比，并判断资源使用的合理性。比如，某科研项目投入高但成果少，可能需要调整资金分配策略。

（二）投入效益测算

1. 科研投入产出比的测算

科研投入产出比（Research Input-Output Ratio）是评估科研资金使用效率的重要指标，通过分析科研资金的投入与成果的产出，学校能够判断资金分配的合理性，以及是否达到了预期科研成果。

（1）科研投入的成本核算。科研投入成本包括科研人员薪酬、实验设备购置、材料费用，以及项目管理费用。学校需对这些成本进行详细核算，确保科研经费使用的透明度和可追踪性。

（2）科研产出的效益评估。科研产出的效益通常体现在论文发表、专利申请、科研成果转化等方面。学校可以通过定量化这些成果（如论文的影响力、专利的转化价值）来评估科研项目的实际产出。

（3）科研投入产出比的比较与优化。通过科研投入产出比的计算，学校能够识别出哪些项目资金利用效率较高，以及哪些项目需进一步优化。如果某些项目资金投入大但产出有限，学校可调整预算，将资源向回报更高的科研领域倾斜。

2. 人才培养成本效益分析

高校的另一核心职能是人才培养，通过成本效益分析，学校可以评估教学资源的投入与学生成长之间的关系，确保教育资源合理配置，提升培养质量。

（1）人才培养成本的核算。人才培养的成本包括教师薪资、教学设备、实验材料，以及教学场地的维护等。同时，还需考虑课程开发与教师培训等间接成本。

（2）人才培养效益的评估。效益体现在学生的学术成绩、就业率、薪资水平等方面。学校通过分析毕业生职业发展、校友影响力等数据，评估人才培养质量。

（3）成本效益比的优化策略。通过分析不同项目的成本效益比，学校可以优化资源配置，提升低效项目的资源利用效率，并通过校企合作和增加实习机会来提高学生的就业竞争力。

3. 基于成本效益分析的决策优化

（1）优先支持高效科研领域。学校可通过分析科研投入产出比，向高效科研领域倾斜资源，提升整体科研影响力，并通过加强合作提高基础研究的产出效率。

（2）优化教育资源配置。人才培养的成本效益分析可以帮助学校调整资源配置，优化课程设计，并通过奖助学金吸引学生参与高效益项目，提升整体教育质量。

（3）加强长期效益评估与规划。针对基础设施建设和长期科研合作等项目，学校应建立长期效益评估机制，确保资金投入与长期效益平衡，避免短期资金浪费。

三、基于绩效合同的评估方法

在高校财务管理创新中，基于绩效合同的评估方法逐渐成为一种有效的管理工具。绩效合同通过设定明确的财务管理目标和评估标准，确保财务管理的透明性、效率和可控性。高校可以通过签订绩效合同，将财务管理目标与具体的绩效评估标准结合，提升资源的使用效率和资金管理的效益。

（一）通过签订绩效合同设定财务管理目标和评估标准

1. 绩效合同的定义与目的

绩效合同（Performance Contracting）是一种管理工具，通过设定明确的目标、合理配置资源和开展绩效考核，将资源分配与绩效表现紧密结合。在高校财务管理中，绩效合同能够有效规范各部门的资金使用行为，确保资金投入能够实现预期的产出。

绩效合同的关键在于明确财务管理目标。这些目标包括年度预算控制、科研经费使用效率提升、教学资源优化等。通过签订合同，财务部门与各院系共同设定具体的目标，并商定资源分配方式。评估标准必须具备透明性和可衡量性，以确保绩效评估时能够清晰衡量目标达成情况。例如，科研经费使用的评估标准可以是发表的论文数量或科研成果转化率，教学资源的使用可以通过学生满意度或就业率来衡量。量化的评估标准使得绩效考核更具可信度，并为后续调整提供依据。

2. 绩效合同在高校财务管理中的作用

在高校的复杂财务结构中，资金的高效使用和透明管理是核心问题。绩效合同为解决这些问题提供了一种创新的路径。绩效合同将资源分配与绩效直接挂钩，通过明确的目标和标准，各部门根据自己的需求和绩效表现获得相应的资金支持。这种资源分配方式避免了传统分配模式中的主观性和资源浪费，确保资金流向那些能够产出效益的项目或部门。绩效合同的签订增强了各部门对资金使用的责任感。各部门在明确财务目标和评估标准后，需要在实际操作中承担起相应的责任，确保资金的合理使用。同时，绩效合同也帮助培养了管理人员的绩效意识，使得他们在资金使用过程中更加注重产出和效益。

（二）绩效合同的制定、实施与考核机制

1. 绩效合同的制定流程

绩效合同的制定是确保其有效性的关键一步。高校应根据各院系或部门的具体情况，量身定制财务目标和评估标准，确保合同的合理性与可操作性。在制定绩效合同前，财务部门需对各院系或部门的实际需求进行详细评估，结合学校的总体财务战略，确定合理的目标。例如，对于科研部门，可以设定科研经费使用效率的提升目标；而对于教学部门，可以设定提升教学质量、优化教育资源分配的目标。为了确保目标的实现，绩效合同中需要明确各项具体的量化指标。这些指标应涵盖资金投入、产出及结果的各个环节。例如，在科研项目中，量化指标可以包括项目资金的使用率、科研

成果的产出数量与质量；在教学部门中，量化指标可以包括教学质量、学生满意度等。通过明确这些可衡量的指标，学校可以确保绩效合同的执行具有可操作性。

2. 绩效合同的实施机制

绩效合同的实施是确保合同目标实现的关键环节。高校应建立科学的实施机制，确保合同中的目标和标准能够在实际操作中落实。在绩效合同执行过程中，高校应设立定期的反馈机制，各部门需要定期向财务部门提交财务报告，汇报资金使用情况和目标完成进度。财务部门则需根据反馈情况，评估各部门的实际绩效是否符合合同中的预期目标。如发现目标未能按计划实现，应及时进行调整和修正，确保项目按期完成。绩效合同在实施过程中，信息的透明度至关重要。各部门的财务信息、资金使用情况以及绩效评估结果都应定期公开，确保各方知情。信息透明不仅可以提高合同执行的规范性，还能促进跨部门的合作与竞争，提升整体绩效。

3. 绩效合同的考核机制

绩效合同的最终目的是通过设定明确的目标和评估标准，提升资金使用效率和管理水平。因此，考核机制的设计对于评价合同实施效果具有重要意义。绩效合同的考核机制应覆盖合同中设定的所有目标，包括资金使用的合规性、资源配置的合理性、目标完成度等。同时，考核应采用多维度的评价标准，既包括财务数据（如资金使用率、成本控制等），也包括非财务数据（如科研成果、教学质量、学生反馈等）。多维度的考核可以更全面地评估合同执行效果，确保各项工作目标的全面实现。考核结果应直接影响各院系或部门的资金分配与奖励政策。对于绩效表现良好的部门，学校可以在下一年度的预算分配中给予更多的资金支持或资源倾斜；对于未能达到绩效目标的部门，则可以根据考核结果适当减少资金分配，并要求其进行整改。此外，学校还可以设立专门的绩效奖励机制，对绩效表现突出的管理人员或团队给予额外的物质或荣誉奖励，以激励各部门持续提升绩效表现。

四、高校特有的绩效评价标准

高校财务管理与创新的核心任务之一是通过有效的绩效评价来衡量资源的使用效率和产出的实际效益。与企业或其他公共机构不同，高校不仅关注财务指标，还需要衡量教学、科研和社会服务等方面的产出。因此，高校特有的绩效评价标准应将教学成果、科研产出和社会捐赠的财务贡献度作为核心指标进行评估。这些标准能够帮助高校管理层优化资源分配、提升财务管理的透明度，推动高校在教学和科研方面的长远发展。

（一）教学成果的财务贡献度

1. 教学成果财务贡献度的定义

教学是高校的核心职能之一，教学经费的使用效率和效益直接影响学校整体的财务健康状况和社会声誉。教学成果的财务贡献度评估主要通过衡量教学经费的使用效率，判断其在提升学生质量、就业竞争力和教学创新方面的实际贡献。

高校的教学经费主要用于教师薪资、教学设备购置、课程开发、实验室维护等。这些投入直接影响教学质量和学生的学习体验。因此，在进行教学成果的财务贡献度评估时，学校需要明确每一类教学经费的具体用途和资金的流向。

教学成果不仅仅包括学生的考试成绩和毕业率，还应涵盖学生的就业情况、毕业生的职业发展、社会对学校的认可度等。通过评估这些产出指标，学校可以判断教学经费是否得到了有效的利用，是否推动了教学质量的提升。

2. 教学成果的财务效益评估指标

教学成果的财务贡献度可以通过一系列具体的财务效益评估指标来衡量，这些指标涵盖了教学经费的投入与产出之间的关系。学生培养成本是评估教学经费使用效率的关键指标之一。它可以通过每个学生的总培养费用（包括教学资源投入、设施使用、奖助学金等）与学生的实际毕业率和就业率进行比较，衡量资源的投入是否得到了有效的回报。学生培养成本越低，且教学质量和就业率越高，说明教学经费的使用效益越好。教学资源使用率评估教学设备、实验室、图书馆等教学设施的利用情况。通过计算这些资源的利用率，学校可以判断教学资源是否被充分使用，并采取措施提升其使用效益。例如，实验室设备的共享机制可以提高设备的使用频率，降低教学成本。学生的就业率和毕业后的薪资水平可以直接反映教学成果的实际效果。高校可以通过追踪毕业生的就业情况，了解其所学专业的市场需求，从而评估教学经费的投入是否带来了财务效益。此外，毕业生的薪资水平也可以作为评估教学成果财务贡献度的参考指标之一。

（二）科研产出的财务价值

1. 科研产出的财务价值评估

科研产出是高校的一项重要职能，科研成果不仅反映学校的学术水平，也对其财务状况产生直接影响。科研成果的财务价值主要体现在科研成果的转化与应用上，即科研项目通过技术转让、专利授权、科技成果转化等形式带来的财务收益。科研经费的投入包括科研项目的立项资金、实验设备采购、科研人员的薪酬和实验材料费用等。通过对这些投入进行详细的成本核算，学校可以评估科研经费的使用效率，判断科研成果产出是否与投入成正比。科研成果的财务收益主要体现在科技成果的转化和商业化上。高校通过技术转让、专利授权、与企业合作等形式，将科研成果应用于产业，获取直接的经济回报。此外，科研成果也为高校争取更多的政府科研经费和社会资助提供了支持，间接提升了学校的财务收入。

2. 科研成果转化的财务效益评估指标

（1）专利申请数量与授权率。专利申请数量和授权率是衡量科研成果创新性和市场价值的关键指标。高校可以通过对专利数量及其商业化价值进行评估，判断科研经费的投入是否得到了有效的回报。专利的授权和技术转让能够为学校带来直接的财务收益，同时也提升了学校的科研影响力。

（2）技术转让与合作收益。科研成果的技术转让是将科研项目与产业结合的重要途径。通过分析技术转让的收益（如专利使用费、技术服务费等），高校可以评估其科研投入的财务回报。此外，与企业的科研合作也能为学校带来稳定的经费来源，进一步提升科研的财务效益。

（3）科研经费的使用效率。科研经费的使用效率可以通过科研项目的产出数量与科研投入的比率进行衡量。例如，科研项目的论文发表数量、研究成果的转化率等都是衡量科研经费使用效率的重要指标。科研经费的使用效率越高，表明资源配置更加合理，财务管理更加高效。

（三）社会捐赠与资金管理绩效评估

1. 社会捐赠在高校财务中的作用

社会捐赠是高校财务收入的一个重要组成部分，特别是在全球化背景下，社会捐赠为高校的发展和创新提供了重要的资金支持。捐赠资金的合理使用和管理不仅关系到学校的财务健康，也对学校的社会声誉产生重要影响。因此，社会捐赠的绩效评估是高校财务管理的重要环节。社会捐赠通常被用于特定项目或领域，如设立奖学金、支持科研项目、改善校园基础设施等。高校应根据捐赠者的意愿，合理分配和管理捐赠资金，确保资金的使用符合捐赠目标，并最大化其社会效益和经济效益。社会捐赠的使用需要高度透明，学校应定期向捐赠者和公众披露捐赠资金的使用情况，并评估其财务效益。例如，奖学金项目的设立是否吸引了更多优秀学生，科研资助是否推动了科技创新，基础设施建设是否提升了学校的整体竞争力等。

2. 社会捐赠绩效评估的指标

（1）捐赠项目的财务效益。捐赠资金通常被用于特定项目或发展基金，学校可以通过评估这些项目的实际产出和财务效益，判断资金使用的合理性。例如，评估捐赠资助的科研项目是否产出了高价值的科研成果，或是捐赠资金支持的基础设施项目是否提升了学校的整体运营效率。

（2）捐赠资金的使用透明度与捐赠者反馈。透明的资金管理不仅能够提升社会对高校的信任度，还能吸引更多的捐赠。学校应建立完善的捐赠资金管理体系，确保每一笔捐赠都能够得到合理使用，并定期与捐赠者沟通，了解他们对资金使用的反馈和期望，确保捐赠者对资金管理的满意度。

第三节　财务分析与高校决策支持

一、财务分析在战略决策中的作用

在高校的发展过程中，财务管理涉及的不仅仅是资源的分配与使用问题，更关乎战略层面的决策支持。通过有效的财务分析，高校管理者可以对学校的中长期发展战略进行精准指导，优化资源配置、确定投资方向，并在学科建设和科研投入上做出科学的战略性选择。财务分析不仅提供了当前的资金使用情况，还能够预测未来的财务趋势，从而帮助高校管理者规划学校的未来发展路径。

（一）财务数据对高校中长期发展战略的支撑作用

1. 财务数据的战略性支撑

高校的中长期发展战略涵盖多个方面，如教学质量提升、科研能力加强、学科发展规划、基础设施建设等。这些领域的发展都需要稳定且充足的财务支持，而财务数据则是决策者判断学校发展方向和制定战略的核心依据。通过对财务数据的全面分析，学校可以清晰了解当前的财务健康状况、资金来源和使用情况，从而制定符合实际财务能力的中长期发展战略。财务分析能够帮助高校制定中长期的财务规划，合理预测未来的收入和支出情况。通过分析历史数据，高校可以评估未来的资金需求，并为长期投资项目（如基础设施建设、科研设备购置等）提供财务支持。通过科学的财务分析，学校能够根据未来的财务趋势，调整战略目标，确保战略与财务资源匹配。在战略决策中，财务分析可以帮助高校精细化管理预算。通过定期分析收入和支出的实际数据，管理层可以根据实际财务情况对预算进行动态调整，从而避免因预算不足或资金浪费而影响战略执行。例如，某一科研项目的预算超支，财务分析能够迅速发现问题，促使管理层及时调整资金分配，确保项目按期完成。

2. 财务分析对风险管控的支持

高校的中长期发展战略往往伴随着一定的风险，尤其是在涉及大型投资项目或长周期科研项目时，风险管控显得尤为重要。通过财务分析，学校可以对可能的财务风险进行预测和评估，从而在战略制定和实施过程中采取有效的风险控制措施。财务分析能够帮助高校监控资金流动性，确保学校在实施重大项目时有足够的资金支持。例如，通过分析流动比率、速动比率等指标，学校可以判断短期内是否有足够的资金应对突发的资金需求，避免因流动性不足而影响长期战略的执行。在决定是否进行大型投资（如校区扩建、科研设施购置）时，财务分析可以提供投资回报率（ROI）等关键指标，帮助管理层判断该投资项目的长期回报与风险。通过对历史数据和市场趋势的分析，学校能够更好地权衡投资的风险与收益，确保资金的高效利用。

（二）通过财务分析优化资源配置与投资方向

1. 资源配置的科学性与精准性

高校的资源配置涵盖了教学、科研、基础设施、行政管理等多个领域。通过财务分析，学校可以科学地评估各领域的资源需求和资金使用效率，从而实现资源配置的优化。财务分析能够帮助高校评估教学和科研活动的资金使用效益。例如，学校可以通过对比各学科、院系的投入产出比，判断哪些学科需要更多的资金支持，哪些领域的资源使用效率较低，从而进行资源的再分配。这种基于数据的资源配置方式能够确保资金流向最需要支持的项目，提升学校整体的教学科研水平。基础设施建设往往占据高校较大比例的财务支出。通过财务分析，学校可以评估各类基础设施项目的成本效益，优化资源配置。例如，通过分析教学楼、实验室、图书馆等建筑的使用效率和维护成本，学校可以合理规划未来的基础设施建设投资，避免不必要的资金浪费。

2. 投资方向的战略性调整

在高校的中长期战略中，投资方向的选择对于学校的发展至关重要。财务分析可以为学校提供精准的投资建议，帮助管理层做出科学的投资决策。科研投入是高校发展的核心动力之一，财务分析能够帮助学校评估各类科研项目的投资回报率。例如，学校可以通过分析不同学科的科研产出（如论文、专利、技术转让等），判断哪些学科领域需要更多的资金支持，哪些领域的科研经费使用效率较低。这种数据驱动的投资决策能够帮助学校将资源集中在高回报的科研领域，提升整体科研水平。

越来越多的高校鼓励学生和教师进行创新创业，而这些项目往往需要大量的财务支持。财务分析可以帮助学校评估创新创业项目的财务可行性和市场潜力，判断哪些项目有望带来更高的财务回报或社会效益，从而优化资源的投入方向。

3. 成本控制与收益最大化

高校的财务管理不仅需要优化资金的投入方向，还需要有效控制成本，确保资源的高效利用。通过财务分析，学校可以精确定位运营中的成本浪费点，优化资金使用，最大化财务收益。通过财务分析，学校可以详细了解各类运营成本（如人员薪酬、设备维护、能源消耗等）的构成，并找出可以优化的领域。例如，通过分析教职工的薪酬结构和行政管理费用，学校可以发现哪些部门存在资源浪费，从而进行合理的人员编制调整或成本控制。财务分析能够帮助学校提高资金的使用效率。例如，在科研经费的使用上，学校可以通过分析资金使用进度和科研成果的产出比，判断资金是否得到了有效利用。对于那些未能达到预期效果的科研项目，学校可以及时调整资金投入，避免资源浪费。

二、财务分析对预算编制的支持

高校的预算编制是财务管理中的核心环节，它不仅涉及资金的合理分配，更直接关系到学校各项工作的顺利开展。通过财务分析，高校能够全面了解以往的资金使用情况、评估资金投入的效益，并以此为依据进行科学的年度预算编制。财务分析还可以为预算执行过程提供监控支持，并通过绩效反馈进行动态调整，从而确保资金使用效率的最大化。

（一）利用财务分析结果优化年度预算编制

1. 财务分析在年度预算编制中的作用

财务分析在预算编制中的核心作用是为管理层提供详尽的数据支持，帮助其根据过往的财务绩效，合理分配各部门、各项目的资金，并确保预算编制与学校的发展目标保持一致。财务分析能够通过对过去的收入和支出情况进行总结，找出资金使用中的效率高低，并为未来的预算决策提供重要参考。

通过财务分析，学校可以详细了解过去几个年度的资金流动情况，包括各部门的资金使用、科研项目的投入与产出等。利用这些历史数据，学校可以预测未来的收入和支出趋势，为年度预算的编制提供科学依据。例如，某个科研领域的资金使用效率较高，且科研成果转化为经济效益明显，那么学校可以考虑在下一年度增加该领域的预算投入，进一步推动科研成果的产出。财务分析还可以帮助学校对各类项目的成本效益进行详细评估，从而优化预算分配。通过分析每一单位资金投入带来的效益，例如教学资源的利用率、科研产出的经济价值，学校可以判断哪些项目值得继续增加投入，哪些项目应当减少预算或进行调整。这种基于成本效益的预算编制方法可以确保资源的合理使用，提升资金的分配效率。

2. 优化年度预算编制的具体路径

财务分析为高校的预算编制提供了多种优化路径，确保资金分配科学、合理、有效。在编制预算时，学校可以根据各部门、各项目的财务分析结果，为其分配不同的预算权重。例如，财务数据表明某院系的学生数量和教学需求逐年增长，学校应当相应增加该院系的预算支持，而对于那些资金使用效率低、成果产出少的项目，学校可以适当减少其预算，确保有限资源集中在高效领域。财务分析不仅可以作为预算分配的依据，还可以用于设定明确的绩效目标。例如，学校在为科研项目编制预算时，可以根据过去的科研产出设定下一年度的绩效目标，要求该项目在资金使用上达到一定的产出标准。通过将财务分析结果与绩效目标结合，学校可以确保预算编制更加精细化和目标导向。

（二）财务绩效结果反馈与预算调整机制

1. 财务绩效反馈在预算调整中的重要性

高校的财务预算在执行过程中，难免会遇到预期之外的变化。通过财务绩效的结果反馈，学校可以随时监控预算执行的效果，并根据实际情况对预算进行调整，确保资金分配始终与学校的实际需求和发展战略保持一致。财务绩效反馈机制可以帮助学校及时发现资金使用中的低效问题，优化资源配置，提升预算执行的灵活性。

财务分析能够为学校提供准确的绩效反馈，帮助管理层了解资金使用与绩效目标的达成情况。例如，某科研项目在预算编制时获得了较高的资金支持，但在实际执行过程中，其科研成果远低于预期，财务分析可以及时反馈这一问题，促使学校在后续的预算分配中对该项目的资金投入进行调整。这种双向互动的机制确保了预算编制和调整的动态平衡，避免资源浪费。

预算调整的科学性依赖于详细的财务分析数据支持。通过对各部门的实际绩效与预算使用情况进行深入分析，学校可以找到资金投入与产出不匹配的项目，并对其预算进行重新分配。例如，财务分析可能显示某个教学项目的经费支出超出了预期且教学成果平平，学校可以考虑调整其预算，将资源转向其他更有成效的项目或部门。

2. 预算调整的流程与实施

为了确保预算执行的灵活性，学校应建立定期的财务分析机制，对各部门和项目的预算执行情况进行绩效评估。通过定期的数据分析，学校可以对比各项目的资金使用情况，找出预算执行中的问题，进行适时调整。预算调整的实施离不开一个灵活、动态的调整机制。高校可以通过建立动态预算调整制度，确保各部门根据财务绩效反馈及时提出预算调整申请。财务部门根据财务分析结果和绩效评估数据，判断是否需要对预算进行再分配。动态预算调整机制不仅能够提高预算执行的效率，还能够防止因固定预算分配带来的资金浪费。

（三）基于财务分析的预算执行监控与改进

1. 财务分析在预算执行监控中的作用

财务分析是预算执行监控的重要工具，通过对实际支出与预算的对比分析，学校可以及时发现预算执行中的异常情况，确保资金使用的规范性和有效性。财务分析能够帮助管理层准确监控预算执行的进度，防止预算超支或未按计划使用的情况出现，从而保障学校的财务健康。

通过财务分析，学校可以监控各部门和项目的资金使用效率。例如，学校可以分析各个科研项目的预算执行进度，确保科研资金按计划使用，避免出现资金闲置或滞留的现象。财务分析还可以帮助学校发现资金使用中的问题，促使各部门及时进行改进。财务分析能够有效防范预算执行中的财务风险。例如，某些项目可能在执行过程中出现超支现象，财务分析可以及时发现这一问题，并提醒管理层采取补救措施，防止风险进一步扩大。此外，财务分析还可以通过对比实际支出与预算的差异，帮助学校识别潜在的资金流动性问题，确保学校始终保持足够的资金储备。

2. 基于财务分析的预算执行改进策略

（1）优化资金使用流程。通过财务分析，学校可以识别出预算执行中的低效环节，并通过优化资金使用流程，提高资金使用效率。例如，财务分析可能发现某些部门的资金申请和审批流程过于烦琐，导致资金到位不及时，影响了项目的顺利开展。通过简化这些流程，学校可以加快预算执行进度，提升资金使用效益。

（2）绩效与预算执行的挂钩。财务分析不仅可以监控资金使用效率，还可以将绩效评估与预算执行挂钩。例如，学校可以根据各部门的绩效评估结果，调整其未来的预算分配。那些在预算执行过程中表现优异的部门或项目，可以获得更多的预算支持，而绩效不佳的部门则可能面临预算缩减。这种基于财务分析的绩效挂钩机制能够激励各部门提升预算执行的质量，确保资金使用的高效性。

3. 改进预算执行的长期策略

（1）建立财务分析与绩效评估的联动机制。高校可以通过建立财务分析与绩效评估的联动机制，确保预算执行的科学性和灵活性。通过定期对各项目的预算执行情况进行财务分析，学校可以根据实际情况调整预算分配，确保资金的合理使用。

（2）持续改进预算编制与执行流程。通过财务分析反馈和绩效评估，学校可以不断改进预算编制与执行的流程。例如，通过对比不同年度的预算执行情况，学校可以识别出预算编制中的薄弱环节，并通过优化编制流程，提高预算的准确性。此外，学校还可以通过完善预算执行的监督机制，确保各部门严格按照预算执行资金计划，避免违规使用或超支。

三、财务分析对风险管理的支持

高校财务管理过程中，风险管理是不可忽视的重要环节。随着高校规模的扩展和各类项目的开展，财务风险成为学校必须面对的挑战，如负债过高、资金流短缺等问题都可能影响学校的正常运作和长期发展。财务分析为高校的财务风险管理提供了强有力的支持，通过对财务数据的深度解析，能够帮助学校及时识别潜在的风险，并制定相应的应对策略。

（一）通过财务分析识别高校财务风险

1. 负债过高的风险识别

在高校财务管理中，负债是促进学校扩展和项目投资的重要资金来源。然而，过高的负债水平也会对学校的财务健康造成威胁，尤其是在经济形势不明朗的背景下。通过财务分析，高校可以详细了解其负债状况，并评估是否处于可承受的范围，从而避免负债风险的累积。

财务分析能够通过总负债率（Total Debt to Total Assets Ratio）来评估学校的财务杠杆水平。该指标可以清晰地展示学校通过借款获取资产的比例，总负债率越高，表明学校的财务风险越大。通过分析这一关键财务指标，管理层可以判断当前负债是否合理，是否需要采取措施进行调整。对于负债过高的高校，应通过减少不必要的投资或增加自有资金的方式来降低负债风险。通过财务分析，学校可以计算利息保障倍数（Interest Coverage Ratio）等关键指标，了解学校的赢利能力是否足以支付债务利息。

这一指标能够帮助学校判断是否具备长期偿还债务的能力。如果利息保障倍数较低，意味着学校的现金流可能无法覆盖债务利息支付，学校需要审慎考虑进一步举债的可行性。

2. 资金流短缺的风险识别

资金流动性不足是高校财务管理中的另一个常见风险，尤其是在应对突发性支出或大规模项目投资时。通过财务分析，学校可以及时发现资金流短缺的潜在风险，采取相应的应对措施，确保资金的流动性。

流动比率（Current Ratio）和速动比率（Quick Ratio）是衡量学校短期偿债能力的重要指标。流动比率反映了学校的流动资产能否覆盖流动负债，而速动比率剔除了库存等难以快速变现的资产，更加准确地反映了学校应对短期负债的能力。通过分析这些指标，学校可以判断当前的资金流动性是否足以支持日常运营和短期债务支付，提前识别可能的资金流短缺风险。

现金流量表提供了学校在一定时期内的资金流动情况，通过对经营活动、投资活动和财务活动的现金流分析，学校可以更全面地了解当前资金的使用情况和潜在的短缺问题。例如，如果经营活动现金流为负，可能意味着学校在日常运营中面临资金不足的问题，财务管理层需要采取措施增加收入或减少支出，避免现金流短缺带来的危机。

（二）财务风险预警系统的建立与风险应对措施

1. 财务风险预警系统的建立

为了提高财务风险的监控效率，高校应建立财务风险预警系统，通过实时监控关键财务指标，及早发现潜在风险，防止风险进一步扩大。财务预警系统可以基于历史数据、当前财务状况以及行业对标等，设定合理的风险阈值，并在财务状况超出阈值时发出预警。

预警系统需要对多个关键财务指标进行实时监控，包括流动比率、负债率、现金流量、利息保障倍数等。系统可以设置不同的风险阈值，例如，当负债率超过一定比例或流动比率低于1时，系统会发出风险警报，提醒管理层采取措施。通过引入财务分析模型，预警系统可以基于历史数据预测未来的财务风险。例如，通过对学校过去几年财务数据的趋势分析，系统可以预测未来的收入和支出变化，并提前识别出可能的财务风险点。对于预测到的风险，学校可以提前制定应对策略，避免出现资金链断裂或负债过高等问题。

2. 财务风险应对措施

当财务预警系统发现潜在风险后，学校应迅速采取应对措施，防止风险扩大或对财务健康造成进一步损害。对于负债过高的风险，学校可以通过减少不必要的资本开支，增加自有资金比例或调整投资计划来降低负债水平。同时，学校可以考虑通过债务重组、延长还款期限等方式来缓解短期的偿债压力。对于资金流短缺的风险，学校可以通过提高收入、延迟部分非紧急支出或引入新的融资渠道来增加资金流动性。例如，学校可以加强与政府和企业的合作，争取更多的科研项目资助，或者通过校友网络筹集捐赠资金，以缓解资金流动性压力。如果预警系统显示某些项目的资金使用效率低下或成本超支，学校可以通过优化预算执行流程和加强成本控制来化解风险。通过调整项目预算或推迟部分支出，学校可以在确保运营的前提下合理控制资金使用，避免超出预算带来的财务压力。

（三）财务分析对高校债务管理的支持

1. 债务结构优化与财务分析的结合

高校在债务管理中面临的核心问题是如何合理优化债务结构，以确保资金的长期稳定性与偿还能力。财务分析可以帮助学校全面了解债务的种类、期限、利率及还款安排等因素，支持学校做出更为科学的债务管理决策。通过财务分析，学校可以对比短期债务和长期债务的比例，确保债务结构的平衡。过多的短期债务可能会导致学校面临较大的短期偿债压力，而长期债务则可能增加利息负担。财务分析能够帮助学校判断在不影响资金流动性的情况下，是否需要将部分短期债务转为长期债务，延长还款期限，以减轻短期财务压力。财务分析还能够帮助学校评估债务成本，分析利率波动对债务偿还的影响。通过分析债务利息费用与学校收入之间的关系，学校可以判断是否有必要进行债务重组或提前偿还高息贷款，以降低整体债务成本。财务分析提供的数据支持能够帮助管理层做出最优的债务管理决策，确保债务成本与收益的平衡。

2. 债务风险控制

财务分析为高校的债务风险控制提供了有力工具，通过对债务偿还能力的评估，学校可以及时采取风险控制措施，避免陷入债务危机。通过财务分析，学校可以评估其实际的偿债能力，包括利息保障倍数、现金流覆盖率等指标。通过这些指标的分析，学校可以判断其是否具备足够的盈利能力和现金流来偿还当前债务。如果发现偿债能力不足，学校可以提前制订应对计划，例如推迟部分项目投资或寻求外部资金支持，以减轻债务负担。财务分析还可以对未来的债务风险进行预测和预警，例如债务到期集中、利率波动风险等。当预警系统提示某些债务可能难以按时偿还时，学校可以通过债务重组、延长还款期限或寻求新的融资渠道来减轻偿债压力，确保财务健康。

四、财务分析与高校创新发展决策

高校的创新发展决策不仅关乎学术和科研成就，还涉及学校在产学研合作、创新项目投资及管理运营中的财务管理。通过财务分析，高校能够获取数据支持，确保资源合理分配，推动创新项目的财务可行性评估，并提升学校的整体运营效率。

（一）基于财务分析为高校产学研合作提供决策依据

1. 产学研合作中的财务分析作用

产学研合作是高校创新发展的重要驱动力，它通过结合高校的科研优势、企业的市场资源和政府的政策支持，实现科研成果转化和创新能力提升。财务分析在产学研合作中的关键作用体现在资源配置、项目投资和收益评估等方面。通过财务分析，高校可以为产学研合作提供决策依据，确保资金投入合理，预估收益，并评估合作的经济可行性。

通过对财务数据的深入分析，高校可以评估各类产学研合作项目的资金需求、资源配置情况以及预期的经济回报。例如，高校可以利用历史财务数据和市场分析，评估某一合作项目的资金投入是否足够合理，并预测项目的资金回报周期。这样，高校能够在多个合作项目中优先支持那些具备更高创新价值和市场前景的项目，优化资源的配置效率。

财务分析还能够帮助高校评估产学研合作中的潜在风险和收益。通过分析市场需求、项目竞争力、技术应用前景等财务指标，高校可以预测项目的可能收益，并对项目中的财务风险进行预警。例如，在与企业合作的科技成果转化项目中，财务分析可以帮助学校评估技术转让的回报，以及技术应用在市场中的可行性，确保项目带来稳定的收益。

2. 推动产学研合作的长期可持续发展

财务分析不仅为单一的产学研合作项目提供决策依据，还能够推动合作的长期可持续发展。通过定期的财务绩效评估，高校可以跟踪项目的资金使用情况和财务收益，及时发现合作中的问题并进行调整。例如，在资金投入初期，财务分析能够帮助高校判断项目是否按计划使用资金，避免资金浪费；在项目产出阶段，财务分析能够对项目的实际收益与预期收益进行对比，确保合作项目达到预期的财务目标。

（二）创新项目的财务可行性评估

1. 财务分析在创新项目投资中的重要性

创新项目的投资与发展是高校推动科研成果转化、提升学术影响力和社会贡献的重要手段。然而，创新项目通常伴随着较高的资金需求和风险，因此在项目立项之前，需要通过财务分析进行全面的财务可行性评估。财务可行性评估不仅包括对项目的资金需求进行分析，还需要评估其潜在的市场收益、资金回报周期以及可能面临的财务风险。

通过财务分析，高校可以准确估算创新项目所需的资金总量，并预测其未来的资金回报。对于新技术开发、科研设备购置或学术交流等创新项目，财务分析能够根据项目的不同阶段，细化资金需求，并结合市场数据评估项目的投资回报率。例如，某项技术创新项目可能需要大量的初期投资，但长期来看，其技术转化带来的收益远高于投资成本，财务分析可以帮助高校决策层做出合理的投资选择。

创新项目的可行性评估还需要对项目的成本和风险进行详细分析。财务分析能够帮助高校管理层衡量项目的资金投入是否与预期产出相符，并预测项目可能面临的财务风险。例如，对于某些涉及前沿技术的创新项目，市场需求的不确定性可能带来较大的财务风险。财务分析通过对行业趋势、市场竞争、政策环境等因素的综合考量，帮助高校提前识别和规避潜在的财务风险。

2. 创新项目的财务可行性评估流程

（1）初步财务评估：在创新项目立项初期，学校可以通过初步的财务分析，估算项目的整体资金需求和回报潜力。初步评估通常基于项目的市场需求、技术成熟度和资金预算，确保项目具备足够的财务可行性。在这一阶段，财务分析提供的数据将帮助高校筛选出最具前景的创新项目，为后续投资提供基础。

（2）详细财务分析与可行性报告：在项目获得初步立项之后，高校应进行更为详细的财务分析，包括成本构成、资金使用计划、现金流预测、投资回报周期等。详细财务分析为高校管理层提供了全面的项目可行性报告，使其能够在项目资金分配和管理上做出更为精准的决策。例如，对于科研设备的大规模采购，财务分析不仅要评估设备的购置成本，还需考虑设备的长期使用效益和维护费用，确保创新项目的持续性与高效性。

（三）通过财务数据推动高校运营效率的提升与管理创新

1. 财务数据驱动的运营效率提升

高校的运营效率直接关系到其财务健康和整体发展，财务分析在提高运营效率方面发挥了重要作用。通过分析各类财务数据，高校可以评估资金使用的效益，发现运营中的低效环节，及时进行优化，提升学校资源配置的效率和管理水平。

通过对不同部门、项目的资金使用效率进行财务分析，学校可以发现资金的具体流向，并找出资金使用中的瓶颈。例如，通过对教职员工的薪资、科研经费、教学设备维护费用等数据的分析，学校可以判断各类资金的使用是否合理，以及是否有进一步优化的空间。财务分析还能够帮助学校通过减少低效项目的资金投入，提升整体资金使用效率。

财务分析还可以帮助高校对预算执行进行实时监控，并通过数据反馈及时进行预算调整。通过对预算执行过程中实际支出与预期支出的对比，学校可以判断哪些项目超支，哪些项目资金使用不足，从而进行相应的调整，确保预算的合理分配。例如，对于那些资金使用效率较低的科研项目，学校可以通过财务分析发现问题，削减预算，或者推迟项目进度，以减少资金浪费。

2. 推动管理创新与决策优化

财务分析不仅提升了高校的运营效率，也推动了管理模式的创新和决策的优化。通过财务数据的全面应用，高校管理者可以对不同部门和项目的管理流程进行优化，确保资源配置的高效性和科学性。

通过财务分析，高校可以在管理流程中引入数据驱动的创新机制。例如，学校可以根据不同项目的财务表现，优化资源分配和人员调配，确保财务资源能够高效地支持各项创新项目的发展。此外，财务分析还能帮助管理层识别出管理中的低效流程，促使其进行流程再造，实现管理创新。例如，通过引入财务管理系统的自动化，减少手工操作的烦琐流程，提升财务数据的处理效率。

高校的创新发展离不开精准的决策支持，而财务分析为学校管理层提供了重要的数据依据。通过分析学校的历史财务数据、市场趋势和行业标杆，高校管理者可以做出更加精准的决策，优化投资方向和项目规划。例如，某些创新项目的市场前景不明朗，通过财务分析，学校可以对比国内外类似项目的财务表现，调整投资策略或推迟项目启动时间，从而降低决策风险。

第五章　高校资金使用与资产管理

高校资金使用与资产管理是高校财务管理中至关重要的组成部分，直接影响着学校的运行效率和长远发展。合理的资金使用不仅能够确保教学、科研和基础设施等核心领域的正常运转，还可以通过优化资源配置，提升学校的整体效益。同时，科学的资产管理能够帮助高校在扩大固定资产的同时保持资金流动性，确保学校在满足短期财务需求的同时具备应对长期发展的能力。因此，高校在资金使用与资产管理中，应结合财务规划、资源共享、绩效考核等创新手段，确保资金和资产的最大化利用，推动学校的持续发展与竞争力提升。

第一节　高校资金使用的原则与规范

一、资金使用的基本原则

高校财务管理作为推动教育事业发展的重要保障，必须坚持若干资金使用的基本原则，以确保资金的合法性、有效性及透明性。这些原则既是财务管理的底线，也是创新管理模式的基石。

（一）合法合规原则

高校作为公共性教育机构，承担着培养人才、推动科研和社会服务等职能，其财务管理不仅关系到高校的正常运转，还关系到国家财政资源的有效分配。因此，高校资金使用的首要原则是合法合规，即确保资金的使用必须遵守国家法律法规以及高校自身的财务管理制度。

首先，高校财务管理必须严格遵守《中华人民共和国预算法》《中华人民共和国高等教育法》《中华人民共和国会计法》等相关法律法规。这些法律法规对高校的资金来源、预算编制、支出管理等各环节都做出了明确的规定。例如，高校在科研经费的管理上，应确保资金用于指定的科研项目，避免挪用或滥用资金。同时，所有资金的支出都应履行必要的审批手续，并留存相关的财务记录，确保财务数据的完整和准确。

其次，高校内部也应建立健全的财务管理制度。高校资金使用涉及教学、科研、基础设施建设等多个领域，每个领域的资金管理要求不尽相同。因此，高校应制定详细的财务管理制度，涵盖从预算编制、资金分配到审计监督等各个环节。这些制度应明确资金使用的审批流程、责任分工以及违规处理机制，确保资金的合规性。例如，对于日常的教学设备采购，必须经过校内审批流程，明确资金来源和用途，防止出现资金使用随意化的现象。

（二）高效利用原则

在高校财务管理中，高效利用原则强调资金使用的合理性和效益最大化。这一原则要求高校在使用资金时，应始终追求资源的最优配置，通过合理规划和精细化管理，确保有限的资金能够产生最大的社会效益和经济效益。

首先，资金的使用应注重投入产出比。在高校日常运作中，资金需求广泛，包括教学、科研、学生活动以及基础设施建设等各个方面。因此，在资金分配过程中，高校必须根据实际需求，合理分配资源，以最大化资金使用效益。例如，对于科研资金的分配，应优先支持创新能力强、成果转化潜力大的项目，避免资金分散在低效、重复性项目中。同时，通过科学的绩效评估体系，将资金使用效果与科研成果、教学质量挂钩，以确保资金发挥应有的作用。

其次，高校应通过现代化的财务管理工具和技术手段，提高资金使用效率。信息化技术的发展为高校财务管理提供了新的工具，例如，财务信息系统可以实时监控资金使用情况，及时发现和纠正不合理的资金流向，减少资金浪费。此外，现代化的采购系统也可以通过公开招标、电子化审批等方式，降低采购成本，提升资金使用的透明度和效率。

（三）预算约束原则

预算是高校财务管理的基础工具，预算约束原则强调高校资金使用必须严格按照事先编制的预算进行，防止超预算支出和资金滥用。高校财务管理的规范化和现代化，体现在其预算的科学性和合理性上。

首先，预算编制过程应当充分考虑学校的实际需求和发展规划。每年年初，高校应组织各部门根据其教学、科研、建设等任务，提出详细的资金需求计划，并通过财务部门的统筹协调，编制年度预算。这一过程不仅要求各部门合理规划资金用途，还需要考虑到学校整体的战略目标和财务资源的可支配情况，以确保预算的合理性。例如，在确定科研经费时，应综合考量各科研项目的预期成果和社会影响，合理分配有限资源，确保资金分配公平、合理。

其次，预算的执行必须严格遵循事先确定的支出框架。高校各部门应在预算范围内合理使用资金，避免出现随意增加项目支出、调整资金用途等问题。特别是在重大项目的资金使用上，财务部门应加强对资金支出的监督，确保资金按计划使用。若预算执行过程中出现不可预见的情况，如突发事件导致的资金需求增加，必须按照规定流程申请追加预算，并经过严格审批后方可进行额外支出。

最后，预算执行的过程中也应当建立动态监控机制。高校应借助信息化手段，实时跟踪预算的执行情况，及时发现预算偏差并做出调整。通过这种动态监控，不仅能够有效避免超预算支出，还能确保资金使用的合理性和时效性。

二、资金使用的优先顺序与分配策略

高校作为人才培养、科学研究和社会服务的重要机构，其资金使用需根据实际需求进行科学分配，确保有限的资金能够服务于学校的核心任务和长远发展目标。资金使用的优先顺序应当体现出高校的发展战略，合理分配在教学科研、基础设施建设，以及其他支出领域。

（一）教学科研项目的优先资金保障机制

教学和科研是高校的核心职能，因此在高校资金的优先使用顺序中，教学科研项目应当占据首要位置。教学科研资金的分配不仅影响着教师和学生的学术产出，也直接决定了学校在教育和科研领域的竞争力。

首先，教学资金的保障是高校教学质量的基础。高校应确保日常教学活动所需的经费充足，包括教室的设备维护、教材购买、实验室管理等方面。特别是在一些理工科院校，实验室的设备更新和维护是保证教学质量的重要一环，因此必须优先为这些基础设施配备充足的资金。此外，高校应投入资金开发新的教学资源，如在线课程、数字化教学平台等，以适应现代教育的趋势并提升教学效果。

科研经费的优先保障是高校创新能力的重要支撑。高校科研活动的顺利开展依赖于充足的资金支持，特别是对于一些高端科研项目，如前沿科学研究、国家重大科技攻关项目等，科研人员需要通过不断的试验和数据积累，才能取得突破性的成果。因此，科研资金应优先保障这些高风险、高回报的科研项目。为了确保科研经费的合理分配，高校应建立健全科研项目评审机制，将资金优先分配给那些具有创新性、应用前景广阔的项目，避免资金分散在低效或重复性的科研活动中。

（二）基础设施建设与维护的资金分配策略

高校的基础设施建设与维护是保障教学和科研活动正常进行的重要条件。因此，基础设施建设与维护的资金分配策略应当与高校的发展规划紧密结合，既要满足当下的需求，也要为未来的发展预留空间。

首先，高校应优先考虑教学与科研设施的建设和维护。教室、实验室、图书馆等场所的建设与维护是保障日常教学科研活动的基本条件，因此应在资金分配中优先考虑这些领域。尤其是在教学设施上，应投入更多的资金进行现代化改造。例如，建设多功能教室、配备先进的多媒体教学设备、改造实验室的设备更新等，确保学生和教师能够在良好的环境中开展教学科研活动。

其次，基础设施建设还包括高校的生活服务设施和后勤保障设施。宿舍、食堂、体育馆等生活设施的建设与维护直接影响学生的学习和生活质量，因此也应获得必要的资金支持。尤其是在学生人数不断增长的情况下，高校应优先投入资金用于扩建学生宿舍、改善餐饮服务设施等，满足学生的基本生活需求。

值得注意的是，高校的基础设施建设应当与长期发展规划保持一致，避免短期建设中出现重复建设或资源浪费的现象。例如，在校园规划上，高校应根据未来的发展需求，统筹安排新建楼宇的位置和用途，确保校园建设的可持续性。此外，在资金分配上，应优先保障那些长期投入、短期见效的基础设施建设项目，例如高性能计算中心、现代化实验室等，这些项目不仅能够满足当前的教学科研需求，还能够为学校的长远发展提供有力支撑。

（三）其他支出的合理分配

除了教学科研和基础设施建设，行政管理、后勤保障等方面的支出也是高校运转不可或缺的一部分。因此，如何合理分配这些支出，确保高校正常运营，同时又避免资金浪费，是财务管理的重要内容。

首先，行政管理费用是高校日常运营的基础，但应严格控制其比例，避免行政管理费用占据过多的资金。高校的行政管理涉及多个方面，如人事管理、财务管理、教务管理等，这些部门的日常运作需要一定的资金支持，但行政管理支出不应成为高校资金使用的重点。为了提高行政管理资金的使用效率，高校应推动行政管理的数字化转型，通过电子化办公系统、智能化管理平台等技术手段，减少不必要的行政开支，提升管理效率。

其次，后勤保障费用包括学校的水、电、物业管理等日常维护开支。这些费用尽管相对固定，但高校仍可以通过节约能源、优化资源配置等措施，降低日常的运营成本。例如，在节能方面，学校可以通过安装节能设备、引入清洁能源等，减少能源消耗。同时，学校可以通过招标引入市场化服务，提升后勤服务的质量和效率，从而在不增加开支的情况下提高后勤保障水平。

此外，高校还需预留一定的资金用于应急管理和突发事件处理。近年来，随着全球疫情、自然灾害等不确定因素的增加，高校应对突发事件的能力越来越受到关注。因此，财务管理中应考虑到应急资金的储备，确保学校在面临紧急情况时能够迅速反应，保障师生安全和校园秩序。例如，学校可以设立专项应急资金，用于应对可能的疫情防控、自然灾害、设备故障等紧急情况，确保学校的正常运转不受影响。

三、资金使用的监督与问责机制

在高校财务管理中，资金使用的监督与问责机制至关重要。高校作为非营利性教育机构，资金来源大多来自国家财政拨款、社会捐赠及学费收入，因此在使用资金时，必须确保资金的透明、合规和高效使用。建立健全的监督与问责机制，不仅是维护资金安全的基本要求，更是促进高校财务管理现代化、透明化的重要手段。

（一）建立有效的财务监督机制，确保资金使用透明与合理

高校资金的管理和使用涉及多个部门和多个环节，如果缺乏有效的监督机制，很容易导致资金的使用不透明或不合理，甚至出现违规行为。因此，建立健全的财务监督机制，是确保资金合理使用的重要保障。

首先，高校应加强财务信息的公开透明，提升校内外对资金使用的监督效力。通过建立财务信息公开制度，高校可以定期公开预算执行情况、项目资金使用情况等财务信息，确保所有利益相关者，包括师生、社会公众和政府监管部门，都能及时了解资金的使用进度和成效。公开透明的财务信息有助于形成广泛的监督网络，减少资金使用中的随意性和不合理现象。例如，高校可以定期发布年度财务报告，并通过官方网站或校内公告栏向全体师生公开，让利益相关方对资金流向和使用结果有清晰的认识。

其次，建立多层次的监督机制，高校内外监督体系应相互配合。高校内部可以成立专门的财务监督委员会，由教师、学生代表、财务管理专家等多方人士组成，负责定期审查资金的使用情况，并对各部门的资金使用进行专项监督。与此同时，外部监督力量也是确保资金使用合法合理的重要保障。政府审计部门、社会审计机构等外部

组织可以对高校的财务状况进行定期审查，形成内外监督相结合的良性机制。

最后，高校应注重监督人员的专业素养，确保监督工作到位。财务监督人员不仅要熟悉财务管理相关政策和法规，还需要具备一定的财务审计技能和独立判断能力，以便能够发现潜在的财务风险，并及时提出解决方案。同时，高校也可以定期组织财务管理人员和监督人员参加相关培训，提升其专业素质，确保监督机制的有效运行。

（二）审计监督：内部审计与外部审计的双重保障

内部审计是高校自我监督和内部控制的重要手段。内部审计部门通常由校级领导直接领导，其任务是对学校内部各部门的财务活动进行独立、客观的监督和评价。内部审计人员定期对资金的使用情况进行审查，核实资金是否按计划执行，支出是否符合相关规定，财务记录是否完整、准确等。通过内部审计，高校可以及时发现资金管理中的薄弱环节，并采取措施加以改进。例如，对于教学科研项目的资金使用，内部审计人员可以定期检查项目资金的流向和使用效果，确保科研经费专款专用，避免经费滥用和挪用现象的发生。

外部审计则是由独立于高校的第三方机构进行的审计工作，通常由政府审计机关、社会审计机构等组织实施。外部审计具有权威性和独立性，其目标是评估高校资金使用的合法性、合规性和效益性。外部审计能够对高校内部审计提供补充，确保审计过程更加客观、透明。例如，外部审计人员可以通过对高校的年度财务报表、预算执行情况等进行详细审查，判断学校的财务管理是否存在潜在的风险，并提供独立的审计意见，帮助学校改进财务管理。

双重审计机制不仅有助于提高高校资金使用的透明度和公信力，还能有效防范财务风险。在实践中，内部审计与外部审计相辅相成。内部审计通过常态化的监督，能够及时发现问题并加以整改，而外部审计通过独立、权威的监督，能够为高校的财务管理提供全面、客观的评价，确保资金的安全和高效使用。

（三）问责机制：对于违规资金使用的问责与追究制度

建立健全的问责机制是确保资金使用合规合法的重要一环。问责机制不仅能够威慑潜在的违规行为，还能够为高校提供纠错和改进的机会，确保财务管理的健康运转。

首先，高校应明确各部门和人员的财务责任。资金的管理涉及学校的各级领导、财务管理人员和具体的项目负责人，高校应明确规定每一层级和每一个环节的责任主体，确保资金使用过程中的每一环节都有相应的负责人。对于出现违规行为或资金管理混乱的情况，学校应根据具体的责任归属，严格追究相关人员的责任，避免因责任不清导致问题无法解决。例如，对于科研项目资金的滥用行为，项目负责人应承担主要责任，而对于财务审批环节的失职行为，应追究财务管理人员的责任。

其次，高校应建立严密的违规资金使用问责程序，确保对违规行为的及时处理。资金管理中可能存在多种违规行为，如资金挪用、虚假报销、超预算支出等。对于这些违规行为，高校应建立专门的处理程序，确保违规行为一经发现，能够迅速进入问责流程，并根据其严重程度给予相应的处罚。处罚措施可以包括书面警告、行政处分、经济罚款甚至法律追究等。同时，高校也应建立举报渠道，鼓励校内外人员举报违规资金使用行为，形成全方位的监督和问责氛围。

最后，问责机制不仅仅是对违规行为的处理，更应包括事后整改和改进措施。对于已发生的违规行为，问责机制应通过分析问题根源，提出改进措施，防止同类问题的再次发生。例如，如果审计过程中发现某项目存在经费超支现象，学校应及时修订相关管理制度，完善预算编制和审批流程，避免类似情况在未来再次发生。通过问责与改进相结合的机制，高校可以不断优化财务管理体系，提升资金使用效率和透明度。

四、资金使用中的风险控制

在高校财务管理中，资金使用的风险控制是确保资金合理、高效、安全使用的关键环节。高校资金管理复杂，涉及多个部门和领域，包括教学科研、基础设施建设、行政管理和后勤服务等。因此，若没有有效的风险控制机制，资金使用过程中的潜在风险（如挪用、浪费、低效等）可能导致资源浪费，甚至出现严重的财务管理问题。

（一）资金使用过程中的潜在风险

1. 挪用资金风险

挪用资金是高校财务管理中最严重的风险之一。高校资金通常来源于政府拨款、学费收入、科研经费、社会捐赠等，这些资金应按照明确的用途进行管理和使用。然而，在实际操作中，个别部门或人员可能会利用职务之便，挪用专款，尤其是在科研项目资金、专项经费等领域。这种行为不仅违反财务管理制度，还可能对学校的声誉和管理秩序造成严重损害。

2. 资金浪费风险

资金浪费现象在高校资金使用过程中时有发生，主要表现为资金使用不当、物资采购重复或无效、基础设施建设不合理等。这些浪费不仅直接影响学校资金的使用效率，还可能导致更大的资源浪费。例如，在教学科研项目中，如果未充分规划和评估项目的实际需求，可能会造成设备的重复采购或闲置，无法实现资金的最大化利用。此外，某些基础设施建设项目在实施过程中，由于缺乏长期规划或项目管理不善，可能出现资金过度支出或工程质量不达标的情况，从而增加不必要的财务负担。

3. 低效使用风险

高校资金管理中的另一个常见问题是低效使用。资金虽然按计划支出，但未能实现预期效果，或者资金的投入产出比低下，导致资源的浪费。这种低效使用的风险，往往发生在预算编制不科学、项目执行能力不足或管理流程复杂的情况下。例如，在科研经费的使用中，一些项目团队缺乏科学合理的经费管理经验，导致资金无法用于最紧迫的需求，反而浪费在低效的研究活动或不必要的设备更新上。

4. 内部控制薄弱带来的风险

内部控制体系不健全或执行不到位，会增加资金使用中的管理风险。一些高校在财务管理中，审批流程烦琐、权责不清，导致资金使用过程透明度不高，监管困难。由于缺乏有效的内部控制和审核机制，容易出现责任不明、管理混乱的现象，从而增加了资金被挪用或不合理使用的风险。

（二）风险预警与控制机制

为有效应对高校资金使用中的潜在风险，必须建立科学、系统的风险预警与控制机制。这一机制应包括风险点的识别、风险预警系统的建设，以及风险的管理与处置等多方面内容。

1. 关键风险点识别

风险控制的首要任务是识别高校资金使用中的关键风险点。风险点识别的过程包括分析资金使用的全流程，找出那些容易发生风险的环节。在高校财务管理中，风险点主要集中在以下几个方面：

（1）资金审批环节。资金审批是资金支出的重要关口，如果审批流程不透明或存在人为干预，可能导致资金挪用或不当使用。因此，资金审批流程必须严格按照规章制度进行，确保每一笔资金的使用都有据可查、责任明确。

（2）预算执行环节。高校的预算执行过程是资金使用中的一个重要环节，容易出现超预算、虚报预算等问题。高校财务管理部门应严格监督预算执行，确保资金使用与预算匹配，并及时对执行中的偏差进行调整和修正。

（3）项目资金分配环节。教学科研项目和基础设施建设项目是资金使用中的重点领域，资金分配是否合理、项目是否按计划执行，都是需要重点关注的风险点。财务管理部门应对项目资金的分配进行严格审核，防止资金滥用或低效使用。

（4）物资采购环节：物资采购是高校资金支出的重要组成部分，涉及教学设备、实验器材、办公用品等。如果采购流程不透明或管理不善，容易导致资金浪费或腐败问题。因此，物资采购环节的透明化、公开化管理是降低风险的重要措施。

2. 风险预警系统建设

高校财务管理中，应建立系统的风险预警机制，以便及时发现潜在问题并采取有效措施进行干预。风险预警系统的建设可以从以下几个方面入手：

（1）信息化管理平台。借助现代信息技术，高校可以建立一套全面的财务管理信息系统，实时监控资金的使用情况。通过系统化的管理平台，财务部门可以实时跟踪各类资金的使用进度，并对可能存在的异常情况（如超预算、资金滞留等）进行及时预警和干预。例如，某科研项目资金使用超过既定预算时，系统可以自动发出警告信号，提醒财务人员进行审核和处理。

（2）建立资金流动监控机制。风险预警系统还应包括对资金流动的全程监控。在资金流向上，财务部门可以设置多重控制措施，确保资金流动合规。比如，设定不同级别的审批权限，对于大额资金的使用进行更严格的审批和监控。同时，通过对资金流动记录的分析，财务部门能够察觉资金异常流动的苗头，及早发现和防范潜在的资金挪用或浪费行为。

（3）风险等级评估制度。建立资金使用的风险等级评估制度，可以对不同类型的项目资金进行分类管理。根据资金用途、项目规模、执行周期等因素，将项目分为高、中、低风险等级，针对不同风险等级的项目采取差异化的管理策略。对于高风险的科研项目或基础设施建设项目，财务部门应采取更严格的审批程序，并安排更多的监督检查，降低资金使用的风险。

第二节　高校资产管理的现状与问题

一、高校资产管理的构成与分类

高校资产管理是高校财务管理中的一个重要组成部分，它不仅关系到高校自身的财务稳健性和运营效率，还直接影响到教学、科研等核心职能的顺利开展。随着高校规模的不断扩大和资源配置的日益复杂化，资产管理面临着多元化的挑战和创新需求。因此，对高校资产进行科学分类和系统管理是实现资产高效利用、促进高校可持续发展的关键。

（一）固定资产与流动资产

高校的固定资产与流动资产共同构成了学校运营的重要物质基础。固定资产主要是长期使用且价值较大的有形资产，如校园设施、科研设备、办公设备等；流动资产指可以在一年内变现或使用的资源，如现金、应收账款、短期投资等。固定资产在学校的资产管理中占据核心位置，保障教学、科研和文化活动的正常进行。因此，管理固定资产时应关注其长期维护和高效利用，避免资源浪费，如重复采购或设备闲置等。此外，通过科研设备的合理采购与共享机制，学校可以提升资源利用率，减少重复投入。流动资产则是高校运营的"流动血液"，管理重点在于确保资金流动性和安全性，避免出现资金短缺或闲置。此外，高校还应加强应收账款的管理，通过严格的收款周期和账龄控制，确保资金及时回收，防范财务风险。

（二）无形资产

无形资产在现代高校资产管理中越来越受到重视。高校不仅是物质资产的拥有者，也是知识和创新的重要发源地，因此，无形资产的管理尤为关键。高校的无形资产主要包括知识产权、专利、品牌价值等，这些资产不仅能够为高校带来经济效益，还能提升高校的社会影响力和学术声誉。

1. 知识产权

高校的知识产权主要来源于其科研成果、技术发明、著作权等。这些无形资产往往是高校科研创新的重要体现，同时也是高校参与社会服务、产业化发展的重要资源。近年来，随着创新驱动战略的推进，高校在专利申请、技术转化等领域取得了显著的成绩。然而，知识产权管理中也存在一些问题，例如，科研成果转化率不高、技术转移机制不健全等。因此，高校需要建立完善的知识产权管理体系，确保科研成果的有效保护和合理利用。

首先，高校应加强专利申请、著作权登记等方面的管理，确保科研人员的合法权益得到保障。同时，鼓励科研人员进行技术创新和成果转化，提升高校的科研产出质量。其次，知识产权的转化与产业化也是高校无形资产管理的核心内容。通过建立健全的技术转移中心和产学研合作机制，高校可以促进科研成果的市场化应用，为学校创造更多经济效益和社会价值。

2. 品牌价值

品牌价值是高校在长期的教学科研活动中积累的无形资产。名校的品牌不仅意味着学术声誉，也直接影响到其招生、社会认可度和校友资源的开发。一个良好的品牌形象不仅有助于吸引优质的生源，还能够吸引更多的社会捐赠、科研合作和产业投资。因此，高校应高度重视品牌建设，通过提升教学科研水平、推动国际交流合作等方式，不断提升学校的品牌价值。

在品牌管理上，高校可以通过积极推广自己的学术成就、社会贡献和文化特色，增强品牌影响力。同时，品牌价值的维护也需要从校内管理入手，提升教学质量和服务水平，保障师生的满意度和归属感，从而形成品牌的内在竞争力。

（三）校办产业及其资产

校办产业是高校资产管理中一个特殊且重要的组成部分。随着高校产业化发展的推进，许多高校通过投资或运营附属企业来增加收入，这些校办产业为高校提供了多元化的资金来源，并推动了科技成果的转化和应用。然而，校办产业的管理也面临一些挑战，例如企业与学校的分工不清、资产管理混乱等。因此，如何科学管理校办产业及其资产，确保校企分离、规范运营，是高校财务管理中的一个重要课题。

校办企业的运营应以服务于学校的核心使命为前提，推动教学科研与市场的有效结合。高校应明确校办企业的定位，将其作为学校发展的支持平台，而不是简单的商业营利工具。例如，某些高校通过校办企业将科研成果推向市场，实现了科研与产业的联动发展，为学校创造了可观的经济效益和社会效益。

同时，校办企业的资产管理应遵循规范化和透明化的原则。高校应通过建立健全的资产管理制度，对校办企业的财务状况进行定期审计和评估，确保资产的合理使用和保值增值。例如，某些高校在校办企业的运营过程中，由于缺乏有效的管理，出现了资产流失和财务混乱的现象，这不仅损害了学校的利益，还影响了学校的声誉。因此，校办企业应当实行现代企业制度，加强内部控制和外部审计，确保资产管理的规范性和透明性。

二、高校资产管理的现状分析

高校资产管理是确保教育资源有效配置、提高资金使用效率的重要环节。随着高等教育规模的不断扩大，高校资产管理面临着日益复杂的挑战与机遇。有效的资产管理不仅能够支持高校的教学与科研活动，还能增强其市场竞争力和可持续发展能力。因此，深入分析高校资产管理的现状，对制定更加科学、合理的管理策略至关重要。

（一）高校资产的规模与分布情况

高校资产规模与分布情况直接影响其财务健康与运营效率。根据近年来的统计数据显示，我国高校的资产总额呈逐年增长趋势，尤其是在教育部及地方政府的持续投入下，高校的固定资产和流动资产不断增加。

1. 资产类型与数量分析

高校的资产可以大致分为固定资产、流动资产和无形资产三大类。其中，固定资产包括校园基础设施（如教学楼、实验室、宿舍等）、科研设备、办公设备等；流动资产主要包括现金、应收账款及短期投资等；无形资产则包括知识产权、品牌价值等。

科研设备的投资占据了固定资产投资的较大比例，尤其是 985 和 211 工程院校的科研投入逐年上升。[①] 此外，校园基础设施建设也不断增加，许多高校通过政府资金、社会捐赠以及校办企业的盈利来支持校园建设。

在流动资产方面，许多高校的现金流状况较为稳健，能够有效支持日常运营。然而，由于高校的资金来源多样，资金流动性管理仍然面临挑战。应收账款的管理尤为重要，尤其是在科研项目、培训和社会服务等方面，往往存在资金回收周期长的问题。

2. 资产价值分析

高校的资产价值不仅体现在其实际的市场价格上，更反映在其对学校教学、科研和社会服务能力的提升上。近年来，随着社会对高等教育的重视，许多高校的品牌价值和社会影响力也不断提升，进一步促进了资产的增值。

然而，也有部分高校的资产管理存在不平衡的问题，某些学校在固定资产的配置上较为集中，而在流动资产和无形资产的开发利用上显得相对不足。例如，一些高校可能在某些学科领域投资过多，导致其他学科的基础设施和科研设备相对匮乏，影响了整体教学质量和科研能力。

（二）资产管理制度的健全性

高校资产管理制度的健全性是保证资产有效利用的重要基础。完善的资产管理制度不仅可以规范资金的使用流程，还能增强透明度和责任性。

1. 资产管理制度的现状

目前，许多高校已建立了较为完善的资产管理制度，包括资产的采购、使用、维

---

① 沈凯.科研院所固定资产投资项目管理的有效性提升研究［J］.活力，2019（22）：115.

护和处置等方面。然而，由于高校的管理体系往往较为庞杂，资产管理的具体执行和监督存在一定的不足。例如，在资产采购环节，部分高校可能未能严格遵循相关规定，导致采购流程不透明、设备闲置等问题。

此外，资产管理制度在适应性和灵活性方面也面临挑战。在快速变化的教育环境中，高校的资产管理制度需与时俱进，及时调整和完善。例如，随着在线教育和数字化教学的兴起，许多高校需要对信息技术和在线教育资源进行投资，但现有的资产管理制度可能无法及时反映这些变化，导致资源配置不合理。

2. 资产管理流程的完善性

资产管理流程的完善性直接影响到资产使用的效率和安全性。目前，许多高校已建立了资产管理的标准流程，但在实际操作中，流程执行的规范性和严格性仍需加强。例如，在固定资产的使用过程中，部分教师或员工可能未能遵循相应的申请和审批流程，导致设备使用混乱、设备闲置现象严重。

此外，资产管理的职责分工也需进一步明确。在一些高校，资产管理工作往往分散在多个部门，缺乏统一的协调机制，导致信息传递不畅、存在管理盲区。因此，高校应建立跨部门协作机制，增强资产管理的系统性和协调性，确保各类资产的合理使用和有效监督。

（三）资产使用效率

资产使用效率是评估高校资产管理成效的重要指标。有效的资产使用不仅能提高资源的利用率，还能为高校创造更大的经济效益和社会价值。然而，当前许多高校在资产使用效率上存在一些突出问题。

1. 固定资产的闲置

固定资产的闲置是高校资产管理中普遍存在的问题。由于教学和科研需求的变化，部分固定资产可能未能得到有效利用，导致资源浪费。例如，某些高价值的科研设备在某一时间段内由于项目结束或需求减少而被闲置，导致其性能下降和维护成本增加。根据相关调查，部分高校的科研设备闲置率甚至超过30%，这不仅降低了资产使用效率，还对学校的整体财务健康产生负面影响。

为解决固定资产闲置的问题，高校应建立健全的资产使用登记和管理制度，定期对资产使用情况进行评估和统计，及时调整资源配置。此外，建立资产共享机制，鼓励不同学科和部门之间的资源共享也是一种有效的解决方案。

2. 低效利用现象

除了闲置，固定资产的低效利用也是高校资产管理中的一个突出问题。这种现象通常表现为资产未能达到预期的使用效果，例如科研设备在使用过程中未能发挥其应有的性能，或实验室的使用率不高。这不仅影响了学校的科研能力，也可能造成资金的浪费。

为提高资产使用效率，高校应加强对固定资产的管理，确保设备得到充分利用。同时，应定期进行资产使用评估，分析使用率低的原因，并针对性地制定改善措施。例如，定期举办培训和交流活动，提高教师和科研人员对设备的使用意识和技能，提升资产的实际使用效果。

三、高校资产管理中存在的问题

高校资产管理作为高校财务管理的重要组成部分，直接影响到学校的教学、科研和社会服务能力。然而，随着高等教育的快速发展和资源配置的复杂化，许多高校在资产管理中面临一系列问题。这些问题不仅制约了高校资源的有效利用，也影响了其长远发展。

（一）固定资产的老化与更新滞后问题

1. 资产老化问题

固定资产老化的表现主要为设备技术落后、性能下降。例如，许多高校的实验设备因长期使用无法满足现代科研需求，导致科研效率降低。数据显示，很多高校的实验设备使用年限已超出更新周期，故障率上升，维护成本增加，进而影响了教学质量和科研成果产出。

2. 更新滞后问题

许多高校在固定资产管理中重视资产的维护与使用，但忽视了定期评估和更新，导致更新滞后。虽然资产数量有所增加，但质量和技术水平未能同步提升，特别是在科技迅猛发展的背景下，固定资产更新不及时会削弱高校在教学和科研领域的竞争力。

为解决这一问题，高校需建立系统化的资产更新机制，定期评估固定资产，及时淘汰陈旧设备并引进新技术。此外，跨部门的协调机制也是必不可少的，以确保各院系在资产更新时能够充分沟通，避免资源重复采购和浪费。

（二）资产管理信息化程度低，缺乏现代化管理手段

在信息化时代，现代化管理手段在高校资产管理中的重要性日益突出。然而，许多高校的资产管理信息化程度仍较低，缺乏先进的管理工具和系统。

1. 信息化程度低

目前，许多高校仍依赖传统的手工管理模式，资产信息记录烦琐且更新不及时，难以实现实时监控。这种低效管理不仅增加了人工成本，还容易导致资产数据错误或遗漏。例如，部分学校未能及时更新资产信息，导致重复采购或资产闲置的情况。

2. 缺乏现代化管理手段

高校在资产管理中缺少现代化技术的支持，特别是在大数据分析和云计算的应用方面。现代信息技术可以为高校提供准确的资产使用数据，辅助科学决策。然而，许多高校尚未建立完善的信息系统，无法实现高效的数据收集和分析，限制了资产管理的科学性与精确性。

为提升资产管理的信息化水平，高校应加大对信息技术的投入，构建完善的资产管理信息系统，通过数字化手段实现资产实时监控，及时发现和解决问题。此外，借助大数据分析，高校可以全面评估资产使用效率，优化资源配置，提升管理决策的科学性。

（三）校办产业资产管理中的风险与不确定性

随着高校校办产业的发展，校办企业作为高校资产管理的重要组成部分，面临着一系列风险与不确定性。这些风险不仅涉及经济效益，也关系到学校的声誉和长远发展。

1. 风险管理不足

校办产业的资产管理往往缺乏有效的风险评估机制。许多高校在开展校办产业时，未能对市场环境、竞争对手及政策变化进行充分的分析，导致校办企业面临经营风险。例如，某些高校的校办企业在市场竞争中处于劣势，经营不善，进而影响到学校的整体财务状况。

2. 不确定性因素

校办产业的管理也面临许多不确定性因素，包括政策法规的变动、市场需求的变化等。这些因素可能导致校办企业的收入波动，进而影响高校的财务健康。此外，校办企业的资产管理往往与学校的核心使命相脱节，缺乏有效的协同机制，可能导致资源的浪费和使用效率低下。

为应对这些风险，高校应建立健全校办产业的风险管理制度，定期进行市场分析和财务评估，及时调整经营策略。同时，校办企业的管理应与学校的战略发展相结合，确保资源的有效配置和利用，提升校办产业的整体运营水平。

（四）无形资产管理不足

随着知识经济的不断发展，无形资产（如知识产权、品牌价值等）在高校资产管理中越来越重要。然而，许多高校在无形资产的管理上仍存在不足，特别是在知识产权的保护和转化方面。

1. 知识产权转化率低

许多高校拥有丰富的科研成果，但知识产权的转化率却相对较低。一方面由于高校对知识产权的重视程度不足，未能建立有效的成果转化机制；另一方面，市场对高校科技成果的认可度较低，导致转化困难。根据调查数据显示，许多高校的专利申请数量逐年增加，但实际转化为市场产品的比例却不足20%。

2. 管理不规范

此外，高校在无形资产的管理上也存在不规范的问题，特别是在知识产权的申请、保护和使用方面。部分高校未能建立完善的知识产权管理制度，导致知识产权的侵权和流失现象频发。这不仅损害了高校的合法权益，也影响了其创新能力和品牌形象。

为改善无形资产管理的现状，高校应加强知识产权的管理力度，建立健全的知识产权保护和转化机制。首先，高校应定期对科研成果进行评估，明确哪些成果具有市场价值，并积极推动其转化。其次，设立专门的知识产权管理部门，负责知识产权的申请、维护和使用，确保无形资产的合法性和有效性。

第三节　资产管理创新与提升效能的路径

一、资产管理创新的必要性

在高等教育快速发展的背景下，高校的资产管理面临着前所未有的挑战与机遇。随着高校规模的不断扩大和教育理念的逐渐更新，传统的资产管理方式已经难以满足现代高校对资源的高效配置和管理需求。因此，探索并实施资产管理创新显得尤为必要。

（一）传统管理方式已无法适应新时代高校管理的需求

近年来，我国高校数量不断增加，学生人数激增，高校的资产规模也随之迅速扩张。这一变化使得高校的资产管理面临着更为复杂的局面。传统的资产管理方式主要依赖于人工操作和手动记录，管理流程较为烦琐，效率低下，已经无法满足现代高校对资产管理的需求。

1. 资产管理需求的复杂性

首先，高校的资产类型日益多样化，除了固定资产、流动资产和无形资产，校办企业、科研项目等新兴资产形式也层出不穷。不同类型资产的管理需要不同的策略和工具，传统的管理模式难以适应这种复杂性。此外，各类资产的使用频率和维护需求也各不相同，使得资产管理的要求更加细化。

其次，高校的内部结构和管理层级往往较为复杂，涉及多个部门和学院。各部门在资产的使用、维护和管理中可能存在信息孤岛现象，导致资产信息的共享和流通不畅，难以实现整体协调。因此，在高校规模不断扩大的情况下，传统的单一管理模式已显得无能为力。

2. 创新管理方式的必要性

为了应对这种复杂性，高校亟须引入创新的资产管理模式，打破传统的管理思维，建立更加科学、系统化的管理体系。例如，实行项目管理制，将资产管理与具体的教学、科研项目结合起来，提高管理的针对性和有效性。同时，通过跨部门合作和信息共享，增强资产管理的透明度和效率。

（二）信息化与智能化技术在资产管理中的应用潜力

信息化和智能化技术的迅速发展为高校资产管理带来了新的机遇。数字技术、物联网（IoT）、大数据分析等新兴技术在资产管理中的应用潜力巨大，可以显著提高管理效率和效果。

1. 信息化技术的应用

首先，信息化技术能够实现资产管理的数字化和自动化。通过建立资产管理信息系统，高校可以实时跟踪资产的使用情况、维护记录和财务信息，实现信息的透明化和可视化。这不仅减少了人工操作的时间和成本，还降低了信息错误的风险，提高了管理的精确性。

其次，信息化技术可以促进资产的全生命周期管理。通过对资产从采购、使用到处置的全过程进行监控和管理，高校可以及时发现和解决问题，延长资产的使用寿命。例如，利用智能传感器和物联网技术，实时监测设备的运行状态，实现预警维护，避免设备故障带来的损失。

2. 智能化技术的潜力

随着人工智能（AI）和机器学习技术的发展，高校资产管理的智能化水平也在不断提高。通过数据分析和模型预测，智能化技术可以帮助高校分析资产使用情况、预测未来需求，从而制定更为科学的资源配置方案。此外，智能化管理系统能够自动生成报表、分析数据，为决策提供依据，减少管理者的工作负担。

综上所述，信息化与智能化技术的应用为高校资产管理提供了新思路和新方法，推动了管理方式的创新，提升了管理效率。

二、资产管理信息化与智能化

在当今信息技术迅猛发展的时代，高校面临着资源配置效率低下、资产管理混乱等诸多挑战。为此，高校资产管理的信息化与智能化已成为提升管理效率、优化资源配置的重要手段。

（一）引入信息化系统对固定资产、无形资产进行全流程管理

随着高校资产类型和数量的不断增加，传统的手工管理方式已经难以满足资产管理的需求。因此，引入信息化系统，尤其是资产管理信息系统（AMIS），显得尤为重要。

1. 固定资产的全流程管理

固定资产的全流程管理包括从资产采购、入库、使用、维护到报废的全过程。通过信息化系统，高校可以实时跟踪固定资产的状态，确保其使用情况和维护记录得到有效管理。例如，资产管理信息系统可以对新购入的设备进行记录，建立资产台账，及时更新资产使用信息，减少因信息滞后带来的管理漏洞。

此外，信息化系统还能帮助高校制定固定资产的使用规范，设定使用权限，确保资产不被滥用。通过系统的自动提醒功能，可以定期对资产进行维护和检查，提高设备的使用寿命，降低故障率。

2. 无形资产的管理

对于无形资产，如知识产权、品牌价值等，信息化系统同样可以发挥重要作用。高校可以通过建立知识产权管理模块，记录专利申请、授权及转让情况，确保知识产权的完整性与有效性。信息化管理能够提高无形资产的透明度，方便学校对其进行评估与利用。

同时，信息化系统还可以集成市场需求信息与技术创新动态，帮助高校更好地把握知识产权的市场价值及转化潜力，从而实现无形资产的最大化收益。

（二）通过大数据分析提升资产管理的精细化水平

在信息化的基础上，利用大数据分析技术，可以显著提升高校资产管理的精细化水平。大数据分析不仅能帮助高校理解资产使用的实际情况，还能提供决策支持，优化资源配置。

1. 数据驱动的决策支持

大数据分析能够为资产管理提供基于数据的决策支持。通过对固定资产和无形资产的使用数据进行收集和分析，高校可以识别资产的使用规律与趋势。例如，通过分析设备的使用频率和故障记录，管理者可以发现哪些设备需要更频繁的维护或更新，哪些资产在闲置状态下未得到有效利用。

2. 优化资源配置

大数据分析还可以帮助高校优化资源配置。通过对不同部门和学院的资产使用情况进行分析，高校可以及时调整资源配置策略，避免资源的浪费。例如，在某些高使用率的设备上，高校可以设置共享机制，允许多个学院共同使用，提升资产的利用效率。

此外，大数据还可以帮助高校分析潜在的投资回报，预测未来资产的需求变化，从而实现前瞻性的资产管理。通过精细化的数据分析，高校能够更好地规划资产的采购与更新，实现资产管理的动态调整。

（三）智能化资产管理系统在设备管理、维护、更新中的应用

智能化资产管理系统的引入，为高校设备管理、维护和更新提供了全新的解决方案。通过自动化、智能化的手段，设备管理变得更加高效与精准。

1. 设备管理的自动化

智能化资产管理系统能够实现设备管理的自动化，借助物联网（IoT）技术，实时监测设备的使用情况。例如，智能传感器可以实时收集设备的运行数据，如温度、压力和工作时长，并将数据传输到中央管理系统中。通过这些数据，管理者可以实时掌握设备的运行状态，及时发现异常情况，减少设备故障的发生。

2. 智能维护和预警机制

在设备维护方面，智能化管理系统能够建立智能维护机制。通过对设备使用数据的分析，系统可以预测设备的维护需求，自动生成维护计划。这种智能维护机制可以有效避免因设备故障而造成的时间和资金损失。此外，系统还可以根据设备的运行状况自动发出预警，提醒管理者进行检查和维护，确保设备始终处于良好状态。

三、提升固定资产利用效率的策略

在高校财务管理中，固定资产的合理配置和高效利用是提升整体财务效益的关键因素。面对日益增长的资源需求和有限的资金预算，提高固定资产的利用效率显得尤为重要。

（一）设备共享机制

设备共享机制的建立不仅可以提高固定资产的利用效率，还能够有效降低学校的科研和教学成本。在传统的设备管理模式下，各个学院或部门往往独立购置相同或相似的科研设备，造成了资源的浪费和资金的重复投入。

1. 校内共享机制的实施

在校内，可以通过建立一个统一的设备管理平台，将各学院和研究单位的设备信息集中起来，实现设备的透明化管理。每个学院可以在平台上登记自己的科研设备，包括设备名称、型号、使用情况、维护记录等信息。这样，其他学院在需要使用某种设备时，可以通过平台查询，及时了解哪些设备是可用的，进而进行借用。

例如，某高校建立了"设备共享系统"，并通过系统管理实验室设备的共享和借用。该系统实现了资源的优化配置，使得科研人员在需要特定设备时，可以借用其他实验室的设备，从而减少了重复购置的必要性。此外，学校还可以设定设备共享的使用规则和责任制度，以确保设备的良好维护和管理。

2. 校际共享的探索

除了校内共享，高校还可以考虑与其他高校建立设备共享机制。通过与其他高校的合作，资源的利用效率将进一步提高。例如，在特定领域的研究上，若一所高校拥有某种先进的科研设备，而另一所高校对此设备有需求，可以通过协议达成共享合作。这种校与校间的设备共享机制不仅能够扩大资源的使用范围，还能加强高校之间的合作与交流，提高科研成果的产出。

（二）固定资产盘活策略

在高校日常运营中，固定资产的闲置现象较为普遍，许多设备由于缺乏合理的使用计划而处于闲置状态。这不仅占用了高校的资金投入，也影响了资源的有效配置。因此，实施固定资产盘活策略是提高资产利用效率的重要措施。

1. 闲置资产的清查与评估

高校应定期对固定资产进行清查与评估，及时识别出闲置资产。通过对每一项固定资产的使用情况、维护记录及使用频率进行统计，管理者可以清楚了解哪些资产处于闲置状态，哪些资产的使用频率较低。

例如，一些高校可以成立专门的资产管理小组，负责定期评估固定资产的使用情况。这些小组将根据资产的实际使用情况，提出盘活方案，以便更好地配置资源。

2. 出租与转让的实施

对于闲置资产，高校可以考虑将其出租或转让给其他单位或个人。出租可以带来一定的经济收益，同时也能让闲置的资产发挥作用。例如，某些高价值的实验设备或办公设备，在校外也有许多机构可能需要，出租的方式可以减少闲置资产对高校造成的负担。

另外，若某些设备长期未被使用且缺乏维护，转让也是一种合适的选择。高校可以通过资产交易平台将闲置资产挂牌出售，以便其他单位使用。这样的策略不仅能回收部分资金，还能让资源得以重新利用。

（三）资产维护与更新的周期性评估

固定资产的维护和更新是确保其正常运转和延长使用寿命的关键。在高校中，建立科学的资产维护与更新机制至关重要，这不仅能减少资产的故障率，还能提升资源利用的整体效率。

1. 周期性检查的必要性

高校应建立定期的资产检查制度。通过定期对固定资产进行全面检查，高校能够及时发现设备的隐患，防止因设备故障造成的科研和教学活动的中断。例如，可以设定每季度进行一次全面检查，涵盖设备的工作状态、维护记录、使用频率等。

在检查过程中，管理人员需根据资产的实际使用情况，对设备的运行效率、使用寿命进行评估，确保设备始终处于最佳工作状态。同时，定期检查也有助于培养师生的资产使用意识，提高对设备维护的重视程度。

2. 更新机制的科学性

在定期评估的基础上，高校还需建立科学的资产更新机制。根据设备的使用情况、维护成本及技术更新迭代，合理安排设备的更新计划。高校可以根据设备的使用年限、故障频率等指标，及时判断何时需要对设备进行更新，以避免因设备老化导致的高额维修费用。

此外，更新机制还应结合市场上新技术的出现。例如，当某种设备的新技术或新型号面市时，高校应评估其是否能带来更高的效益。如果新设备能显著提高工作效率或降低维护成本，那么及时更新设备将是必要的。

四、无形资产的开发与管理创新

在现代高等教育体系中，无形资产的开发与管理创新已成为提升高校综合竞争力的重要组成部分。无形资产包括知识产权、品牌价值和校办产业等，它们在推动高校科研成果转化、提升学校声誉及经济效益等方面发挥着不可或缺的作用。下面将从知识产权保护与商业化转化、品牌价值的提升与管理，以及校办产业无形资产的优化与市场化管理等三个方面，探讨高校在无形资产开发与管理中的创新策略。

（一）知识产权保护与商业化转化

随着科技的快速发展，知识产权的价值愈加凸显。高校作为知识创新的主要阵地，应当充分重视知识产权的保护与管理，以提高科研成果的商业化转化率。

1. 强化知识产权保护

高校首先需要建立健全知识产权管理制度，确保科研人员在研究过程中产生的知识产权能够得到有效保护。这包括制定专利申请流程、明确知识产权归属以及建立知识产权管理信息系统等。例如，某些高校已经建立了专业的知识产权管理机构，负责对科研成果进行专利申请、管理和维护，以确保学校的知识产权不被侵害。

此外，学校还应加强知识产权保护的宣传与培训，提升科研人员的知识产权意识。通过定期举办知识产权相关的讲座和培训，帮助科研人员了解知识产权的基本概念和申请流程，从而鼓励他们主动申请专利，保护自身的科研成果。

2. 推动科研成果的商业化转化

在知识产权得到有效保护的基础上，高校还应积极探索科研成果的商业化转化路径。这可以通过建立校企合作平台、搭建成果转化服务中心等方式来实现。例如，高校可以与相关企业签订技术转让协议，将科研成果转化为实际产品，从而实现科研与产业的有效对接。

此外，高校还可以设立创业孵化器，为科研人员提供资金、技术、市场等方面的支持，帮助他们将科研成果转化为商业产品。通过对科研成果的产业化，不仅可以提高高校的经济效益，还能促进地方经济的发展。

（二）品牌价值的提升与管理

高校的品牌价值不仅体现了学校的声誉和影响力，也是吸引优秀师生和资源的重要因素。因此，挖掘和提升高校品牌价值对于增强竞争力具有重要意义。

1. 品牌价值的评估与提升

高校应建立系统的品牌管理机制，通过市场调查、声誉评估等手段，全面了解自身品牌的现状与潜力。定期对品牌进行评估，了解社会对学校的认知和评价，从而找出品牌建设中的短板和提升空间。

在此基础上，高校可以在优化教学质量、加强科研成果和社会服务等方面提升品牌价值。例如，定期举办各类学术活动，提升学校在学术界的影响力；同时，加强与企事业单位的合作，提升学校服务社会的能力，从而提升社会对学校品牌的认可度。

2. 文化资产的挖掘与传播

除了硬实力的提升，高校还应重视自身文化资产的挖掘与传播。高校文化是学校精神和价值观的体现，是构建学校品牌的重要组成部分。通过举办文化活动、讲座等，展现学校的文化底蕴与历史传承，增强师生对学校的认同感和归属感。

此外，高校还可以通过加强校友联系，借助校友的成功故事与影响力，进一步提升学校的品牌价值。校友不仅是学校的重要资源，也是学校文化传播的重要载体。通过定期举办校友活动，鼓励校友回校交流，分享他们的经验与故事，可以在校内外有效传播学校的品牌形象。

（三）校办产业无形资产的优化与市场化管理

校办产业作为高校的附属企业，承担着为学校提供资金支持和推动科技成果转化的重要职责。因此，优化校办产业的无形资产管理，提升其市场化运营能力，是实现高校可持续发展的重要途径。

1. 校办产业的市场定位与优化

首先，高校应对校办产业进行市场定位，明确其在整体产业链中的角色与发展方向。通过对市场需求的深入调研，找出校办产业的优势与短板，进而制定合理的发展策略。例如，若校办产业在某一技术领域具备明显优势，学校可考虑在该领域加大投入，增强其市场竞争力。

其次，高校还应不断优化校办产业的运营模式，探索多元化的盈利模式。通过与其他企业合作，拓展校办产业的业务范围，寻找新的收入来源。例如，校办产业可以与行业企业共同开发新技术，共享研发成果，从而实现互利共赢。

2. 无形资产的市场化管理

在校办产业的运营中，高校还应加强无形资产的市场化管理，包括品牌管理、技术转让、知识产权等方面的市场化运作，以实现资源的优化配置。通过市场化运作，提高校办产业的运营效率，提升其盈利能力。

此外，校办产业还应探索与社会资本的合作，引入外部资金和管理资源，通过与投资机构、企业合作，吸引社会资本参与校办产业的建设与发展，从而实现资源的整合与共享。

五、校办产业资产管理的提升路径

校办产业在高校的经济发展和科研成果转化中扮演着越来越重要的角色。优化校办产业的资产管理不仅有助于提高高校的经济效益，还能推动高校的可持续发展。

（一）优化校办产业的资产配置，集中资源于具有高附加值的领域

有效的资产配置是校办产业提升竞争力的基础。高校应当根据市场需求和自身资源，优化校办产业的资产配置，确保资源集中于具有高附加值的领域。

首先，高校需要定期对市场进行评估与分析，了解行业发展趋势和市场需求。通过深入的市场调研，高校可以识别出哪些领域具有较大的市场潜力和发展前景。例如，随着科技的快速发展，人工智能、生物科技等新兴领域逐渐成为投资热点。高校应根据自身的科研优势，将资源优先配置到这些高附加值领域。

其次，校办产业在资源配置上应遵循动态调整的原则。高校可以建立资源配置动态监测机制，定期对各个校办产业的业绩进行评估，根据市场变化及时调整资源配置。例如，对于表现不佳或市场前景黯淡的校办产业，可以考虑减少投资或逐步退出，而

将资源转向发展潜力更大的领域。

此外，高校还可以通过设立项目评审委员会，对新项目的投资进行评估和筛选。只有经过严格审查并具备良好市场前景的项目才能获得资金支持，从而有效提高资金使用效率。

（二）建立校办产业与高校财务管理的联动机制，确保收益合理分配

校办产业的收益不仅关乎产业的自身发展，也对高校的整体财务管理产生影响。因此，建立校办产业与高校财务管理的联动机制显得尤为重要。

首先，高校应制定明确的收益分配机制，确保校办产业的收益能够合理分配到各个部门与项目中。通过明确收益分配比例，既能保障校办产业的持续发展，又能为高校的其他教学与科研项目提供必要的资金支持。例如，高校可以按照一定的比例，将校办产业的收益用于支持科研项目、教学改革以及基础设施建设等。这不仅有助于提升校办产业的活力，也能有效推动高校的整体发展。

其次，高校应建立信息共享与协作机制，加强校办产业与财务管理部门之间的沟通与协调。通过信息共享，财务管理部门能够及时了解校办产业的运营状况与收益情况，从而在财务管理上进行科学决策。例如，可以定期召开校办产业与财务管理部门的联席会议，讨论产业发展中的财务问题、收益分配及未来的投资方向等。这种机制有助于加强两者的协同，确保校办产业的收益能够有效地为高校的整体发展服务。

（三）避免过度依赖校办产业收入，提升抗风险能力

随着校办产业的快速发展，高校在享受收益的同时，也面临着各种潜在风险。因此，加强风险管理是提升校办产业资产管理的关键措施。

首先，高校应避免过度依赖校办产业的收入，积极探索多元化的收入来源。除了校办产业，学校还可以通过举办各类学术活动、培训课程等，增加收入渠道。例如，高校可以开展面向社会的继续教育和职业培训项目，将自身的教育资源向外部市场拓展，从而形成新的收入来源。

此外，高校还可以与企业合作进行项目研发，将科研成果转化为实际产品，增加技术转让收入。通过这些措施，高校可以有效降低对校办产业的收入依赖，从而增强抗风险能力。

其次，高校应建立全面的风险管理体系，及时识别和评估校办产业面临的风险，包括市场风险、财务风险、运营风险等多个方面。高校可以建立专门的风险管理部门，

负责对校办产业的风险进行监测与评估。

例如，针对市场风险，高校可以定期进行市场调研，了解行业趋势和竞争态势；针对财务风险，高校可以加强财务管理，确保校办产业的资金使用合规合理；针对运营风险，建立完善的内部控制机制，确保校办产业的正常运作。

第六章　高校成本管理与内部控制

第一节　高校成本管理的主要内容

一、高校成本管理的概念与重要性

在当今高等教育日益竞争激烈的环境中，高校的财务管理面临着巨大的压力。成本管理作为财务管理的重要组成部分，已逐渐成为高校实现可持续发展的关键要素。

（一）高校成本管理的定义

高校成本管理是指在高校运营过程中对各类成本进行系统化管理的过程，涵盖成本核算、成本控制和成本效益分析等环节。成本核算是高校成本管理的基础，旨在准确记录和识别各类成本支出，分为固定成本（如建筑折旧、教师工资）和变动成本（如教材费、实验材料费）。通过详细的核算，学校可以明确各项支出，并为成本控制提供数据支持。借助财务软件和信息系统，高校能够提高核算效率，实现实时获取财务数据，帮助管理者做出科学决策。成本控制指通过预算制定、支出监控等方式确保支出合理化。高校应根据不同部门和项目的实际需求，合理分配资源，并通过严格的审批机制，逐级审核支出，防止超支和浪费，确保资金使用得当。成本效益分析评估高校各项支出的经济效益，通过对比投入和产出，判断项目的回报率。此分析有助于优化资源配置，帮助决策者识别最具效益的项目，避免资源浪费。

（二）高校成本管理的重要性

高校成本管理的重要性体现在提升资源利用率、优化资金配置和提高运营效率等多个方面。随着高校规模扩大，资源的利用效率成为衡量学校运营能力的关键。通过成本管理，学校可以识别资源浪费的环节并进行优化。例如，定期评估固定资产使用情况，发现闲置资源并进行合理调配。优化课程设置和共享教学资源也能减少不必要的占用，最大化资源效益。高校的资金来源包括政府拨款、学费收入和科研经费等，通过成本管理，高校可以了解各项支出的优先级，合理分配资金。例如，预算编制时可结合历史数据和部门需求制订科学的分配方案，确保重点项目得到充分支持，并通过动态调整应对不确定性。良好的成本管理可以帮助高校在确保教育质量的同时，提高运营效率。例如，在招生和就业指导过程中，通过数据分析优化流程，吸引更多优秀学生。此外，科研项目的成本控制能确保科研经费的合理使用，提升科研创新能力，促进科研成果转化。

二、教学成本管理

随着高等教育的不断发展，教学成本管理已成为高校财务管理的重要组成部分。有效的教学成本管理不仅可以帮助高校控制和优化教学开支，还能提升教育质量和效率。

（一）教学活动的直接成本与间接成本分析

在进行教学成本管理时，首先需要明确教学活动中的直接成本与间接成本。

1. 直接成本

直接成本是指可以直接归属到特定教学活动或课程的费用。这类成本包括但不限于：

（1）教师薪资。授课教师的工资和福利是教学活动中最大的直接成本之一。高水平的教师往往要求更高的薪资，这对于高校的财务管理提出了挑战。

（2）教学材料采购费。教材、讲义和其他教学材料的采购费用也是直接成本的一部分。高校需要根据课程的性质和学生的需求，合理配置和采购教学材料。

（3）实验与实习费用。在涉及实验和实习的课程中，所需的实验器材、设备维护和材料消耗等也是直接成本。

2. 间接成本

间接成本是指那些不能直接归属到特定教学活动的费用。主要包括：

（1）管理费用。与教学活动相关的管理人员的薪资、办公费用等，这些费用虽然无法直接分配到特定课程，但却是教学活动顺利进行的必要支出。

（2）基础设施维护费用。如教室、实验室和其他教学设施的维护费用，这些费用对教学活动的支持至关重要，但又很难直接量化。

（3）支持服务费用。包括图书馆、信息技术支持和后勤服务等，为教学活动提供支持的费用。

（二）教学资源的合理配置与成本控制策略

有效的教学成本管理需要在资源配置和成本控制上采取多种策略，以实现资源的最优利用。

1. 合理配置教学资源

高校应根据课程的性质和学生的需求，对教学资源进行合理配置。这包括：

（1）课程开设的合理性。在开设课程时，应对课程的市场需求、教学质量和教学资源进行综合评估，避免开设冗余课程和低需求课程，以降低不必要的成本。

（2）教师资源的有效利用。应合理安排教师的授课任务，避免教师资源的浪费。例如，采用团队教学或教师交叉授课的方式，可以有效降低教学成本，提高教学效果。

（3）教学设施的共享与利用。不同课程可以通过共享实验室、教室等设施，减少基础设施的闲置，提高使用效率。

2. 成本控制策略

在进行教学成本管理时，高校需要建立一套完善的成本控制机制，以确保教学活动的经济性。主要策略包括：

（1）预算管理。高校应制定详细的教学活动预算，确保各项支出在预算范围内，并对每个学期或学年的教学开支进行严格的预算控制，确保支出合理且可控。

（2）实时监控与评估。通过信息化手段，建立教学成本监控系统，实时跟踪各项教学开支。一旦发现超支或不合理支出，应及时进行调整。

（3）持续改进与反馈机制。定期收集教师和学生的反馈，对教学活动的成本效益进行评估，寻找可改进之处。根据反馈结果，调整教学资源的配置和管理策略，以实现持续优化。

三、科研成本管理

在高等教育中，科研活动的开展对提升高校的学术地位和社会影响力至关重要。然而，科研活动往往伴随着高额的资金投入，因此科研成本管理显得尤为重要。

（一）科研项目的成本结构分析

科研项目的成本结构通常包括设备、实验材料、人力成本和间接费用等多个方面。了解这些成本结构，有助于高校在科研项目中进行更为有效的财务管理。

1. 设备成本

设备成本是科研项目中不可或缺的一部分，包括购置实验设备、仪器的费用和维护费用。尤其是在实验科学和工程领域，设备成本往往占据了科研项目总成本的很大一部分。因此，在设备采购时，高校应考虑设备的使用效率与项目的实际需求，避免因盲目采购导致资金浪费。

例如，对于一些昂贵的实验设备，高校可以考虑通过租赁、共享或合作使用等方式来降低设备采购成本。这种策略不仅可以降低固定支出，还能提高设备的使用率。

2. 实验材料成本

实验材料成本包括科研过程中所需的各种材料和试剂。由于实验材料的价格波动性较大，如何有效控制实验材料的采购与使用，成为科研成本管理的重要环节。

高校应通过建立供应链管理系统，与多个供应商建立合作关系，以获得更有竞争力的价格。同时，建议科研人员根据项目需求制订材料采购计划，避免不必要的库存和浪费。

3. 人力成本

人力成本是科研项目中最大的一部分，涵盖了研究人员的薪酬、福利以及项目中临时聘用人员的费用。在科研项目实施过程中，高校应根据项目进度和实际需求合理安排人力资源，避免人力成本的无效支出。

例如，可以采用灵活的用人方式，根据项目阶段进行人员调整，确保人力资源的最佳配置。同时，高校应加强科研人员的培训和职业发展，以提升科研团队的整体素质和工作效率。

4. 间接费用

间接费用通常包括管理费用、办公费用和实验室的日常维护费用等。虽然这些费用通常难以直接归属于特定的科研项目，但它们对科研工作的支持不可忽视。高校应建立完善的成本分配机制，对间接费用进行合理分摊，以便更清晰地了解各科研项目的真实成本。

（二）科研资金的合理使用与成本控制措施

为了确保科研资金的高效使用，高校应采取多种成本控制措施，以降低科研项目的整体成本并提升资金利用效率。

1. 制定详细预算

科研项目启动前，应制订详细的预算方案，涵盖各项支出与预期成果。通过严格的预算管理，可以有效避免资金超支。项目负责人应与财务部门密切合作，确保预算的合理性与可执行性。

2. 建立项目监控机制

在科研项目进行过程中，需定期评估预算执行情况，确保资金使用与预定目标一致。借助信息管理系统实时监控资金流向，若发现偏离预算的支出，及时采取调整措施。

3. 优化资源配置

合理配置资源，如共享实验室和设备，可以提高资源使用效率，减少不必要的支出，进而降低科研项目的总体成本。

4. 鼓励多方融资

高校应鼓励科研人员寻求多元化的资金来源，如国家科研项目、企业合作及社会捐赠等，以减轻科研项目的资金压力，降低对单一资金来源的依赖，增强财务支持的稳定性。

四、行政管理成本管理

在高校的财务管理中，行政管理成本占据了重要地位。有效的行政管理成本管理不仅可以提升高校的资源利用效率，还能够为教学和科研活动提供更好的支持。

（一）行政办公支出与管理成本的控制

行政办公支出是高校管理成本的核心组成部分，涵盖办公设备、用品、人员薪酬、场地租金及维护费用等。有效控制这些支出对提升管理效率、降低运营成本至关重要。

（1）制定详细的预算。高校应制定详细的行政办公预算，合理划定各项支出标准，充分考虑各部门的实际需求，并基于历史数据科学编制预算，为各部门支出提供依据，同时为财务管理提供有力的控制手段。

（2）优化办公资源配置。通过评估各部门需求，学校可以合理配置办公资源，避免重复采购和闲置。建立共享办公区域，促进资源共享，降低办公设备及场地的使用成本。

（3）控制固定与变动支出。针对固定支出如房租和人力成本，学校可在签约时争取优惠条件，甚至通过灵活办公减少空间需求。对变动支出，实施严格的审批流程，确保每一笔支出合理且必要，实行精细化管理。

（4）实施绩效考核。通过对行政人员进行绩效考核，可以激励其提高工作效率，从而控制行政成本。

（二）行政管理中的成本分摊机制

在高校的行政管理中，成本分摊机制是实现资源共享和成本优化的有效方式。通过建立合理的成本分摊机制，各职能部门可以更加高效地利用资源，降低管理成本。

高校可以根据各部门的资源使用情况、部门的职能和贡献度等因素，制定相应的成本分摊标准。这种标准化的分摊机制能够促进部门间的协调与合作。

为提高资源利用效率，很多高校开始建立共享服务中心。通过集中处理各部门的日常行政事务（如人事管理、财务核算、信息技术支持等），高校可以降低各个部门的重复开支，提高服务质量。这种共享服务模式不仅能减少不必要的资源浪费，还能提升行政效率。

在实际运作中，各个职能部门可以通过协作与沟通，主动共享资源。例如，在大型活动的组织中，相关部门可以联合分担人力和物力成本，避免因各自单独筹备而导致的资源浪费。

高校应定期对成本分摊机制进行评估，确保其有效性和合理性。通过收集和分析各部门的反馈意见，及时调整成本分摊方案，优化资源配置，从而更好地实现成本控制。

（三）信息化手段在行政管理成本控制中的应用

信息化技术的快速发展为高校行政管理的成本控制提供了新的机遇。通过引入信息化手段，高校可以大幅提高行政管理的效率，降低管理成本。

高校应建立全面的信息管理系统，对行政事务进行集中管理。通过信息管理系统，各部门可以实时共享数据，减少信息孤岛现象，提升决策的科学性。例如，采购系统可以将各部门的需求集中处理，避免重复采购和资源浪费。

推行电子化办公不仅可以提高工作效率，还能有效降低行政成本。通过使用电子邮件、在线会议和协作平台，各部门可以快速沟通和协作，减少因会议、差旅等产生的成本。

通过对行政管理数据的分析，高校可以识别出成本控制中的问题。例如，分析各项行政开支的构成与变化趋势，及时发现异常支出并进行调整。此外，数据分析还可以为制定预算提供依据，使财务管理更加科学化。

信息化手段还能够提高行政管理的透明度和问责机制。通过公开财务数据和支出情况，促进各部门间的监督与制衡，确保资金的合理使用。此举不仅增强了管理的透明度，还有助于提高行政人员的责任意识，进一步控制行政成本。

第二节　高校内部控制制度建设

一、内部控制的概念与高校特殊性

在高校的财务管理与创新中，内部控制体系的建立与实施至关重要。高校内部控制不仅是保障资金安全、确保资源有效利用的基础，还直接影响着高校的长期可持续发展。由于高校资金来源的多样性、资金用途的复杂性以及庞大的管理体系，高校的内部控制机制与企业或其他公共部门有着显著的不同。因此，研究高校内部控制的特殊性对于提升财务管理效率、加强风险控制具有重要意义。

（一）高校内部控制的定义

1. 高校内部控制的总体概念

内部控制是指高校为保障其财务健康、提升资源使用效率、防范风险而采取的管理体系和措施。这一体系的设计旨在确保各类资金的安全流动、规范高校各项业务操作流程，并有效防范和控制风险。根据国际通行的内部控制框架（如 COSO 框架），高校的内部控制可以分为财务控制、运营控制和风险控制等三个核心组成部分。

（1）财务控制。财务控制是内部控制的重要组成部分，其主要任务是确保资金流动的合法合规、资金使用的高效以及财务报表的准确性和完整性。在高校，财务控制涉及对学费收入、科研经费、捐赠资金等多种来源的管理。通过健全的财务控制机制，高校可以确保各项资金严格按照预算和财务计划进行分配和使用，避免资金的浪费和挪用。同时，财务控制还涉及定期的财务报表审计，确保财务信息透明、准确。

（2）运营控制。运营控制则侧重于保障高校的日常运营和管理工作。高校的运营活动包括教学、科研、后勤服务、校园建设等多个方面，运营控制通过规范各项流程、合理分配资源，确保学校的各项运作顺畅。例如，在科研项目的管理中，运营控制需要确保科研经费的使用符合规定、项目进度按计划进行。通过对各类资源的合理调配与监督，运营控制保障了高校在教学科研、基础设施维护、设备采购等方面的资金使用效率。

（3）风险控制。风险控制是高校内部控制的关键环节，旨在识别、评估和控制可能对高校财务健康和运营安全造成影响的各类风险。风险控制不仅关注财务风险，还包括运营风险、法律风险和声誉风险等。通过建立全面的风险识别和应对机制，高校可以提前预警潜在风险，并采取相应的控制措施，确保学校在复杂环境中保持稳健发展。例如，外部经济环境的变化可能导致科研经费的减少，财务控制体系可以通过调整预算、优化支出等手段进行应对。

2. 高校内部控制的基本目标

（1）确保财务信息的准确性与完整性。通过健全的财务控制体系，确保所有财务交易的记录、核算、报表编制等环节均符合会计准则和财务管理规定，避免财务数据失真。

（2）提高资金使用效率。内部控制通过科学的运营控制和风险控制，优化资源配置，确保资金使用能够带来最大化的经济效益和社会效益。例如，确保科研经费按计划分配到高效项目上，避免资金浪费。

（3）防范并及时处理各类风险。通过风险控制机制识别潜在的财务、法律、运营等各类风险，并制定应对策略，确保学校正常运行和发展。

（二）高校内部控制的特殊性

1. 高校内部控制的特殊性

与企业不同，高校的资金来源更加多样化，既包括政府拨款、科研经费，也包括学费收入、社会捐赠、校办产业收入等。这种资金来源的多样性对高校的内部控制提出了特殊要求。

（1）不同资金来源的管理要求差异。各类资金来源有着不同的管理要求。例如，政府拨款和科研经费通常有严格的用途限制，要求资金必须用于特定的教学科研活动，任何不符合规定的支出都会导致严重的后果。而捐赠资金在使用上相对灵活，但也需要遵循捐赠协议中的条款。因此，高校的内部控制体系必须根据不同资金来源的特点，制定差异化的控制策略，确保各类资金的合规使用。

（2）资金用途的复杂性。除了资金来源的多样化，资金用途的复杂性也是高校内部控制的一大特点。高校不仅要保障日常运营开支（如教学科研支出、行政管理费用等），还要应对大型基础设施建设项目、科研设备购置等长期投资。因此，内部控制不仅需要针对日常支出制定详细的资金管理流程，还需要通过预算控制、项目管理等手段，确保长期投资项目的资金使用高效、安全。

2. 复杂的管理体系对内部控制的挑战

高校的管理体系非常复杂，涉及多个部门和层级的协同运作，包括教学部门、科研机构、行政管理部门、后勤保障部门等。这种复杂的管理体系使得内部控制的实施面临较大的挑战。

（1）多层级管理带来的控制难度。高校的内部控制不仅需要覆盖到学校的管理层，还必须深入各院系、科研团队以及行政部门。每个部门和层级都有不同的职责和权限，如何确保各个环节的协同运作和信息共享，是内部控制的一大难题。例如，科研项目的经费管理不仅涉及科研人员的日常使用，还需要行政部门的财务核算、审计部门的监督等多个层级的协同。因此，内部控制必须建立严格的审批流程和责任分配机制，确保各层级之间的协调与配合。

（2）跨部门的资源调配与控制。在高校内部，跨部门的资源调配是经常发生的现象。例如，某些科研项目可能需要多院系的协作，或某些基础设施建设项目需要动用不同部门的预算。这种复杂的资源调配过程需要严格的控制机制，确保资金流动的透明和合规。内部控制不仅要监控各部门的资金使用情况，还需要建立跨部门的协同控制流程，防止资金使用不当或重复支出。

二、内部控制制度的基本框架

高校内部控制制度的建立是保障财务安全、提升管理效率、确保合规运营的重要基础。在财务管理和创新的过程中，内部控制制度为高校的资金流动、资产管理和风险防控提供了制度性保障。一个完善的内部控制制度通常包括财务内部控制、资产内部控制和风险控制等三个方面。每一个方面都承担着不同的控制职责，确保高校的资金使用、资产管理和运营过程中的风险防控体系健全、运作顺畅。

（一）财务内部控制制度

1. 资金审批制度

高校的资金流动和使用必须严格遵循资金审批制度。资金审批制度的主要目的是确保各类资金的使用符合预算和规定，防止资金被挪用或不合理支出。高校的资金来源多样，包括政府拨款、科研经费、学费收入、社会捐赠等，这些资金通常有特定的用途，因此在资金使用过程中，必须建立一套严格的审批流程。

为了防止资金使用权责不清，高校应根据不同资金的金额、用途和来源设定审批权限。例如，重大科研项目的资金支出，需要经过多层次审批，包括项目负责人、院系主管和财务部门等不同层级的审核和批准。对于日常运营的资金支出，则可以设定较低的审批门槛，简化审批流程，提高效率。

资金使用审批过程中，还应通过信息化手段确保资金流动的透明化。所有资金的审批和使用记录应在财务系统中留档，并定期接受审计和监督，确保资金的合法合规使用。财务系统还可以设置自动化提醒功能，在资金超出预算或使用不符合规定时，自动发出警报，提醒相关责任人审查。

2. 预算管理制度

高校的预算管理制度是确保各项财务活动有序开展的关键制度之一。预算管理通过对学校收入和支出的统筹规划，保障资金的合理分配和使用。预算管理不仅要确保各类项目的资金充足，还要通过严格的预算控制，防止预算超支或资金浪费。

每年，学校各院系和部门需根据自身需求编制预算申请，并提交至财务部门审核。财务部门结合学校的整体财务状况，对各类项目的预算进行汇总和审核，确保预算编制符合学校的整体发展目标。审核过程中，还需要通过财务分析评估各项目的资金需求和效益，确保资金能够用到最需要的领域。

在预算执行过程中，各部门需按照批准的预算严格控制资金使用。在实际操作中，如果某些项目的资金需求发生变化，可能需要进行预算调整。预算调整必须经过严格的审批流程，确保调整理由合理、资金调动符合学校的整体财务规划。此外，预算管理制度还应设置定期的绩效评估机制，通过财务分析评估预算的执行效果，确保预算使用的高效性。

3. 报销流程管理

报销是高校日常财务活动中的一项重要环节，也是内部控制中防止不合理开支和资金浪费的关键环节。一个健全的报销流程管理制度有助于规范各类支出的合规性，并确保资金的使用与实际需求相符。

报销流程包括费用申请、凭证提交、审批和支付等环节。高校应制定严格的报销标准和操作规程，明确不同费用的报销范围和标准。例如，出差费用、科研经费、会议费用等不同类型的支出应有明确的报销规定，并要求报销人员提供详细的凭证。报销流程应通过信息化手段进行管理，减少人工操作中的错误和违规操作。

所有报销申请都应经过严格的审批和审核。报销申请由申请人所在部门的负责人初审，随后交由财务部门进行审核，确保报销金额和凭证的合法性和合规性。对于大额支出，报销流程还需经过校领导的审批，确保资金使用的透明和可控。

（二）资产内部控制制度

1. 资产采购管理

高校的固定资产包括办公设备、实验室设备、教学设施等多种类型，资产采购过程的内部控制是确保资产合理采购和资金安全的重要环节。采购管理制度应保证资产采购的透明度和公平性，并通过严格的审核和审批流程，防止不必要的资产采购和浪费。

（1）采购计划与审批。高校各院系或部门在采购固定资产时，需要先制订详细的采购计划，并提交财务部门和资产管理部门审批。采购计划应说明采购的必要性、预算额度和具体的采购项目。审批通过后，采购流程应遵循公开、公正的原则，确保采购过程的透明度，防止内部人员舞弊或利益输送。

（2）供应商选择与竞价机制。高校资产采购过程中，通常需要通过公开招标或竞价的方式选择供应商。通过透明的竞价机制，确保采购价格合理，避免资产采购中出现虚高报价、供应商垄断等现象。供应商的资质、信誉和供货能力也应成为采购过程中考虑的因素，确保资产采购的质量和时效性。

2. 资产使用管理

资产使用管理也是高校内部控制的重要组成部分。高校的资产管理部门需要对各类固定资产的使用情况进行动态监控，确保资产的使用率和维护情况达到合理标准，避免资源闲置或过度使用。

（1）资产登记与维护。每一项资产在采购完成后，需进行资产登记和编号，纳入学校的固定资产管理系统。资产的使用情况、维护记录等都应定期更新，确保资产能够在规定的时间内发挥最大效用。对于高价值的科研设备或专业实验器材，学校还应制定专门的维护和保养制度，确保这些资产能够长期保持良好的运行状态。

（2）使用监督与责任划分。在资产使用过程中，学校应明确资产使用责任人，确保各部门对所使用的资产承担维护和管理责任。例如，实验室设备的使用由实验室主管负责，教学设备由教务部门负责，通过明确的责任划分，防止资产被损坏或不合理使用。

3. 资产处置管理

随着时间推移，部分固定资产可能因老化、损坏或技术更新而失去其使用价值。资产的处置管理制度确保高校能够合理、合法地处置废旧资产，避免资产浪费或非法转让。

（1）资产评估与报废审批。资产处置前，需由专业机构或学校资产管理部门对拟处置的资产进行评估，确认其无法继续使用或维修不具经济效益。资产评估后，报废申请需经过学校管理层和财务部门审批，确保资产处置符合内部控制要求。

（2）资产转让或拍卖程序。对于部分仍有一定价值的资产，学校可以通过公开拍卖或转让的方式进行处置。处置所得资金应全部纳入学校财务管理，避免资产私下转让或资金流失。

（三）风险控制与合规管理

1. 资金风险控制

高校的资金管理涉及大量的现金流动和资金调度，资金风险控制是内部控制制度中的核心内容之一。资金风险主要包括现金流短缺、资金挪用、预算超支等。

通过财务分析和预算管理，确保学校有足够的现金储备应对日常运营和突发支出。资金流动性不足可能导致项目延迟或学校财务状况恶化，因此学校应建立完善的资金调度机制，确保资金使用的灵活性。

通过建立财务管理信息化系统，实时监控资金使用和流动情况。系统可以通过设定风险预警指标（如资金流动比率、负债率等），在风险即将发生时及时发出警报，确保管理层能够快速应对。

2. 科研经费管理风险控制

科研经费是高校的重要资金来源之一，但科研经费的管理也伴随着较高的资金使用风险。科研项目资金的使用通常涉及多部门协作，因此内部控制必须确保科研经费的使用符合项目预算和资助规定。

科研经费必须专款专用，各科研项目的经费使用需严格遵循项目计划和资助方的规定，避免资金被挪作他用。科研经费使用过程中的每一笔支出都应通过详细的凭证记录和审核流程，确保资金流向透明。

科研经费使用结束后，应通过财务分析和科研成果评估，判断经费使用的效益，确保科研经费能够带来相应的科研成果和社会效益。通过定期的绩效评估，还可以为未来的科研经费分配提供参考依据。

3. 资产风险控制

高校的资产管理涉及大量的固定资产，这些资产的安全性和使用效益直接影响学校的财务状况。通过内部控制制度，可以有效防范资产管理中的各类风险。

对于高价值的固定资产，学校应通过购买保险等手段确保资产损失能够得到合理补偿。同时，资产使用部门需建立资产安全管理制度，防止资产被盗、损坏或误用。

资产处置过程中，需通过公开程序和评估机制，确保处置过程的透明度，避免资产流失或非法操作。处置所得资金必须纳入学校财务体系一管理，防止资金流向不明。

三、内部审计与外部监督机制

在高校财务管理与创新研究中，内部审计和外部监督机制是确保财务安全、规范管理、提升透明度的重要组成部分。审计机制不仅有助于发现财务流程中的潜在问题，还可以推动财务管理的持续优化，确保高校财务管理体系的合规性和效率。通过内部审计的定期审查与控制评估、外部监督机制的实施，以及内外部审计结果的反馈与整改措施，高校可以建立健全的财务管理体系，促进内部控制和风险管理的不断完善。

（一）内部审计的实施

1. 内部审计的概念与目的

内部审计是指高校通过设立专门的审计机构或团队，对学校内部的财务管理、资金使用、资产管理等关键环节进行独立的监督与检查。内部审计的主要目的是发现财务流程中的问题、评估内部控制的有效性，并提出优化建议，确保学校的财务运作符合既定的管理规范，提升资源利用效率。

（1）审计范围的广泛性。高校的内部审计不仅涉及日常的财务活动，还涵盖科研经费使用、基础设施建设资金管理、捐赠资金使用、采购流程等多个方面。通过对各类资金使用情况的全面审查，内部审计可以有效发现资金流动中存在的管理漏洞、预算执行中的偏差，以及资产管理中的潜在风险。

（2）内部审计的独立性与客观性。为了确保审计结果的准确性与公正性，高校的内部审计部门应保持独立性，不受其他管理部门或领导层的直接干预。审计人员通过独立的工作机制，客观、公正地评估财务流程和管理制度的有效性，并提出改进建议，帮助学校发现和解决管理中的问题。

2. 定期审查与控制评估

高校内部审计的实施需要有计划、有步骤地进行，通常以年度或季度为周期，定期对学校的财务管理进行全面审查。同时，内部审计也承担着内部控制体系的评估职能，确保学校的财务管理流程符合既定的规范，并及时发现内部控制中可能存在的风险或缺陷。

（1）财务流程的定期审查。内部审计部门定期对学校的资金流动、预算执行、资产管理等财务活动进行详细审查，确保各类资金使用的合法合规性。审计人员通过检查财务报表、支出凭证、合同协议等文件，核实资金使用的真实性和合理性，并分析预算执行是否偏离既定目标。通过定期审查，内部审计部门可以及时发现资金管理中的问题，确保财务流程的透明化和规范化。

（2）内部控制评估与风险识别。内部审计不仅要审查财务活动本身，还要对高校的内部控制体系进行全面评估。审计人员通过分析资金审批流程、报销制度、预算管理制度等关键环节，评估内部控制机制是否有效预防了资金流动中的风险。例如，审计人员可以评估学校的资产管理制度是否能够有效防止资产流失、是否具备科学的资产维护和更新机制。此外，内部审计部门还可以通过风险评估工具，提前识别潜在的财务风险，为管理层提供风险防范建议。

3. 审计报告与改进建议

在完成定期审查和内部控制评估后，审计部门需要向学校管理层提交详细的审计报告，报告中应包括审计发现的问题、潜在的风险、对内控制度的评估结果，以及针对问题的改进建议。审计报告的质量直接影响到学校后续整改措施的实施效果，因此审计人员应确保报告的客观性、准确性和可操作性。学校管理层根据审计报告，制订相应的整改方案，并督促相关部门落实改进措施。

（二）外部监督机制

1. 政府审计：确保合规性与公正性

高校的外部监督机制通常由政府审计主导，政府审计部门定期或不定期对高校的财务管理活动进行检查，确保学校在资金使用、资产管理等方面的合规性。政府审计的主要目的是确保高校的资金使用符合法律法规和政策要求，特别是涉及政府拨款、科研经费、基础设施建设资金的管理。

（1）资金使用的合规性审查。政府拨款和科研经费是高校资金的重要来源，这些资金的使用需严格遵守国家政策和财政管理规定。政府审计部门会对高校的政府拨款和科研经费的使用情况进行专项审查，核实资金是否按规定用途使用，是否存在资金挪用、虚报冒领等违规现象。例如，审计人员会检查科研项目的资金流向是否符合项目申报时的预算，确保每一笔科研经费都得到合理利用。

（2）资产管理的透明度审查。政府审计还涉及对高校资产管理的审查，确保高校的固定资产采购、维护、处置过程透明和规范。政府审计人员会核实高校的采购流程是否遵循招标制度，资产处置过程是否存在不合规现象，确保高校的资产管理符合相关法律法规。

2. 社会监督与公众审计：提高透明度与公信力

除了政府审计，社会监督与公众审计也是高校财务管理外部监督机制的重要组成部分。通过社会监督和公众审计，高校能够提升财务透明度，增强公众的信任和支持，特别是在捐赠资金管理和重大建设项目上，公众的监督尤为重要。

（1）社会审计机构的独立审查。为了确保高校的财务管理透明，高校可以委托独立的社会审计机构定期对学校的财务状况进行外部审查。社会审计机构通常会对高校的财务报表、资金使用、资产管理进行全面核查，并出具独立的审计报告。该报告不仅可以提供给学校管理层参考，还可以向社会公众披露，增强高校的财务公信力和透明度。

（2）公众审计与舆论监督。高校的资金使用不仅关系到学校的发展，还与社会公众、捐赠者等利益相关方密切相关。公众审计作为一种外部监督机制，可以通过信息公开、媒体披露等方式增强对高校财务管理的舆论监督。例如，学校可以通过公开捐赠资金的使用情况，确保捐赠者和社会公众了解每一笔捐赠资金的具体流向和使用效果。公众的监督压力可以促使高校在资金管理上更加透明，防止不当使用或管理失误。

四、内部控制制度建设中的挑战与优化路径

高校内部控制制度是保障学校财务管理高效运行、资金使用安全、风险防控有效的重要管理工具。然而，在实际建设和落实过程中，内部控制制度常常面临执行偏差、责任分配不明确等问题。这些挑战不仅影响了内部控制的效果，也给高校的财务管理带来了风险。因此，探讨如何通过培训与制度优化提升内部控制的执行力，以及借鉴国际先进经验构建长效机制，成为高校财务管理创新中的重要课题。

（一）制度落实中的常见问题

1. 执行偏差问题

高校在内部控制制度建设过程中，常见的一个问题是制度执行的偏差，即在制度设计完善的情况下，实际执行未能达到预期效果。执行偏差可能源于多方面的原因，包括执行力度不足、监督机制不完善、人员培训不到位等。

（1）制度执行不严格。虽然很多高校已经建立了较为完善的内部控制制度，但在实际操作中，部分制度未能严格落实。例如，某些资金审批流程或报销流程存在"走形式"的情况，即在没有充分审核的情况下通过审批，导致资金管理中的风险隐患得不到及时发现和解决。这种执行偏差不仅影响了内部控制的有效性，还可能引发更大的财务问题，如资金浪费、超支或挪用。

（2）制度执行不一致。在高校的不同部门或院系中，内部控制制度的执行可能存

在不一致的情况。一些部门可能严格遵循制度规定，而另一些部门则在执行过程中存在漏洞或松懈。这样的不一致性会导致整个学校的财务管理出现短板，使得部分风险被忽视或未能及时处理。

2. 责任分配不明确

另一个常见的问题是内部控制中责任分配不明确，导致制度落实过程中出现责任推诿或管理空白的现象。内部控制制度需要明确各个岗位的责任和权限，确保每一位相关人员都清楚自己在资金管理和风险控制中的职责。

（1）岗位职责模糊。在一些高校中，财务管理的责任分配可能存在模糊地带，导致某些岗位的人员在实际工作中不清楚自己的具体责任。例如，在资金审批流程中，审批人可能不明确自己的责任范围，不知道应当审核哪些内容，这使得资金风险无法被有效防控。同时，岗位职责模糊，出现问题时责任划分不清，容易导致问题无人承担，进一步恶化财务管理的状况。

（2）责任链条不完整。高校的内部控制涉及多个部门和岗位，责任链条的完整性是确保制度有效运行的关键。然而，在实践中，某些环节可能因责任链条断裂而失效。例如，预算执行过程中的资金分配和使用需要财务部门、项目管理部门、科研人员等多方协作。如果责任链条中的某一环节出现缺失，整个控制流程将无法有效发挥作用。

（二）通过培训与制度优化提升内部控制的执行力

1. 通过培训提升执行力

提高内部控制的执行力，首先需要通过全面的培训提高相关人员的制度认知和操作能力。培训不仅能使员工理解制度的必要性和重要性，还能确保每个岗位的人员掌握相应的技能和知识，帮助他们更好地履行各自的职责。

（1）财务管理与内部控制培训。高校可以定期为财务人员、各院系的管理人员和科研人员提供关于财务管理与内部控制的培训课程。这些课程应涵盖资金审批流程、预算管理、风险防控等方面的内容，确保每个岗位的人员能够清楚理解内部控制制度的核心要求。例如，通过培训使科研人员了解科研经费使用的具体规定，确保科研项目资金的使用合规性。

（2）案例学习与实践演练。高校还可以通过案例学习和实践演练的方式，帮助员工更好地理解和应用内部控制制度。案例学习可以借鉴其他高校或企业在内部控制中的成功经验或教训，帮助员工了解内部控制的实际操作方法和潜在问题。实践演练则可以模拟财务管理中的常见场景，通过实际操作帮助员工提高制度执行能力。

2. 通过制度优化提升执行力

除了培训，制度本身的优化也是提升内部控制执行力的重要途径。通过优化流程设计、明确责任分配以及建立监督机制，制度可以更具操作性和针对性，确保执行过程顺畅无误。

（1）流程优化与简化。复杂的流程设计往往会增加制度执行的难度，导致执行偏差。因此，内部控制制度应在确保有效性的前提下，尽可能简化流程，减少不必要的环节和程序。例如，资金审批流程可以通过信息化手段进行简化，利用电子审批系统实现自动化审核和记录，减少人工操作中的失误和拖延。此外，预算管理制度也可以通过信息化系统进行动态调整，确保预算编制、执行和调整的全流程透明化和高效化。

（2）明确责任与建立问责机制。在制度优化过程中，必须明确每个岗位的责任范围，确保制度执行过程中不会出现责任模糊或推诿的现象。例如，在资金审批流程中，应明确每一级审批人的职责，要求他们对审批内容进行详细审核，并承担相应的责任。同时，建立完善的问责机制，确保在制度执行过程中出现问题时，能够追究相关责任人的责任，促进制度的严格执行。

3. 建立有效的监督与反馈机制

为了确保内部控制制度的顺利执行，建立有效的监督与反馈机制至关重要。通过实时监督和动态反馈，学校管理层能够及时发现执行过程中的问题，并进行有效干预和调整。

（1）定期审计与动态监督。通过内部审计和信息化监控手段，定期对各部门的财务管理和内部控制制度的执行情况进行检查，确保各项制度得到严格落实。内部审计部门可以定期发布审计报告，反馈发现的问题，并提出改进建议。动态监督机制则可以通过信息化系统对资金流动、资产管理等环节进行实时监控，及时发现和纠正执行偏差。

（2）反馈与整改机制。在监督的基础上，建立反馈和整改机制，确保发现的问题能够得到及时处理。例如，审计部门在发现某一部门的资金管理出现问题后，应立即向管理层反馈问题，并提出整改措施。相关部门应迅速落实整改方案，确保问题不再重复发生。

第三节　高校成本管理与内部控制的协同发展

一、成本管理与内部控制的互动关系

在高校财务管理中，成本管理和内部控制是两大核心职能，两者既独立又密切关联，相互支撑。成本管理通过对各项成本的核算与分析，为内部控制提供了数据支持；而内部控制则通过规范流程、优化资源配置，为成本管理提供制度保障。二者在高校的财务管理创新中起到相辅相成的作用，最终共同目标是提高资金使用效率、降低运营成本、提升管理效能。

（一）成本管理为内部控制提供数据支持

1. 成本管理的核心作用

成本管理在高校财务管理中起着重要的作用，特别是在涉及资金使用效率和资源配置的决策过程中。通过对教学、科研、后勤、设施维护等各类成本的详细核算，成本管理能够为管理层提供清晰的财务数据，帮助学校精准了解每项活动和项目的实际成本。这种详细的成本核算不仅为资金的合理分配提供了基础数据，还可以帮助学校发现资金使用中的潜在浪费或低效环节。

高校的成本管理需要涵盖多个领域的开支，包括教师工资、设备采购、实验室维护、科研项目经费等。因此，准确的成本核算至关重要。通过细化各类开支的成本核算，高校可以清晰掌握各项活动的具体成本结构，从而为内部控制提供可靠的数据支持。例如，某一学科的实验课程成本较高，但产出有限，学校可以根据成本核算的数据重新评估该课程的投入与产出关系，优化资源配置。

内部控制的有效性很大程度上依赖于准确的数据支持，而成本管理所提供的财务数据正是内部控制体系中的重要组成部分。成本核算的数据为预算管理、审批流程、资金使用控制等提供了客观依据，确保内部控制在资金流动、资产管理、项目投资等方面的精确性。通过成本管理数据，学校可以了解资金的去向，发现资金流动中的异常情况，并及时采取应对措施。

2. 成本数据的分析与反馈

成本管理不仅仅是核算成本，还包括对成本数据的分析与反馈。通过对历史成本数据的分析，学校可以发现不同部门或项目的成本趋势，进而为内部控制的优化提供数据支持。例如，某些项目的成本逐年增加，但产出并未显著提升，这时学校可以根据成本管理数据调整资源分配，降低无效支出。

通过成本管理中的数据积累，学校可以对不同时间段、不同项目的成本变化进行趋势分析。例如，通过对某项科研项目的成本分析，学校可以发现其成本结构的变化，并对项目的资金需求进行调整。成本管理提供的这些数据可以作为内部控制中的预警机制，帮助管理层提前发现潜在的成本超支问题。

成本管理的数据分析还可以为学校的年度预算编制提供依据。通过详细的成本核算和历史数据分析，学校可以更准确地预测下一年度的成本支出，并根据不同项目和部门的实际情况合理编制预算。这一过程能够确保预算编制的科学性与合理性，减少预算超支或资金使用效率低下的情况发生。

（二）内部控制为成本管理提供保障

1. 内部控制的核心职能

内部控制的主要职能是通过制度化管理确保资金使用的安全性、规范性和高效性。它通过对资金流动的全流程控制，防止资金使用中的违规操作、浪费和风险。这些规范化流程不仅提高了资金使用的透明度，还为成本管理提供了重要保障，确保成本核算的数据真实、可信。

通过内部控制，学校可以在资金使用的每一个环节进行严格的审批和监控，确保资金按计划用途使用。例如，在资金拨付前，内部控制会对资金申请进行多层审核，确保资金需求合理，并且符合预算规定。这样的流程化管理为成本管理提供了坚实的基础，避免了资金使用过程中的浪费和不当支出，从而确保成本核算数据的准确性。

成本管理中的一个重要挑战是如何防范资金使用过程中的风险，例如资金被挪用、重复支出或虚报成本。内部控制通过建立完善的审批、监控和审计流程，能够有效防止这些风险的发生。例如，内部控制可以通过对资金审批流程的层层把关，确保每一笔资金都得到合理使用，避免科研经费或教学经费被挪作他用。这不仅减少了资金使用中的风险，还为成本管理提供了更加可靠的数据支持。

2. 内部控制推动资源优化配置

内部控制的另一重要作用是推动资源的优化配置。通过对资金流动、项目资金使用效率等方面的监控，内部控制可以帮助学校发现资源使用中的低效环节，并及时进行调整。这种资源配置优化不仅可以降低成本，还可以提高学校整体的运营效率。

通过内部控制的监控，学校可以识别出资金使用中的低效环节。例如，某些科研项目的资金投入过多，但实际产出有限，内部控制可以通过成本分析和风险评估，建议学校减少对这些项目的资金支持，避免无效支出。同时，内部控制还可以通过对项目资金使用的定期审查，防止项目资金被滥用或浪费，提高资源利用率。

内部控制在推动资源优化配置的同时，也能够提高资金的使用效率。通过规范化的资金审批流程，内部控制确保资金能够及时、准确地拨付到需要的项目和部门，从而避免资金延误或资金浪费。例如，在教学设备的采购过程中，内部控制可以确保采购流程的透明化和规范化，避免设备重复采购或高价采购，从而降低运营成本。

（三）两者的共同目标

1. 提高资金使用效率

成本管理和内部控制的最终目标都是提高高校的资金使用效率。通过精确的成本核算，成本管理能够帮助学校了解每项支出的具体成本，并通过历史数据分析提出优化资金使用的建议；内部控制则通过严格的审批、监控和审计流程，确保资金按计划用途合理使用，防止资金浪费和不当支出。

（1）优化资金分配。成本管理和内部控制的协作有助于高校在资金分配过程中更加合理、精准。成本管理提供的历史成本数据和资金使用效率分析为学校的资源分配决策提供了重要依据，而内部控制确保资源分配过程中的合规性和透明度，防止资金使用中的违规现象。例如，在新学年预算编制时，学校可以根据成本管理的数据分配更多资金给产出高、效益好的项目，而减少低效项目的资金支持。

（2）提高项目资金使用效益。通过成本管理的反馈数据，学校可以评估各类项目的资金使用效益，并根据内部控制的监控和审计结果，调整项目资金使用计划，确保项目能够在有限的资金支持下实现最佳效果。通过这种资金使用效率的提升，学校可以在不增加总预算的情况下实现更多的科研成果、教学提升和设施改善。

2. 降低运营成本

成本管理和内部控制的另一个共同目标是降低高校的运营成本。通过详细的成本核算，成本管理能够发现资金使用中的不合理支出或无效支出，并提出降低成本的建议；内部控制则通过对资金使用过程中的监控和风险防范，减少资金浪费和不当使用，从而降低整体运营成本。

（1）成本节约与资源节省。通过成本管理的数据分析，学校可以发现哪些环节的成本可以通过流程优化或资源整合实现节约。例如，教学资源的共享、行政流程的简化等措施都可以通过成本分析得出具体的节约效果。内部控制则可以通过规范采购、审批等流程，确保这些节约措施在实施过程中得到严格执行，避免节约目标的流失。

（2）减少财务风险导致的损失。财务风险是导致高校运营成本增加的一个重要因素。内部控制通过对资金流动、资产管理、项目投资的风险监控，及时发现并防范潜在风险，避免因资金使用不当导致的财务损失。例如，内部控制可以通过实时监控科研经费的使用，防止资金被挪作他用或滥用，从而减少资金浪费和潜在的法律责任。

3. 提升管理效能

最终，成本管理和内部控制的协作能够大幅提升高校的整体管理效能。通过成本管理提供的详细数据和内部控制的流程规范，学校可以更加清晰地了解各类资金和资源的使用状况，并通过优化管理流程和资源配置，实现更高效的管理。

（1）数据驱动的决策支持：成本管理为学校管理层提供了数据支持，帮助管理者做出更为科学、理性的决策。例如，通过成本分析，管理层可以清楚地看到每个项目的成本构成和资金使用效率，从而根据实际情况调整项目投入。这种数据驱动的决策不仅提高了学校的管理效能，也提高了资金的使用效果。

（2）流程优化与管理改进：内部控制通过对各类流程的规范化管理，提升了学校的管理效能。例如，通过简化资金审批流程和采购流程，内部控制不仅提高了资金拨付的效率，也减少了管理流程中的冗余步骤，从而提升了整体管理效率。

二、协同发展的实现路径

在高校财务管理与创新研究中，成本管理与内部控制的协同发展是实现高效、透明、可持续发展的关键。通过信息化平台的搭建、全流程成本管控的实施以及数据共享与动态监控的优化，高校可以实现成本管理和内部控制的有机结合，提高资金使用效率，降低运营成本，并提升整体管理效能。

（一）信息化平台的搭建

1. 信息化平台的必要性

随着高校规模的不断扩大和管理复杂度的增加，传统的手工操作已经难以满足现代高校财务管理的需求。因此，信息化平台的搭建成为推动成本管理与内部控制有机结合的有效手段。通过信息化平台，成本数据和财务流程可以实现自动化处理，数据共享更加高效，管理层能够实时掌握学校的财务状况，并迅速作出调整和优化决策。

信息化平台能够将成本管理与内部控制的各项职能集成到一个统一的系统中，涵盖成本核算、预算管理、审批流程、资金监控等多个模块。通过这一平台，各部门能够快速、准确地获取成本数据，并在系统中完成资金审批和审计工作，确保内部控制制度的有效实施。这样，成本管理与内部控制不再是分散的独立模块，而是有机结合的管理体系，能够相互支撑，共同提高管理效率。

信息化平台还能够自动化处理繁杂的财务流程，例如资金审批、预算调整、报销处理等，减少了手工操作带来的误差和延误。通过系统的实时更新，成本数据能够快速反馈到相关部门，实现数据共享和协同管理。管理层通过信息化平台的实时监控，可以即时掌握学校的成本使用情况和内部控制的执行效果，并根据数据作出相应的调整决策。

2. 提升透明度与执行效率

信息化平台的搭建还能够显著提升高校财务管理的透明度和执行效率。通过数字化的成本管理与内部控制流程，学校的财务管理变得更加公开透明，减少了人为干预和不合规操作的风险。同时，信息化平台提供的实时监控功能，也能够大幅提升管理效率。

通过信息化平台，高校的财务数据和成本数据能够在全校范围内进行公开透明的共享。各级管理人员可以通过系统查看成本开支情况、资金流动情况以及内部控制执行情况，确保每一笔资金使用都能够被监控和审计。例如，科研经费的使用情况可以通过平台向项目负责人、财务部门和审计部门同步显示，确保资金按规定用途使用，防止资金被挪用。

通过信息化平台，资金审批流程和预算调整流程可以实现自动化处理，大大提升了审批的速度和效率。同时，平台的监控功能能够实时跟踪资金使用和成本管理的进展，发现异常情况后自动发出警报，提醒相关部门及时处理。这一过程不仅提高了内部控制的执行效率，也增强了对成本管理的监控效果。

（二）成本管控的全流程管理

1. 全流程成本管控的必要性

高校的成本管理涉及多个领域，包括教学、科研、行政、基础设施等，成本管控的全流程管理是确保各项活动资金使用高效、合规的关键。通过在每一个环节中嵌入成本控制和内部审计，学校可以更好地掌握各项活动的成本支出情况，并通过数据分析优化资源配置。

在教学活动中，成本管理和内部控制的嵌入能够帮助学校优化教学资源的配置，避免教学资源的浪费。例如，通过对教学设备采购成本、教师工资、课程设置的成本核算，学校可以清楚了解各类课程的实际开支，并根据学生人数、课程需求合理分配资金。在成本控制的基础上，内部审计能够对教学资源的使用情况进行定期审查，确保教学经费的合规性和高效性。

科研活动是高校的重要组成部分，但科研经费的管理难度较大，涉及多个项目和资金来源。通过在科研环节中嵌入成本控制，学校可以通过成本核算了解每个科研项目的资金使用情况，并根据项目进展调整经费分配。内部审计则能够确保科研经费的使用符合相关规定，防止资金挪用或超支。例如，科研项目的设备采购、实验材料费用等都需要经过成本控制和审计，确保经费得到有效利用。

2. 行政管理中的成本控制与审计

行政管理是高校运营的核心部分，也是成本控制和内部审计的重点环节。通过在行政管理中嵌入成本管控，学校可以有效控制办公费用、人员开支、行政事务费用等，减少不必要的开支。

在行政管理中，通过成本控制对办公设备采购、人员工资、行政事务等进行详细的成本核算，可以帮助学校精确掌握行政开支，并根据实际需求优化资金使用。例如，学校可以根据不同部门的实际需求合理采购办公设备，避免出现重复采购或设备闲置的现象，降低行政成本。同时，内部审计可以定期审查行政费用的使用情况，确保开支合理、合规。

基础设施建设是高校运营中的重要部分，成本控制和内部审计在此环节的作用尤为突出。通过成本控制，学校可以对基础设施建设项目的成本进行精准核算，并对项目进展中的资金使用情况进行实时监控。内部审计则能够审查项目资金是否按计划使用，防止资金滥用或工程预算超支。

（三）数据共享与动态监控

1. 数据共享的必要性

在高校财务管理中，成本数据与内部控制流程的紧密结合是实现协同发展的关键。通过数据共享，各部门可以快速、有效地获取成本数据和财务数据，帮助管理层做出及时决策。数据共享的机制能够大幅提升管理效率，确保内部控制与成本管理的无缝对接。

通过信息化平台，各部门能够实时共享成本数据和资金使用情况，确保信息的透明和可追溯性。例如，财务部门、科研管理部门、教学部门和审计部门可以通过数据共享机制，快速获取各类成本开支的实时数据，帮助他们在预算管理、资金审批和审计过程中做出科学判断。此外，数据共享机制还可以帮助学校形成统一的财务数据库，避免各部门间的数据孤岛问题。

成本数据与内部控制流程的紧密结合，为管理层的决策提供了强有力的支持。通过实时的数据共享和分析，管理层能够更清晰地了解各项活动的资金使用情况，并根据数据调整资源配置。例如，某个科研项目的资金出现超支预警，管理层可以根据实时数据分析做出资金调配的决定，避免项目因为资金短缺而中断。通过这种数据驱动的管理方式，学校能够在成本管理和内部控制的互动中优化整体决策过程。

2. 动态监控与实时调整

动态监控是确保成本管理与内部控制有效结合的另一个关键环节。通过实时监控成本数据和资金流动情况，学校可以及时发现管理中的问题，并根据数据作出相应的调整和优化。

通过信息化平台，学校可以搭建实时成本监控系统，跟踪各类成本的变化趋势和资金流动情况。该系统可以对项目资金的使用进度、预算执行情况进行全方位监控，确保资金使用透明、高效。例如，学校可以通过动态监控系统实时查看科研项目的设备采购情况，确保采购过程符合预算规定，并根据实际需求调整采购计划。

动态监控不仅可以发现管理中的问题，还能够为管理层提供调整策略的依据。例如，通过对教学成本的动态监控，学校可以发现某些课程的开支超出预期，进而重新评估该课程的必要性并调整资金分配。动态监控还可以帮助学校快速应对突发情况，例如，在面对外部经济环境变化时，学校可以根据实时的成本数据调整财务管理策略，确保资金安全和运营稳定。

第七章　高校资金风险管理与预警机制

高校资金风险管理与预警机制是确保高校财务安全与稳定运营的重要环节。随着高校资金来源的多元化和资金管理的复杂化，如何有效识别、评估并应对财务风险，成为高校财务管理中的关键课题。资金风险管理不仅需要对资金流动、负债率、流动性等关键财务指标进行监控，还应构建科学的预警机制，及时发现潜在的财务危机。通过信息化手段和大数据分析，高校可以建立动态的风险监测系统，实现对资金使用和资产管理的实时跟踪与评估。一旦出现财务异常，预警机制能够迅速反馈并采取应对措施，降低风险发生的可能性。高校资金风险管理与预警机制的构建，有助于提高高校应对外部经济波动和内部资金流动风险的能力，确保学校的财务可持续发展。

第一节　高校资金风险的来源与种类

一、高校资金风险的概述

高校资金风险是高校财务管理中一个不可忽视的重要问题。作为社会公共资源的重要承载体，高校不仅面临着日常运作和发展的大量资金需求，还需要应对资金来源复杂多样、用途广泛等现实情况。因此，高校财务管理中的资金风险问题具有其特殊性，亟须通过科学有效的风险管理机制进行应对。

（一）资金风险的定义与特征

1. 资金风险的定义

资金风险是指资金管理过程中，资金流动的不可预测性可能导致财务危机、经济损失或管理失控的一系列不确定因素。这种风险可能表现在资金短缺、资金使用不当或资金周转不畅等方面。资金风险不仅会影响机构的短期运作，还可能对长期发展战略产生重大影响。在高校的财务管理中，资金风险特别突出，尤其是在面对日益增长的资金需求和多样化的资金来源时，高校必须能够有效预见并防范这些风险。

资金短缺风险是最常见的资金风险之一。高校的资金来源具有不确定性，尤其是政府拨款、科研经费和社会捐赠等外部资金来源。资金不足可能导致项目中断、日常运营困难等问题。如果高校在短期内无法获得充足的资金支持，可能会出现无法按时支付教职工工资、延迟科研项目等情况。

资金使用不当是指资金在流动或分配过程中未按照预算规划或既定用途使用，导致资金浪费或项目失败的情况。例如，某些科研经费被挪用或教学设施建设资金被无效使用，这些情况不仅会影响项目本身的进展，还会对学校的财务状况和社会信誉产生负面影响。

资金周转不畅主要指高校的收入与支出不匹配，导致短期内的流动资金不足。这种风险可能由收入延期、项目进度拖延或不可预见的额外支出等因素造成。一旦资金周转出现问题，学校可能面临无法及时支付运营费用、项目停滞或资金链断裂的危机。

2. 资金风险的特征

高校资金风险的特征主要包括不确定性、复杂性和潜在损失性。首先，资金风险具有高度的不确定性，尤其是在外部经济环境、政策变化、社会捐赠等因素影响下，高校的资金流动经常存在不稳定因素。其次，资金风险的复杂性体现在资金来源多样、用途广泛，各类项目资金的管理流程复杂，需要跨部门的协同管理。最后，资金风险一旦发生，可能导致学校在财务上遭受直接损失，同时在教学、科研等核心业务上受到长期影响。

（1）不确定性。由于高校资金的多元化来源，资金流动的稳定性难以完全掌控。外部政策变化、科研经费的审批和分配过程、社会捐赠的波动等因素都会影响资金的获得和使用。资金的不确定性使得高校必须具备一定的资金储备和灵活的资金调配机制，以应对不可预测的风险。

（2）复杂性。高校的资金管理涉及多个部门和多种用途，包括教学、科研、基础设施建设、后勤服务等。这些资金用途往往具有不同的管理流程和合规要求，增加了资金管理的难度。此外，不同资金来源（如政府拨款、企业捐赠、科研经费）通常附带不同的使用条件和限制，资金管理者需要确保这些条件得到严格执行，以避免违规操作。

（3）潜在损失性。一旦资金风险发生，高校可能面临严重的财务损失。例如，科研项目因资金链断裂导致无法按时完成，可能会影响到学校在科研界的声誉，进而减少未来获得科研经费的机会。此外，资金管理不善可能会引发公众对学校管理能力的质疑，损害学校的社会形象，影响招生和社会捐赠的积极性。

二、政策变动带来的资金风险

高校资金管理不仅受到市场经济环境的影响，更直接受到国家政策的左右。国家财政政策、学费政策、科研经费管理政策以及教育管理体制改革等多方面的政策变化，都会对高校的资金流向、资金管理方式以及整体预算管理产生深远影响。这些政策的调整可能导致资金的不稳定，增加财务管理的复杂性，从而给高校的长期财务规划带来风险。

（一）国家财政政策变动对高校拨款的影响

1. 国家财政拨款对高校的重要性

国家财政拨款是许多高校特别是公立高校的主要资金来源，决定了高校的日常运营、基础设施建设、科研项目和教学活动的顺利开展。因此，国家财政政策的变化直接影响到高校的资金充足性和财务稳定性。政府财政状况良好，教育经费增加时，高校可能会获得更多的拨款以支持教学和科研活动；财政紧缩或政策调整时，高校的资金来源可能会受到影响。

国家的财政政策受多种因素的影响，如国家经济增长速度、财政收入状况、政府优先投资领域的调整等。高校作为公共事业的组成部分，其资金拨款也受到宏观财政政策波动的影响。当国家进行财政紧缩，或将更多的财政资源投向其他领域时，教育领域的拨款可能会减少，导致高校在资金分配和使用上面临困境。对于依赖政府拨款运营的高校而言，这种资金的减少可能会影响教学质量、科研进展甚至基础设施的建设。

高校必须应对国家财政政策变动带来的资金风险。由于拨款的波动性，学校在编制年度预算和中长期财务规划时，可能无法准确预测未来的资金流入。财政拨款减少时，学校可能不得不缩减开支，削减科研经费、降低员工福利，甚至推迟重要的基础设施建设项目。此外，拨款的不稳定性还可能影响到学校的长期战略发展，例如扩大招生规模、提升教学质量等目标的实现难度将加大。

2. 政策变化对特定项目拨款的影响

政府通常会根据不同的教育政策重点，对特定项目进行专项拨款。政策变化往往意味着资金流向的调整，这些调整可能会给高校带来机遇或挑战。例如，"双一流"政策的推行推动了部分高校获得大量的专项资金支持，带动了这些学校的快速发展，而对基础教育、职业教育的政策倾斜可能意味着一些高校的科研经费或教学经费减少，影响其整体资金流入。

（二）学费政策、科研经费管理政策的调整带来的风险

1. 学费政策调整对高校收入的影响

学费收入是高校政府拨款外的重要资金来源，尤其是自筹资金比例较高的学校，学费收入是保持其日常运营和教学质量的重要保障。因此，学费政策的调整无疑对高校的财务管理产生直接影响。国家在调控学费标准时，需要在保障教育公平和高校资金需求之间取得平衡，但对于依赖学费收入的高校来说，这一平衡的任何调整都可能带来显著的财务风险。

为了确保教育公平和抑制高等教育成本的增长，国家在调整学费政策时，通常倾向于限制学费的上涨幅度。然而，学费收入的增长有限可能与高校资金需求的增长不匹配，特别是在高校扩招、扩大基础设施建设和提升教学质量的背景下，高校的资金需求不断增加，学费收入的增长受限可能导致高校出现资金不足的局面。此外，学费上涨过快可能引发社会对教育公平性的质疑，增加高校的社会压力。

国家根据不同的经济形势和教育需求，可能会定期调整学费标准。例如，在经济下行时期，政府可能要求高校暂缓或减少学费上涨，甚至对部分学科实施学费减免政策。这种动态调整虽然可以减轻学生和家庭的经济压力，但也可能使高校的学费收入增长陷入停滞。高校在面对学费政策调整带来的不确定性时，需要通过拓展其他收入来源或优化成本控制来应对财务风险。

2. 科研经费管理政策调整带来的风险

科研经费管理政策的调整直接影响到高校科研活动的顺利开展。近年来，国家对科研经费的管理越来越严格，要求科研经费必须专款专用，并强化对经费使用的审计和监督。科研经费管理政策的调整带来了更高的资金使用合规性要求，同时也增加了高校在科研经费管理中的财务风险。

国家对科研经费管理的政策调整，通常要求高校严格遵守科研经费使用规定，包括经费用途、报销流程和资金分配的合规性。这种严格的管理政策虽然有助于防止科研经费被滥用，但也增加了高校科研管理的复杂性。如果科研人员或管理部门在经费使用中出现违反规定的情况，可能会导致项目资金被冻结、科研活动停滞，甚至影响学校的信誉和后续科研经费的申请资格。

随着国家对科技创新的重视，科研经费的分配政策也可能发生调整。例如，更多的科研经费可能会向国家重点科研项目、跨学科创新研究或特定的战略性新兴产业倾

斜。这种政策调整可能使某些传统学科或基础研究领域的科研经费减少，进而影响到这些领域的研究进展和学科发展。对高校而言，科研经费分配的不确定性增加了其在科研经费管理中的财务风险，特别是资金来源较为单一的科研型院校。

(三) 教育管理体制改革对资金流向和预算管理的影响

1. 教育管理体制改革对高校财务管理的影响

教育管理体制的改革往往意味着资金流向和预算管理方式的调整。近年来，随着中国高等教育领域的改革不断深入，政府在高校预算管理中的角色逐渐从直接管控转向宏观调控，这种转变为高校带来了更多的资金管理自主权，但同时也伴随着更高的财务管理要求和风险。

教育管理体制改革通常涉及资金分配方式的变化。例如，政府可能会从"拨款制"向"竞争性经费"转变，这意味着高校必须通过提高科研质量、申请更多的项目资金来获得拨款。这种竞争性经费制度一方面激励了高校提升科研能力，另一方面也增加了资金来源的不确定性，可能导致一些科研实力较弱的高校面临资金短缺的风险。

随着教育管理体制改革的推进，高校的财务管理自主权不断增强，学校有更多的权力自行决定资金的分配与使用。这种自主权的增加给高校带来了更大的资金调配灵活性，有助于提升资源配置的效率。然而，自主权的增加也伴随着更大的财务管理风险。如果高校的资金规划不合理或管理不善，可能导致资金浪费或项目超支，进而影响学校的整体财务健康。

2. 预算管理的改革与资金风险

随着教育管理体制改革的深化，高校的预算管理方式也在不断调整。政府在高校预算管理中的宏观调控作用越来越突出，强调绩效考核和资金使用效益。这种改革虽然有助于提升高校资金使用的效率，但也对高校的预算编制和资金管理能力提出了更高的要求。

近年来，国家逐渐推行基于绩效的预算管理模式，要求高校在预算编制过程中结合资金使用效益进行调整。具体来说，政府对高校的拨款不仅取决于学校的历史表现，还要考虑其资金使用效率和科研产出。这种基于绩效的预算管理模式虽然可以提升资源分配的科学性，但对预算执行不力或管理能力不足的高校而言，可能面临资金减少的风险。

教育管理体制改革后，高校的预算管理精细化要求不断提高。学校需要通过精准的成本核算和资金规划，确保资金使用效益最大化。例如，基础设施建设、科研项目和教学投入等领域的预算需要更加透明和合理，以确保资金的高效利用。预算管理的精细化要求增加了高校的财务管理负担，同时也带来了资金管理中的潜在风险。

三、收入结构不平衡引发的风险

高校的财务管理在一定程度上依赖于收入结构的合理性和平衡性。收入来源多样化是高校财务健康发展的基础，然而，一旦收入结构失衡，高校可能面临一系列财务管理风险。过度依赖某一特定收入来源，如政府拨款、学费收入或科研经费，可能会导致资金的不稳定性，从而对学校的长期财务规划和运营产生不利影响。

（一）政府拨款依赖度过高，社会资金和自筹资金来源不足

1. 政府拨款依赖的风险

高校特别是公立高校，在很大程度上依赖于政府拨款来支持教学、科研和基础设施建设。然而，过度依赖政府拨款会带来财务上的脆弱性，因为国家的财政政策、经济形势和教育优先级的变化都可能影响政府对高校的资金投入。一旦政府拨款减少，特别是当拨款无法满足高校的资金需求时，学校可能面临资金短缺、运营困难等问题。

政府的财政拨款是高校的主要资金来源之一，但这种拨款易受到国家整体财政政策的影响。例如，当国家面临财政紧缩或将更多资源投入到其他优先领域时，高校的拨款可能会被削减。这种政策波动导致的拨款减少，直接影响到学校的日常运营和长期发展规划，特别是在扩展科研、改善教学设施和基础设施等资金需求旺盛的时期，拨款的减少会加大财务压力，迫使高校削减项目或推迟关键计划的实施。

过度依赖政府拨款的高校往往缺乏足够的自筹资金渠道，当政府拨款减少时，自身的财务弹性不足，难以通过其他途径弥补资金缺口。许多高校在拓展社会资金和自筹资金方面的能力相对薄弱，如社会捐赠、校友基金、企业赞助等资金来源有限，导致其在应对拨款减少时难以维持资金流动的稳定性。这种收入来源单一化的状况进一步加大了财务风险，使得高校在面对政府拨款波动时，无法灵活调整资金来源，导致运营困境。

2. 社会资金和自筹资金来源不足

社会资金和自筹资金是高校实现财务可持续发展的重要组成部分，特别是在政府拨款不足时，社会资金的支持显得尤为重要。然而，许多高校在吸引社会资金和自筹资金方面存在较大不足，导致资金来源过于依赖政府和学费收入。

校友捐赠和社会捐赠是许多国际知名高校的主要资金来源之一，然而，在国内许

多高校中，这一部分资金的比重相对较低。原因在于高校与校友、社会各界的互动机制不够完善，缺乏有效的沟通渠道和长期的捐赠激励机制，导致捐赠额度不足。捐赠资金不足意味着学校在资金筹措方面的弹性较小，一旦其他资金来源减少，无法通过捐赠弥补缺口，增加了资金流动性风险。

自筹资金如校办产业、合作项目和社会服务收入等也是高校资金的重要补充。然而，许多高校在这些方面的自筹能力有限，校办产业规模较小，缺乏盈利能力，或者产业结构单一，导致收入来源不稳定。此外，部分高校对市场运营的把控能力不足，校办产业管理不善，未能实现良好的经济效益，反而增加了财务管理中的风险。因此，社会资金和自筹资金来源不足进一步加剧了收入结构的不平衡，限制了高校在面对财务压力时的应对能力。

（二）生源减少或政策调整引起的收入下降

1. 生源减少对学费收入的影响

学费收入是高校的重要收入来源，尤其是自筹资金比例较高的高校，学费收入占有相当大的比例。然而，随着人口结构的变化、区域经济发展不均衡，生源数量的减少可能直接影响到高校的学费收入。如果高校在收入结构中过度依赖学费收入，一旦生源减少，可能会引发严重的资金流动性问题。

随着出生率下降和人口老龄化的加剧，一些地区的适龄学生人数正在逐步减少，导致生源紧缩，进而影响高校的招生规模。这种生源减少的趋势对依赖学费收入的高校来说是一个严峻的挑战。生源的减少意味着学费收入下降，特别是在地方性高校和区域内竞争激烈的高校中，生源减少带来的学费收入下降可能直接导致学校资金链紧张，影响教学和科研投入。

在经济欠发达地区，高校的招生往往面临较大的压力，学生家庭的经济能力限制了学费支付能力，这也导致了学费收入的不稳定。即便在一些经济较为发达的地区，生源竞争激烈，也可能导致高校招生数量波动，进而影响学费收入的稳定性。学费收入的下降不仅会影响学校的日常运营，还会限制学校在人才引进、设施升级等方面的投入，长期来看可能削弱学校的竞争力。

2. 政策调整对学费收入的影响

除了生源减少，学费政策的调整也可能带来学费收入的不确定性。政府为了保障教育公平和抑制学费上涨过快，可能会限制高校上调学费的幅度，这种政策限制虽然能减轻学生的经济负担，但也会导致高校学费收入的增长幅度受限，尤其是在运营成本不断上升的情况下，学费收入增长受限将进一步加剧高校的财务压力。

政府可能会对学费标准进行调控，以确保教育公平和可负担性。例如，在一些地区，政府可能通过政策限制高校上调学费的幅度，特别是对公立高校进行学费价格管制。在这种情况下，学费收入的增长速度将无法跟上高校运营成本的上升速度，尤其是教师薪酬、设备维护和基础设施建设等方面的开支逐年增加。如果高校无法通过学费收入增长弥补这些成本，可能会陷入财务困境。

为了扶持经济困难学生或鼓励特定领域的人才培养，政府或高校可能实施减免学费政策。这种政策虽然能够提高教育的公平性，但也可能导致学费收入的减少，尤其是在生源数量本就有限的情况下，学费减免带来的收入下降将直接影响学校的财务健康。例如，一些高校为吸引优质生源或支持贫困学生，实施大幅学费减免政策，虽然有助于提高社会声誉，但同时也可能加剧财务压力，影响学校的长期发展规划。

（三）过度依赖科研经费与校办产业收入带来的资金流动性风险

1. 科研经费依赖的风险

科研经费是高校的重要资金来源之一，尤其是在研究型高校中，科研经费不仅支持着学术研究和创新活动，也在很大程度上影响着学校的整体财务状况。然而，过度依赖科研经费的高校也可能面临资金流动性风险，因为科研经费通常具有较强的项目专用性，且资金到位时间不确定。

科研经费的使用具有严格的规定，需要专款专用，且受到政府或资助机构的监管。虽然科研经费能够支持科研项目的开展，但其专款性质意味着这些资金不能用于弥补学校的日常运营费用或其他项目资金。因此，如果高校过度依赖科研经费，一旦科研项目结束或资金拨付延迟，学校将面临日常资金短缺的风险，无法依靠科研经费来维持整体的资金流动性。

科研经费的获得通常具有不确定性，高校必须通过申请竞争性科研项目来获取资金。然而，科研项目的审批流程较长，且资金拨付存在不确定性。科研项目的竞争性增加了资金来源的不稳定性，尤其是在国家科研经费分配结构调整或政策变化时，高校可能无法获得预期的科研经费，从而影响整体的资金流动。

2. 校办产业收入的风险

校办产业是许多高校自筹资金的重要来源之一。然而，过度依赖校办产业的高校同样面临资金流动性风险，特别是在校办产业经营效益不佳或受到市场波动影响时，校办产业收入的不稳定性可能对学校的财务状况带来不利影响。

校办产业作为高校自筹资金的重要途径，其运营成果往往受到市场环境的影响。市场波动、行业政策调整或经营管理不善都可能导致校办产业收益下降，甚至出现亏损。例如，一些高校的产业依赖于传统制造业或受到政策限制较大的领域，当行业市场下滑或政策调整时，校办产业的盈利能力可能大幅下滑，导致收入锐减。如果高校过度依赖这些产业收入，将难以应对资金短缺的风险。

校办产业的过度发展可能与高校的学术使命发生冲突，影响其长远发展。例如，为了提高产业收益，部分高校可能将资源过多地倾向于产业运营，而忽视了教学、科研等核心任务。这种发展模式可能会在短期内增加收入，但从长期来看，可能削弱学校的学术影响力和品牌价值，甚至影响到未来的社会捐赠、科研经费申请和招生情况。

四、资金管理不善导致的风险

在高校财务管理中，资金管理不善不仅会影响学校日常运营，还会对长期发展和财务健康产生重大风险。资金管理中的不规范行为、预算执行中的资金浪费与效率低下，以及资金分配不合理导致的使用不当和效益下降，都可能给高校的财务状况带来负面影响。这些问题不仅涉及资金安全，还影响学校的公共形象和社会信誉。

（一）资金管理中的不规范行为

1. 违规操作与资金挪用的风险

高校作为公共资源的管理者，财务管理的透明度和合规性备受社会关注。然而，资金管理中的不规范行为，例如违规操作和挪用公款，可能会严重影响学校的资金使用安全。违规操作通常表现为资金流动不透明、审批流程不规范、未按照预算执行等行为，而挪用公款则指将专项资金或特定用途的资金用于其他不相关的项目或开支。

资金管理中的违规操作，诸如不按规定程序审批资金、私自调整预算、未经授权转移资金等行为，直接威胁高校的资金安全。这些操作通常缺乏透明度和监管，容易滋生腐败和资金浪费。此外，一旦违规操作曝光，可能引发社会舆论，导致学校声誉受损，甚至影响到未来的资金支持。例如，科研经费被用于其他开支，可能会导致相关项目无法按计划推进，影响学校的科研成果和学术声誉。

挪用公款在高校时有发生，特别是在科研项目、基础设施建设和专项资金管理中。一些高校将专项经费挪作他用，如将科研经费用于日常运营开支或将政府拨款用于非预算项目。这样的行为不仅违反了资金使用规定，也可能导致项目进展停滞或资金使用效率下降。此外，一旦被审计机构发现，学校可能面临罚款、资金撤回，甚至法律责任，进一步加剧财务风险。

2. 内控制度的缺失或执行不力

资金管理中的违规操作和挪用公款通常与内部控制制度的缺失或执行不力有关。高校财务管理的内控制度旨在确保资金流动的透明性和合规性，如果制度设计不完善，或在实际执行中流于形式，将增加资金管理中的违规风险。

资金审批流程的不完善是导致资金违规操作的主要原因之一。如果高校的资金审批流程不严格，缺乏多层次的审核机制，可能导致资金流动未经充分审查而被滥用。例如，某些项目资金未经充分的需求评估就被拨付，或者没有严格的审计流程，可能导致资金在使用过程中被挪用或浪费。

内审机制是确保资金管理透明的重要工具，但许多高校的内部审计体系不健全，或审计力度不足，使得违规操作难以被及时发现和纠正。内审机制的缺失使得资金使用中的不规范行为得不到及时处理，导致资金流动中的风险不断积累，最终可能引发严重的财务危机。

（二）预算执行中的资金浪费与效率低下

1. 预算编制与执行的脱节

高校的预算编制通常是基于财务规划和未来支出预期进行的，但在实际执行过程中，预算往往与实际需求脱节，导致资金浪费和使用效率低下。这种脱节可能表现为资金投入与项目需求不匹配、预算调整不及时、未能根据实际情况优化资金使用等。

在预算编制阶段，高校往往会面临多个资金需求的竞争，如科研项目、教学设施建设、校园运营等。如果资金分配不合理，某些项目可能会获得超出实际需求的资金支持，而另一些重要的项目却资金不足。例如，某些行政开支的预算可能过高，而教学设备或科研经费却得不到足够的支持，这种资金分配的不合理性直接影响到学校整体资源配置的效率。

预算编制往往基于预期的需求和市场状况，但在实际执行过程中，外部环境和项目进展可能发生变化，导致资金需求和实际支出之间产生偏差。如果预算调整不及时，可能导致资金浪费或项目进展受阻。例如，某些项目的资金需求增加，但由于预算未能及时调整，导致项目进展停滞或无法按期完成，而其他项目的资金却因分配不当被闲置或浪费。

2. 资金使用效率低下

预算执行过程中，资金使用效率低下是高校财务管理中的另一个重要问题。资金使用效率低下通常表现为资金未能用于最需要的地方，或者资金投入未能产生预期效益。资金效率低下不仅影响学校的资金周转和使用效益，还可能导致项目成果不佳，进而影响学校的整体发展。

许多高校在科研项目和基础设施建设中存在项目管理不善的问题，导致资金浪费或项目延期。例如，在科研项目中，资金可能被用于低效的设备采购或冗余的实验材料，而未能充分支持科研成果的产出。同样，在基础设施建设中，施工延误、成本超支等问题也会导致资金使用效率低下，影响项目的按时完成和学校的资金周转。

资金沉淀是指资金未能及时使用或未能按计划投入使用，导致资金闲置的现象。这在高校的科研经费、基础设施建设基金或专项拨款中较为常见。例如，某些科研项目由于进展缓慢，资金无法按期投入，而其他亟须资金支持的项目却得不到拨款。这种资金沉淀现象不仅浪费了有限的财务资源，还影响了学校整体资金使用的效益。

（三）资金分配不合理导致资金使用不当和效益下降

1. 资金分配的盲目性与不均衡性

高校的资金分配往往涉及多个利益相关方和不同的项目需求，但资金分配中的盲目性和不均衡性可能导致资金使用不当，进而影响资金的实际效益。一方面，资金分配过于集中在某些领域或项目上，可能导致其他重要领域的资金短缺；另一方面，资金分配的标准不明确，可能导致资源配置偏离学校的战略目标。

某些高校在资金分配中，可能会将大量资金集中投入到某些特定领域或项目上，而忽视了其他同样重要的资金需求。例如，某些学校在科研项目上投入了大量的资金，但在教学设施、校园安全或学生服务方面的投入相对不足，这种过度集中的资金分配模式虽然短期内可以推动某一领域的发展，但从长期来看，会导致学校整体资源配置的失衡，影响学校的综合竞争力。

资金分配的标准不明确是导致资源配置不合理的另一个原因。某些高校在资金分配中，缺乏科学的评估机制，导致资金投入与项目需求脱节。例如，某些项目在立项时未经过充分的可行性评估，导致资金投入过多，项目效益低下；而一些急需资金支持的项目由于未能及时获得拨款，导致项目进展缓慢，影响整体的资金使用效益。

2. 资金使用效益下降的后果

资金使用不当和效益下降是高校财务管理中的一大风险，这不仅导致资金浪费，还影响到学校的发展和社会声誉。一方面，资金使用效益下降直接影响到项目的完成质量和产出；另一方面，这种情况还可能导致未来资金申请困难，影响学校的长期发展战略。

资金使用不当往往导致项目效益低下，无法产生预期的经济和社会效益。例如，某些科研项目虽然获得了大量的资金支持，但由于管理不善或研究方向偏离，项目未能按期完成，科研成果也未能及时转化为实际应用，导致资金投入的效益大幅降低。类似的情况还可能发生在基础设施建设项目中，资金使用效率低下导致项目进展缓慢，甚至无法完成预期建设目标，影响学校的教学和科研环境。

资金使用效益低下往往伴随着资金管理透明度不足的问题。如果资金流动缺乏透明度，项目的实际进展情况和资金使用情况难以被有效监控，可能导致资金浪费或被挪用。这不仅影响项目本身的效益，还会损害学校的公共形象，进而影响未来的资金申请能力。例如，社会捐赠和科研经费的分配如果缺乏透明度，可能引发捐赠者或资助方对学校管理能力的质疑，影响未来的资金支持。

第二节 高校资金风险的监控与防范

一、资金风险监控体系的构建

高校的资金管理面临着来自多方面的风险，包括收入结构失衡、支出效率低下、投资回报不稳定等。因此，建立全面的资金风险监控体系对于高校的财务健康至关重要。资金风险监控体系能够帮助高校识别、监控和防范财务管理中的潜在风险，确保资金使用的合规性和透明度，同时提升资金管理的效率。

（一）建立全面的资金风险识别与监控体系

1. 资金风险识别的重要性

在高校的财务管理中，资金风险贯穿于资金的获取、分配、使用和投资等各个环节。因此，建立全面的资金风险识别体系是确保财务管理稳健发展的关键。通过科学的资金风险识别机制，高校可以及时发现潜在的财务问题，采取有效的防范措施，避免风险扩散。

高校的收入来源多样，包括政府拨款、学费收入、科研经费、校办产业和社会捐赠等。在收入环节，风险主要表现为政府拨款减少、学费收入下降或校办产业收益波动等。高校需要通过风险识别体系，动态监测收入来源的变化，分析外部经济环境和政策变动可能对收入带来的影响。例如，学校可以对学费收入进行风险评估，预测生源减少或学费政策调整可能导致的收入下降，并提前制定应对方案。

高校在日常运营、科研投入和基础设施建设等方面的支出需要精细化管理。支出环节的风险包括预算执行不力、资金浪费、超支等。通过风险识别体系，学校可以监控各类支出的合理性和合规性，确保资金按预算计划使用。例如，学校可以通过建立支出预警机制，识别和防范科研经费超支、基建项目预算超标等风险，并对存在异常的项目进行及时干预。

许多高校通过投资获取额外收入，如金融产品、房地产或校办企业等。然而，投资环节的风险较高，尤其是在外部经济环境波动时，投资收益可能出现大幅波动。高校需要通过风险识别体系，分析投资项目的可行性、市场风险和政策风险，确保投资决策的科学性和资金的安全性。例如，在进行金融产品投资时，学校可以通过风险识别模型，评估市场波动可能带来的收益下降或资本损失风险，并根据评估结果调整投资组合。

2. 监控体系覆盖的全面性

资金风险监控体系的构建不仅要涵盖高校的所有资金流动环节，还应具有全面性和系统性，确保各类资金的使用过程透明可控。通过将资金风险识别和监控体系整合到日常财务管理中，学校可以确保在资金收入、支出和投资的各个环节实现全方位的风险管理。

资金风险监控体系应覆盖高校的所有收入来源，包括政府拨款、学费收入、科研经费、社会捐赠、校办产业收益等。对于不同的资金来源，监控体系应根据其风险特征设定不同的监控重点。例如，科研经费需要监控其专款专用情况，政府拨款则需要密切关注拨款的及时性和政策变化对拨款额度的影响。

支出环节是资金使用中的重要组成部分，资金风险监控体系应确保所有支出项目都能被及时、透明地监控。无论是教学科研支出、基础设施建设支出，还是日常运营费用，监控体系都应覆盖到每个支出细项，并确保所有支出都符合预算计划和资金使用规定。例如，对于基建项目的资金支出，监控体系可以通过逐步审计和进度评估，确保项目按计划推进，并及时识别和纠正资金浪费或超支问题。

（二）资金流向跟踪系统

1. 资金流向跟踪系统的必要性

高校的资金流动涉及多个部门、多个项目，资金的实时跟踪和监控对于防范资金使用中的不合规行为至关重要。资金流向跟踪系统能够通过全程监控资金的流入、流出和分配，确保每一笔资金都能被有效追踪，确保资金流动的透明度和合规性。

资金流向跟踪系统可以实现对资金使用的实时监控，帮助学校及时掌握各类资金的流动情况。例如，系统可以实时监控科研项目的资金支出情况，确保每一笔科研经费都用于规定的科研活动。如果系统发现资金被挪用于其他项目或资金支出超出预算，将会自动发出警报，提醒管理人员采取干预措施。这种实时监控机制不仅可以提高资金使用的合规性，还可以防止资金浪费和项目超支。

资金流向跟踪系统不仅可以监控资金的支出情况，还可以对资金的流入进行实时跟踪。例如，学校可以通过系统监控政府拨款、学费收入、社会捐赠等资金的到位情况，确保资金按时到账。一旦资金流入出现延误，系统可以发出预警，提醒财务部门采取应对措施。此外，资金流向跟踪系统还可以追踪校办企业和其他投资项目的收益流入情况，确保这些资金及时进入学校账户并用于预算计划中的项目。

2. 合规性管理的强化

资金流向跟踪系统还可以帮助学校强化资金使用的合规性管理。通过对资金流动的全程记录和监控，学校可以确保所有资金使用行为都符合财务管理规定和外部监管要求，避免违规操作和挪用资金的现象发生。

许多高校资金来源中，科研经费、专项拨款等都要求专款专用。如果资金被挪用于其他项目，将导致资金使用违规，影响项目进展甚至面临处罚。资金流向跟踪系统可以通过设定资金使用规则，确保每一笔专项资金都按照规定用途使用。例如，系统可以针对不同的科研项目设立独立账户，资金使用必须严格按照项目预算执行，并对每一笔支出进行详细记录，以确保资金的合规性。

资金流向跟踪系统可以与高校的内部审计和合规监督部门配合，提供全面的资金流动数据，帮助审计部门识别资金使用中的违规行为。例如，系统可以生成资金流动的详细报告，帮助审计人员分析各类项目的资金使用是否符合相关政策和规定。一旦发现问题，审计部门可以通过系统追踪资金流向，及时采取纠正措施，确保资金的合规性。

（三）通过信息化平台实现资金流动的透明化与自动化监控

1. 信息化平台在资金管理中的应用

随着信息技术的快速发展，信息化平台在高校财务管理中的应用越来越广泛。通过引入信息化平台，高校可以实现资金流动的透明化和自动化监控，提升资金管理的效率和安全性。信息化平台不仅能够整合各类财务数据，还能够提供实时监控和智能预警功能，帮助学校实现精细化的资金管理。

信息化平台能够将高校各部门的资金流动数据集成到一个统一的系统中，实现资金流动的透明化管理。例如，平台可以实时显示各类收入的流入情况、各个项目的资金使用进度，以及每笔支出的详细信息。通过这种透明化的管理，学校可以确保所有资金流动都处于可控范围内，减少资金使用中的不透明现象，防范资金浪费和违规行为的发生。

信息化平台能够通过智能化手段实现资金流动的自动化监控。例如，平台可以根据预算计划和资金使用规定，自动监控各类项目的资金支出情况。一旦发现资金使用超出预算或资金被挪用于非预算项目，系统将自动发出预警，提醒管理人员及时处理问题。自动化的资金监控不仅能够提高资金使用的合规性，还能够减少人为干预导致的资金风险，确保资金管理的高效性和安全性。

2. 数据分析与决策支持

信息化平台不仅能够提供实时的资金流动监控，还可以通过大数据分析和智能化技术，为学校的资金管理提供决策支持。通过分析资金流动历史数据和预算执行情况，信息化平台可以帮助学校预测未来的资金需求和风险点，优化资金分配策略，提高资金管理的科学性。

信息化平台可以整合高校的财务历史数据，帮助学校进行资金流动的趋势分析和风险预测。例如，通过分析过去几年科研项目的资金使用情况，平台可以预测未来科研经费的需求变化，提前做出预算调整。此外，平台还可以根据外部经济环境和政策变化，预测政府拨款、学费收入和社会捐赠的增长或减少趋势，帮助学校制订更加合理的财务规划。

信息化平台还可以通过智能化手段，为学校的资金管理提供决策支持。例如，平台可以根据不同项目的资金使用效率和收益表现，智能化推荐资金的最优分配方案，确保资源得到最大化利用。同时，平台可以结合风险评估模型，为学校提供资金使用中的风险评估和优化建议，帮助管理层做出科学的财务决策，降低资金管理中的不确定性。

二、内部控制在风险监控中的作用

高校财务管理中，内部控制在确保资金安全、优化资源配置、提升资金使用效率等方面发挥着至关重要的作用。通过强化内部控制体系，高校可以有效监控和管理资金风险，确保资金使用的合规性和透明性。内部控制不仅能够覆盖从资金审批、预算管理到支付流程的各个环节，还能够通过引入内部审计与定期风险评估机制，及时发现潜在风险，并通过信息化手段实现内部控制与风险管理的无缝对接。

（一）强化内部控制体系

1. 内部控制体系的构建与资金风险防范

内部控制体系是高校财务管理中防范资金风险的重要屏障。通过对资金审批、预算管理和支付流程的全面控制，内部控制体系能够确保资金流动的合规性、透明性，并最大限度地减少资金使用中的风险。具体来说，内部控制体系的强化主要体现在三个方面：资金审批的规范化、预算管理的精细化，以及支付流程的严格化。

（1）资金审批的规范化。资金审批是资金管理中的第一道防线，也是风险监控的关键环节。通过加强资金审批流程，高校可以确保每一笔资金的使用都有明确的审批记录和决策依据。内部控制体系应规定资金使用的审批权限和流程，确保资金申请、审批和使用过程中的透明性。例如，科研经费、基础设施建设资金等专项资金的使用，必须经过多级审核和审批，以防止资金被挪用或用于不符合规定的项目。通过规范化的审批流程，高校可以有效防范违规操作和不合规使用资金的风险。

（2）预算管理的精细化。预算管理是高校财务管理中的核心环节，通过精细化的预算编制和执行，学校可以确保资源的合理配置，并避免资金浪费或超支。内部控制体系应覆盖预算编制、预算调整和预算执行等全过程。例如，学校可以通过制订详细的预算计划，明确各部门、项目的资金需求和支出标准，确保预算的合理性和可行性。此外，内部控制还应包括预算执行过程中的监控，确保各部门和项目严格按照预算计划使用资金，并及时调整预算以应对变化的需求。

（3）支付流程的严格化。支付流程是资金实际流出的关键环节，也是内部控制中不可忽视的一部分。通过对支付流程的严格控制，学校可以确保资金在支付过程中不出现违规操作或资金流失。例如，学校可以通过多重授权制度，要求支付过程必须经过财务部门和相关项目负责人双重审批。此外，支付流程的电子化和信息化也可以提高资金支付的透明度和安全性，确保每一笔资金都能按时支付并准确记录。

2. 全方位覆盖资金流动的内部控制

强化内部控制体系不仅要关注单个环节的风险控制，还应实现对整个资金流动过程的全方位覆盖。通过建立覆盖全面的内部控制体系，学校可以确保所有资金活动都在受控范围内，从而最大限度地降低资金管理中的风险。

（1）涵盖不同资金来源和用途的控制。高校的资金来源和用途多样，涉及政府拨款、学费收入、科研经费、社会捐赠等不同类别的资金。内部控制体系应确保每一类资金都有相应的控制机制，确保资金使用合规。例如，政府拨款和科研经费的使用应严格按照国家和地方政策规定进行，学费收入则应根据学校的预算计划合理分配。通过分类控制，学校可以确保不同资金来源的使用合规透明。

（2）实时监控资金使用的有效性。内部控制体系应不仅关注资金的流出过程，还应通过持续监控资金的使用效果，确保资金使用的高效性。例如，学校可以通过定期审核和绩效评估，分析各类项目的资金使用情况，确保资金用于最需要的地方。对于资金使用效率较低的项目，学校可以通过预算调整或资金重新分配，优化资金使用效果，避免资源浪费。

（二）内部审计与定期风险评估机制的引入

1. 内部审计在风险监控中的重要作用

内部审计是高校财务管理中重要的监督机制，能够及时发现资金管理中的问题并提出改进建议。通过引入内部审计机制，学校可以加强对资金流动的监督和控制，确保资金管理中的合规性和透明度。内部审计不仅是对资金使用过程的审查，也是对内部控制体系执行情况的评估。

（1）定期审计与专项审计的结合。为了确保资金管理中的每一个环节都在受控范围内，内部审计应包括定期审计和专项审计两种形式。定期审计是指对学校所有资金活动进行定期检查，确保各类资金的使用符合预算计划和财务规定。专项审计则针对特定资金来源或项目，如科研经费或基础设施建设资金，进行重点检查，确保专项资金的合规使用。通过定期审计和专项审计的结合，学校可以全面掌握资金使用中的潜在风险，并及时采取措施进行改进。

（2）审计结果的反馈与整改。内部审计的目标不仅是发现问题，还在于通过审计反馈机制推动资金管理的改进。学校应建立有效的审计反馈机制，确保审计结果能够及时传达到管理层，并根据审计发现的问题制定整改措施。例如，审计发现某些项目的资金使用效率低下或资金流动中存在不合规行为，管理层应根据审计建议优化资金使用流程，并通过加强内部控制减少未来类似问题的发生。

2. 定期风险评估机制的引入

风险评估机制是内部控制体系中的重要组成部分，能够帮助学校识别和评估资金管理中的潜在风险，并制定相应的风险防范策略。通过定期风险评估，学校可以提前预测资金使用中的风险点，优化资金管理流程，提高资金管理的安全性和效率。

（1）风险评估模型的建立。为了确保风险评估的科学性和准确性，学校可以通过建立风险评估模型，分析不同资金活动中的风险因素。例如，风险评估模型可以根据历史数据和外部环境变化，预测未来资金流入和流出的不确定性，并评估不同资金项目的风险等级。对于高风险项目，学校可以提前采取预防措施，如增加资金储备或调整项目计划，减少资金管理中的不确定性。

（2）定期风险报告与管理决策支持。风险评估机制的引入不仅能够提高资金管理的风险防范能力，还可以为管理层提供决策支持。通过定期风险报告，学校管理层可以及时了解资金流动中的潜在风险，并根据评估结果调整财务策略。例如，学校可以根据风险评估报告中的建议，调整年度预算、优化资金分配或提高资金使用的安全性，从而减少财务管理中的风险。

三、预算管理中的风险防范措施

在高校财务管理中，预算管理是确保学校资金高效使用和财务健康的核心环节。通过科学合理的预算编制和执行，学校能够有效分配有限资源，确保教学、科研和基础设施建设等各类项目顺利推进。然而，预算管理中也存在诸多潜在的风险，如预算编制不合理、预算执行偏差、资金使用效率低下等。为此，制定和实施有效的风险防范措施尤为关键。

（一）严格预算编制与执行，确保资金分配合理性

1. 预算编制的合理性与准确性

预算编制是高校财务管理中的重要环节，通过科学、准确的预算编制，学校可以合理分配资源，确保各类项目顺利实施。然而，如果预算编制缺乏准确性，可能导致资源配置不当、项目超支或资金浪费等问题。因此，严格预算编制过程，确保预算编制的合理性和准确性，是防范预算管理风险的首要措施。

2. 预算执行的严格管理

预算编制完成后，预算执行的有效性直接影响到学校资金的使用效率。如果预算执行过程中出现偏差，可能导致项目资金不足、资源浪费等问题。因此，学校必须对预算执行过程进行严格管理，确保各项支出严格按照预算计划进行，防止资金挪用、超支或使用不当的情况发生。

（1）预算执行监控与反馈机制。学校应建立预算执行的实时监控与反馈机制，确保预算执行过程中资金流动的透明性和合规性。例如，财务管理系统可以实时监控各

部门和项目的资金支出情况，确保资金使用符合预算规定。同时，学校可以通过定期审查和反馈机制，及时发现预算执行中的偏差并采取纠正措施，确保预算执行与实际支出保持一致。

（2）严格控制预算外支出：预算执行过程中，学校应严格控制预算外支出，避免超出预算的额外资金投入。例如，某些项目可能在执行过程中遇到预算不足的情况，学校应通过预算调整程序来解决，而非随意增加资金投入。通过严格的预算外支出控制，学校可以避免资源浪费，确保资金分配的合理性和有效性。

（二）建立预算动态调整机制，根据实际情况灵活调整资金使用计划

1. 预算动态调整的必要性

在高校的实际运行中，预算编制通常是在年度开始时基于预计的资金需求和支出计划进行的。然而，随着外部环境和内部需求的变化，预算执行过程中往往会遇到不可预见的情况，如科研项目资金超支、外部拨款延迟等。这种情况下，学校需要建立预算动态调整机制，确保能够根据实际情况灵活调整资金使用计划，以适应变化的需求和风险。

2. 预算调整程序的透明化与规范化

预算动态调整虽然可以提升资金管理的灵活性，但必须在透明化和规范化的框架内进行，确保调整过程的合规性和资金使用的合理性。预算调整程序应明确规定预算调整的条件、审批权限和操作流程，避免调整过程中的随意性和资金管理失控的风险。

（1）制定明确的预算调整审批流程。预算调整过程中，学校应制定明确的审批流程，确保每一项预算调整都经过严格的审查和批准。例如，预算调整申请应由项目负责人提出，财务部门进行审核，最后由学校管理层批准。通过层级审批流程，学校可以确保每一项调整都合理、必要，并符合资金使用的战略目标。

（2）预算调整的透明化管理。为了保证预算调整的公开透明，学校可以通过财务管理系统对预算调整情况进行全程记录和监控。每一次预算调整都应有详细的记录，包括调整原因、调整金额和调整后的资金流向。通过透明化管理，学校可以确保预算调整过程公开、公正，减少资金调整中的不确定性和管理风险。

（三）加强资金使用的绩效评估，以确保资金投入的高效和有效性

预算管理的最终目的是确保学校的每一笔资金都能得到有效利用，实现最优化的投入产出比。因此，资金使用的绩效评估是预算管理中的重要环节，通过绩效评估，

学校可以了解资金使用的实际效果，识别资金使用中的不足，优化未来的预算编制和资金管理流程。

为了确保资金绩效评估的科学性和准确性，学校应建立一套完善的评估指标体系，涵盖资金使用的各个方面。通过科学的评估指标，学校可以系统性地分析资金使用的效果，为未来的预算优化提供依据。

（1）定量与定性相结合的评估方法。资金绩效评估应结合定量分析与定性分析的方法。例如，学校可以通过定量指标，如资金投入产出比、项目完成率等，评估资金使用的经济效益和效率。同时，定性分析可以通过项目负责人和参与者的反馈，评估资金使用过程中存在的问题和改进空间。通过定量和定性相结合的评估方法，学校可以全面掌握资金使用的实际效果。

（2）将评估结果与预算编制相结合。资金绩效评估的最终目标是为未来的预算编制和资金分配提供参考。因此，学校应将绩效评估结果与下一年度的预算编制紧密结合。例如，对于绩效评估中资金使用效果不佳的项目，学校可以减少未来的资金支持或调整项目管理模式；对于绩效优秀的项目，学校可以考虑增加资金投入，进一步提升项目成果的质量。

四、资金流动性管理与风险防范

资金流动性管理在高校财务管理中具有重要意义，它决定了学校在日常运营和长期发展中是否能够维持资金的持续流动性和稳定性。高校的资金需求多样化，涵盖教学、科研、基础设施建设等多个领域，而在外部环境复杂多变的情况下，如何确保资金的持续供给、分配合理且风险可控，成为高校财务管理中的关键问题。资金流动性管理的核心目标是通过合理的资金规划，维持现金储备，优化收入来源和融资结构，从而降低资金风险并确保高校的正常运营。

（一）维持合理的现金储备，确保日常运营的资金流动性

1. 现金储备的重要性

对于高校而言，维持充足的现金储备是保障日常运营资金流动性的关键。由于高校的资金需求具有周期性和不确定性，如学费收入集中在学期初，而日常支出和工资支付则需要长期持续，因此，维持一定的现金储备可以帮助学校应对不确定的资金需求，确保运营的平稳进行。此外，现金储备还能为学校在突发情况下提供财务缓冲，例如应对突发的项目资金需求、外部经济环境波动或政策变化带来的资金紧张。

2. 现金储备的合理规划

高校应根据自身的资金需求和流动性风险，合理规划现金储备，确保资金流动性与资本使用效率之间的平衡。现金储备过多可能导致资金闲置，影响资本收益；储备不足则可能带来资金短缺风险。因此，学校应根据财务状况、资金流动特性和未来预期支出，制定合理的现金储备目标。

（1）动态现金储备管理。学校可以根据历史数据、未来支出预期和外部环境的变化，动态调整现金储备规模。例如，在收入相对稳定的阶段，学校可以适当减少现金储备，增加资金的投资和使用效率；在外部经济不确定性增加或政策调整预期较高的情况下，学校可以增加现金储备，降低资金流动性风险。

（2）建立应急资金机制。为了应对突发事件，学校还可以设立应急资金机制。应急资金可以作为现金储备的补充，用于应对无法预测的资金需求。例如，学校可以设立专项应急资金账户，并通过灵活的金融产品，如短期存款或低风险金融工具，确保应急资金在短期内可随时调用。通过建立应急资金机制，学校可以进一步提高资金的流动性、安全性和应对风险的能力。

（二）通过分散投资降低资金来源单一的风险

高校的投资行为直接影响到资金的流动性和稳定性。合理的投资可以为学校带来稳定的收益，增强资金流动性；过于集中或高风险的投资则可能带来资金流动性风险。通过分散投资，高校可以降低单一投资失败或市场波动对资金流动性带来的冲击，确保学校的资金使用和运营不会因投资失败而受到重大影响。

学校应根据自身的财务状况和风险承受能力，构建多元化的投资组合。例如，学校可以将资金分配到低风险的固定收益类产品（如国债、债券基金），同时适度参与收益较高但风险相对可控的投资项目（如优质地产或股权投资）。通过多元化的投资组合，学校可以分散投资风险，确保在不同经济环境下资金的安全性和稳定性。

为了确保投资行为的合理性，学校还应建立严格的投资风险评估和监控机制。例如，学校可以设立专门的投资委员会，对投资项目进行科学的评估和监控。通过定期评估投资组合的表现，及时发现潜在的风险，学校可以采取调整投资结构或缩减高风险投资项目等措施，确保投资收益的稳定性和资金流动性。

（三）管控债务风险：优化融资结构，避免过度负债

1. 债务管理的重要性

高校在进行资金规划和融资决策时，必须谨慎管理债务风险，避免因过度负债导

致财务压力过大或资金链断裂。虽然适度的负债可以帮助学校进行大规模项目投资或应对资金不足的情况，但过度依赖债务融资则可能导致长期债务压力，影响学校的日常运营和财务健康。因此，合理控制债务水平，优化融资结构，是高校财务管理中不可忽视的风险防范措施。

2. 降低融资风险，避免过度负债

高校的融资行为应以长期稳定性为目标，避免因过度依赖债务融资而带来长期的财务风险。在融资决策中，学校应综合考虑资金需求、融资成本和还款能力，确保融资计划与学校的财务健康和发展战略相一致。

（1）多渠道融资的风险分散。学校可以通过拓展多种融资渠道，分散融资风险。例如，学校可以通过银行贷款、政府专项资金支持、发行债券等多种方式获取资金，而非单一依赖于某一融资渠道。此外，学校还可以寻求社会资本的参与，通过合作投资、PPP（公私合营）模式等方式，减轻学校在大规模项目中的融资压力。

（2）定期偿债能力评估与风险控制。在融资过程中，学校还应定期进行偿债能力的评估，确保在债务偿还高峰期不会出现资金周转困难。例如，学校可以通过定期编制现金流预测，分析未来的资金收入和支出，确保债务偿还计划合理可行。一旦发现偿债能力不足或债务风险增加，学校应及时采取调整措施，如延长贷款期限或通过再融资降低债务压力。

第三节 高校资金风险应对与危机处理

一、资金风险应对策略的制定

高校财务管理中，资金风险的发生可能会对学校的正常运作、项目推进以及长期发展带来重大影响。因此，针对不同类型的资金风险，制定有效的预防与应对策略，建立快速反应机制，确保资金调度的灵活性和安全性是高校财务管理中的核心任务。

（一）针对不同类型的资金风险制定预防与应对策略

1. 资金风险的分类

高校资金风险可以大致分为三类：收入波动风险、支出管理风险和外部经济与政策风险。收入波动风险包括学费收入减少、科研经费拨付延迟、社会捐赠减少等问题；支出管理风险包括预算超支、项目资金浪费或使用效率低下；外部风险则来自宏观经济环境和政策变化，如政府拨款减少、汇率波动或市场不稳定。这些风险不仅会影响学校的财务健康，还可能影响教学、科研和基础设施建设等核心业务。

（1）收入波动风险的应对策略。收入波动风险是高校资金管理中最常见的风险之一。为了应对这一风险，学校应提前制定收入多元化战略，减少对单一收入来源的依赖。例如，通过发展校办产业、拓展社会捐赠渠道、设立校友基金会等方式增加收入来源。此外，学校还可以建立收入预测模型，分析未来几年的收入变化趋势，并根据预测结果调整预算和资金分配计划，确保资金流入的稳定性。

（2）支出管理风险的应对策略。支出管理风险通常与项目资金的超支和浪费有关。为了防范支出管理中的资金风险，学校应加强预算执行的监管力度，确保各类支出项目都严格按照预算计划进行。例如，学校可以通过建立资金使用监控系统，实时跟踪各类项目的支出进度，及时发现预算超支或资金浪费情况。同时，学校还应定期开展资金使用绩效评估，确保资金的使用效益，并对资金使用效率较低的项目进行优化调整。

（3）外部经济与政策风险的应对策略。外部经济和政策变化是高校资金管理中不可控的风险来源。为了应对这些风险，学校应设立风险防控机制，例如通过调整投资组合分散市场风险、根据政府拨款政策的变化调整资金使用策略。学校还可以与政府部门和行业组织保持密切沟通，及时了解政策变化，确保在政策调整前做好充分准备。

2. 预防策略的系统性与前瞻性

针对不同类型的资金风险，制定预防策略时必须注重其系统性与前瞻性。学校不仅要建立全面的风险识别和评估体系，还要通过数据分析和预测模型，提前制定防控措施，确保在风险发生前就能够采取有效的应对措施。

（1）系统性的风险识别与评估。为了全面识别和评估资金风险，学校可以通过信息化平台整合历史财务数据、预算执行情况和外部经济数据，构建一套全面的风险评估模型。该模型应能够动态分析各类收入和支出的变化趋势，识别出潜在的风险点。例如，当学费收入出现下滑趋势时，系统会发出预警，提醒管理层及时制订应对方案。通过系统性的风险识别，学校可以全面掌握资金风险状况，从而为后续的应对策略提供数据支持。

（2）前瞻性预测与调整。预防策略的前瞻性体现在对未来资金风险的提前预测与应对。学校应结合内部数据与外部环境变化，提前预测资金风险，并制定相应的调整策略。例如，学校可以通过分析生源数量变化、政府政策调整趋势，提前预测未来的学费收入、科研经费拨付情况，并根据预测结果调整预算编制和资金使用计划。通过前瞻性的风险防控，学校可以在风险发生前就做好准备，确保资金流动性和财务稳定性。

（二）建立快速反应机制，确保资金风险发生时的有效处理

1. 快速反应机制的重要性

在资金风险发生时，快速反应是避免风险扩大化的关键。高校应建立高效的资金风险应急处理机制，确保在风险发生后能够迅速采取措施，减少损失并保障核心业务的正常运转。快速反应机制不仅要覆盖资金调度、预算调整等环节，还要确保学校各级管理层和财务部门的协同作战能力。

（1）设立专门的应急管理团队。学校可以设立专门的资金风险应急管理团队，负责在资金风险发生时协调各部门的应对行动。例如，应急管理团队应由财务、行政、科研管理等部门的负责人组成，在资金风险发生后快速集结并制定应对方案。同时，应急管理团队还应通过模拟演练和风险评估，提前制订各类风险的处理预案，确保在实际风险发生时能够迅速反应，避免事态恶化。

（2）实时监控与预警机制。快速反应机制的基础是资金流动的实时监控与预警机制。通过引入信息化监控系统，学校可以对资金流动进行全程追踪，一旦发现资金链断裂、收入减少、预算超支等异常情况，系统将立即发出预警。管理层可以根据预警信息迅速启动应急处理流程，确保资金风险得到及时有效的控制。例如，某个科研项目出现资金不足的预警时，财务部门可以迅速安排应急资金拨付，保障项目正常进行。

2. 应对策略的灵活性与适应性

快速反应机制还应具备灵活性和适应性，以应对不同类型的资金风险。高校的资金风险来源复杂多样，因此在实际处理过程中，必须根据具体情况灵活调整应对策略，确保资金风险能够在最短时间内得到控制。

（1）资金调度与资源重组。在资金风险发生时，学校应具备灵活的资金调度能力，确保资金能够优先流向核心业务和项目。例如，学校在某个科研项目或基础设施建设项目上出现资金短缺问题，可以通过暂时调配其他非核心项目的资金，保障重点项目的资金需求。此外，学校还可以通过重组资源，如调整资金使用优先级、推迟非紧急项目的资金拨付，缓解短期资金压力。

（2）灵活的预算调整与审批流程。为了应对资金风险带来的预算缺口，学校还应建立灵活的预算调整机制。例如，在政府拨款延迟或科研经费不足的情况下，学校可以快速调整预算计划，通过增加内部资金拨付或减少部分支出，确保学校核心业务的资金需求得到保障。灵活的预算调整机制还应包括简化的审批流程，确保在紧急情况下，各类资金调整申请能够快速获得批准和执行。

（三）制订应急资金调度方案，确保关键业务和项目资金的安全

1. 应急资金调度方案的必要性

应急资金调度方案是高校资金管理中的重要组成部分，旨在确保资金风险发生时，学校能够迅速调度资金，保障关键业务和项目的资金需求。应急资金调度方案不仅要涵盖日常运营资金的调度，还应针对科研项目、基础设施建设等长期资金需求项目制订详细的应急方案，确保学校核心任务的顺利推进。

（1）设立应急资金储备。学校应在日常财务规划中设立应急资金储备，用于应对突发的资金风险。例如，学校可以从年度预算中划拨一定比例的资金作为应急储备金，用于在科研经费短缺、学费收入减少等紧急情况下进行资金调度。应急资金储备可以根据学校的规模和资金风险评估结果进行动态调整，确保储备资金足以覆盖短期内的资金缺口。

（2）制定资金调度优先级。在资金风险发生时，学校必须明确资金调度的优先级，确保最紧急和最重要的业务得到资金保障。例如，在学费收入减少或政府拨款延迟的情况下，学校可以优先调配资金用于教师工资支付、教学设施维护和科研项目推进等核心业务，而将部分非紧急项目的资金拨付推迟至财务状况改善后再执行。通过制定清晰的资金调度优先级，学校可以确保在风险发生时资金流向最关键的领域。

2. 应急资金调度方案的实施与监控

制订应急资金调度方案后，学校还应建立实施与监控机制，确保调度方案在实际执行中能够高效运作。实施与监控机制应覆盖资金调度的全流程，从资金申请、审批到调度和使用的每一个环节都必须透明、合规，并能够实时监控资金使用的效果。

（1）快速审批与拨付流程。在资金风险发生时，学校应具备快速的应急资金审批与拨付流程，确保应急资金能够及时进入需要的部门和项目。例如，学校可以简化资金申请和审批程序，通过在线平台进行资金调度申请，并由财务部门和应急管理团队快速审核和批准。通过缩短审批流程，应急资金可以在最短时间内拨付到位，确保风险得到快速有效的控制。

（2）应急资金使用的监督与反馈。为了确保应急资金的高效使用，学校还应建立应急资金使用的监督和反馈机制。例如，财务部门应实时监控应急资金的使用情况，确保资金被用于最紧急的项目。同时，学校还应定期对应急资金使用效果进行评估，分析资金使用是否达到预期目标，并根据评估结果优化应急资金调度方案，提升未来应急资金管理的效率。

二、危机处理中的资金调度与重组

在高校财务管理中，资金危机的发生可能会对学校的正常运营、科研活动和基础设施建设带来重大影响。当资金危机爆发时，如何快速有效地调度和重组资金，确保基本运营和核心项目的顺利进行，是高校财务管理必须解决的关键问题。

（一）在资金危机发生时，优先保障基本运营与核心项目资金需求

1. 保障基本运营的资金需求

当资金危机发生时，学校必须首先确保基本运营所需的资金供应。基本运营包括教师工资、员工薪资、教学活动、日常维护和校园安全等方面的资金需求。这些支出对于学校的日常运转至关重要，任何延误或资金短缺都可能导致学校运作出现严重问题，影响教学质量、师生工作生活环境等。

（1）优先支付员工工资和福利。教师和员工的薪资支付是高校基本运营的重要组成部分。即使在资金危机期间，学校也必须优先保证教师和员工的工资能够按时发放，以维持学校的正常教学秩序和教师队伍的稳定。通过建立专门的薪资保障资金池或通过应急资金调拨，学校可以确保即便在危机期间，基本的人力资源开支也不会受到影响。

（2）维持基本教学和管理运营。教学活动是高校的核心功能之一，必须在资金危机中优先得到保障。例如，学校需要确保教室、实验室和图书馆等教学设施的维护正常运转。此外，学校的日常管理工作也需要保持有序进行。因此，危机发生时，学校应优先确保与教学相关的日常开支和基础管理费用，如教学设备的维护、实验材料的采购和基本行政管理费用。

2. 保障核心科研与重点项目资金

核心科研和重点项目是高校长期发展的支柱，也是其在学术界保持竞争力的关键。当资金危机爆发时，学校必须优先保障这些核心科研项目的资金需求，避免因资金短缺导致项目停滞或失败。

（1）确保科研项目的持续推进。高校的科研项目往往涉及大量资金投入和较长的实施周期，一旦中断，不仅会影响到科研成果的产出，还可能导致研究团队流失。因此，学校在资金危机中应优先确保重要科研项目的资金供应，特别是那些具有战略意义、与外部合作或国家项目相关的科研活动。为此，学校可以设立专门的科研项目应急资金池，以应对科研经费短缺的情况。

（2）维护基础设施建设的进度。对于正在进行的基础设施建设项目，学校也需要确保其资金需求能够得到满足。例如，学校的教学楼、实验室扩建或维护等基础设施项目，一旦中断，不仅会造成资金和时间的浪费，还可能影响学校的长期规划。因此，学校应优先调度资金，确保这些重点建设项目在危机期间能够顺利推进。

（二）通过内部资金重组，优化资金分配，缓解资金压力

1. 内部资金重组的重要性

当资金危机发生时，学校首先需要通过内部资金的重组，优化现有资源的配置，以最大限度缓解资金压力。内部资金重组的关键在于重新分配有限的财务资源，确保资金流向最需要的领域，同时暂时削减或推迟次要项目的资金拨付，以确保整体财务的平稳运行。

（1）重新分配非核心项目资金。在资金危机期间，学校可以暂时减少或暂停某些非核心项目的资金投入，将有限的资金资源优先用于保障基本运营和核心科研项目。例如，一些不紧急的基础设施建设项目、校办企业投资或文化活动等可以在危机期间推迟，以释放资金用于更为紧急的领域。通过削减非核心项目的资金支出，学校可以腾出更多资金用于应对当前的财务危机。

（2）优化预算执行和管理。内部资金重组还涉及对现有预算的重新审视和调整。学校可以通过优化预算执行，削减不必要的开支，重新评估当前的资金使用优先级。例如，学校可以集中资金于那些已经产生显著成果或接近完成的科研项目，减少对长期项目或成果不明确项目的资金投入。通过更加精细化的资金管理，学校可以在危机期间减少资金浪费，提升资金使用的效率。

2. 建立内部资金调度机制

内部资金调度机制是应对资金危机的有效工具。学校应建立灵活的资金调度机制，确保在危机发生时可以快速调动内部资源，避免财务链条断裂。

（1）设立临时资金调度委员会。在资金危机爆发时，学校可以设立临时资金调度委员会，专门负责监督和实施内部资金重组和调度。该委员会可以包括财务部门负责人、科研项目管理人员和学校领导等，通过快速评估各类项目的资金需求，确定资金调度的优先顺序，并制订具体的资金调整方案。

（2）实行分阶段资金拨付策略。为了缓解短期资金压力，学校可以实行分阶段拨付资金的策略。例如，学校可以将某些长期项目的资金分批拨付，以减少一次性大规模的资金支出。同时，对于一些非紧急的项目，学校可以暂时停止资金拨付，待财务

状况改善后再恢复。通过分阶段拨付，学校可以在危机期间保持财务的灵活性，确保最急需的资金需求得到优先满足。

三、外部危机管理的协调机制

高校财务管理在面对外部经济和政策危机时，必须具备灵活的应对机制和高效的协调能力。外部经济波动、政策调整，甚至国际合作中的资金风险，都会对高校的财务健康和日常运营造成重大影响。在这样的危机中，如何通过与政府、金融机构、社会合作伙伴的有效沟通，以及跨国合作中的资金风险管理，确保学校的财务稳定，是高校财务管理的关键任务。

（一）与政府、金融机构保持沟通，寻求资金支持

1. 政府的支持与政策协调

在外部经济和政策危机中，政府的资金支持与政策协调是高校财务管理的重要保障。许多高校的资金来源包括政府拨款、科研项目资金和政策性专项经费。当经济波动或政策调整导致学校的收入出现波动时，学校必须及时与政府保持紧密联系，确保在政策范围内获得资金支持，并协调相关政策的实施，减少对学校财务管理的负面影响。

（1）申请政府紧急资金支持。当外部经济危机导致学费收入下降或科研经费削减时，学校可以通过与政府部门的沟通，申请紧急财政支持。例如，一些国家和地方政府在经济危机期间可能会设立专项资金，支持高校的基础运营和科研活动。学校应通过提交详细的财务报告、预算调整方案和项目申请，争取政府拨款，确保核心项目和日常运营的资金需求。

（2）利用政策性资金项目的支持。外部经济危机期间，政府通常会推出刺激经济的政策性资金项目，例如基建专项拨款或科研创新基金。高校可以通过参与这些政府支持的项目，争取额外的资金支持。与此同时，学校还可以与政府部门保持密切沟通，了解政策变化，确保在政府政策调整时能够迅速响应，及时调整预算和资金使用策略。

2. 与金融机构的合作与资金保障

高校可以通过与金融机构的紧密合作，确保在外部经济危机期间获得必要的融资支持。金融机构的资金支持是高校应对短期资金风险的重要手段，特别是在学费收入或科研经费不确定的情况下，银行贷款和其他融资工具可以帮助学校度过资金短缺的难关。

当外部经济环境不稳定时，学校可以与银行合作，获得短期贷款或信用额度，以应对资金流动性危机。金融机构通常会根据学校的财务状况和未来收入预期，提供适当的贷款产品，如短期信用贷款或融资租赁方案，帮助学校缓解暂时的资金压力。通过合理规划和利用短期融资，学校可以避免资金链断裂，保障日常运作和科研项目的持续进行。

高校还可以通过与金融机构合作，使用金融衍生工具如汇率对冲、利率掉期等，规避因经济危机或国际形势变化带来的资金风险。例如，外汇市场波动较大时，学校可以通过购买外汇期权或签署外汇掉期协议，锁定未来的外汇成本，减少汇率波动对跨国合作项目的影响。

（二）校内外合作建立危机应对的合作机制

1. 校内外合作的重要性

在外部危机中，学校不仅需要依赖内部资源，还可以通过与外部机构的合作，建立危机应对机制，引入合作方的资金或资源支持，缓解学校的资金压力。例如，学校可以与企业、社会组织或校友建立合作关系，通过资源共享和风险共担的方式共同应对危机。

学校可以通过与校友和企业的合作，争取资金支持或资源帮助。企业合作伙伴可以通过捐赠、技术支持或项目投资等方式，帮助学校渡过经济危机期。例如，一些校友基金会或大型企业可以在学校面临资金危机时，提供专项捐赠或参与校园基础设施投资项目。同时，学校可以通过与这些合作伙伴的深入合作，提供技术、科研服务或人才输送，建立长期的合作共赢关系。

产学研合作是高校获得资金支持的重要途径。通过与企业、研究机构合作，学校可以将科研项目转化为实际应用，吸引企业投资或政府支持。例如，一些技术创新和科研成果可以通过与企业的合作，迅速转化为市场化产品，为学校创造收入。危机期间，学校可以进一步加强产学研合作，扩大科研成果的市场价值，吸引外部资金支持。

2. 建立危机应对的校内外协调机制

在外部危机管理中，学校应建立完善的校内外协调机制，确保各类合作项目的顺利推进。通过设立专门的危机应对团队，协调学校内部各部门与外部合作伙伴的资源，学校可以在危机发生时迅速调动资金和资源，减少危机对学校财务健康的影响。

为确保校内外合作的高效推进，学校可以设立校内外合作管理委员会。该委员会由学校财务、科研、行政和法律部门的代表组成，专门负责评估和管理与外部机构的合作项目，确保合作项目符合学校的长远发展目标，并能够在危机期间提供资金支持。此外，委员会还负责对外部合作项目进行风险评估，确保在经济危机或政策调整时，学校能够及时调整合作策略，减少风险。

与外部合作方建立长期合作时，学校应提前制订风险应对预案。例如，学校可以在合作协议中加入应对外部经济或政策变化的条款，确保在危机发生时双方能够迅速调整合作模式，减少风险。通过事先准备风险应对措施，学校可以更好地应对外部危机带来的不确定性，并通过合作方的支持，维持项目的稳定推进。

第八章　高校财务信息化管理的创新与应用

高校财务信息化管理的创新与应用是提升高校财务管理效率和决策科学性的重要途径。在信息化时代，高校通过引入先进的管理系统和技术手段，如大数据分析、云计算、人工智能等，能够实现财务数据的实时共享、动态监控和智能化处理。财务信息化管理不仅提高了成本核算、预算编制、资金流动等环节的精确性和透明度，还为高校的资源配置、资产管理、风险控制等提供了有力支持。此外，信息化系统的应用能够打破部门壁垒，实现各类数据的集成与互通，为学校管理者提供全方位的财务数据支持，助力科学决策和战略规划的实施。随着高校财务信息化管理的不断深入，创新技术的广泛应用将进一步推动高校财务管理的数字化转型，提升高校在资源管理与财务控制中的核心竞争力。

第一节　高校财务信息化的现状与发展趋势

一、高校财务信息化的现状分析

在当前信息化迅速发展的背景下，高校财务管理的数字化转型已成为提升管理效率、优化资源配置的重要举措。财务信息化系统为高校提供了全面的预算管理、资产管理和资金流向监控等功能，提升了财务管理的透明度和决策效率。然而，尽管信息化建设取得了一定的进展，高校在财务信息化系统的普及、功能应用以及跨部门协同整合方面仍存在挑战。

（一）高校信息化建设的现状

1. 高校财务信息化的总体发展情况

目前，国内大部分高校已引入了基本的财务管理信息化系统，覆盖了日常的收支管理、报销审核、预算编制等核心财务流程。然而，中小型高校由于受制于资金和技术条件，财务信息化的普及程度相对较低，系统功能相对简单且更新较慢，无法完全满足财务管理需求。此外，一些高校财务管理信息化建设较为初级，尚未实现全面覆盖，仍存在部分人工操作流程，这在一定程度上限制了管理效率的提升。在应用深度上，高校财务信息化的应用程度参差不齐。部分高校的信息化系统已涵盖了从预算管理、资产管理到资金使用审核等多个环节，实现了财务数据的实时管理和追踪；而另一些高校的信息化系统仅应用于基础的报销和收支记录管理，缺乏更高级的分析和预警功能，无法充分发挥信息化的优势。特别是在预算编制、科研经费管理等复杂流程上，部分高校的信息化系统尚未完全实现智能化和自动化。

2. 信息化建设中面临的普及挑战

尽管信息化在高校财务管理中的重要性逐渐被认识到，但其普及过程仍面临诸多挑战。一方面，高校财务信息化系统的建设需要投入大量资金，而许多中小型高校在财力上难以承受。因此，财务信息化建设的步伐较为缓慢。另一方面，技术和人员的培训滞后也导致了信息化系统的应用效果不理想。许多高校缺乏专业的信息化技术支持团队，财务人员在系统使用和数据分析上面临一定的技术难题，进一步阻碍了信息化系统的全面应用。

（二）财务信息化系统的功能现状

1. 预算管理模块的应用现状

预算管理是高校财务信息化系统中的核心功能之一。许多高校已通过信息化系统实现了预算编制的自动化和数据化管理，系统能够支持各部门在线提交预算申请、审核和审批，从而提高了预算管理的效率和透明度。

通过财务信息化系统，高校可以实现预算编制的自动化处理。各院系和部门可以通过系统提交预算申请，系统根据历史数据和财务预测，提供预算调整建议，辅助管理层做出科学的预算分配决策。系统还可以实现多部门协同编制预算，减少人为操作的误差。

预算管理模块还包括预算执行的动态监控功能。财务部门可以通过信息化系统实时追踪各部门的预算执行进度，发现超支或预算使用效率低下的问题，及时进行预算调整。这不仅提高了预算执行的透明度，还加强了财务风险的防范。

2. 资产管理模块的应用现状

高校的资产管理是财务管理中的重要组成部分，涵盖了固定资产、流动资产以及科研设备等的采购、维护和处置。许多高校已通过信息化系统实现了资产管理的电子化，系统能够全面追踪资产的使用情况，减少资产闲置和浪费。

信息化系统能够记录每一件固定资产的购置、使用、维护和报废信息，管理人员可以通过系统随时掌握资产的使用状态，避免重复购置或资产闲置。同时，系统还能提供资产折旧的自动计算功能，为财务决策提供准确的数据支持。

高校的科研设备通常投入较大，且管理复杂。通过信息化系统，科研设备的采购和使用情况可以被实时记录和管理。例如，系统能够自动生成设备的使用报告，方便科研管理部门进行设备调度和管理，提升设备的使用效率。

3. 资金流向监控模块的应用现状

资金流向监控是高校财务信息化系统的重要功能之一。通过该模块，财务部门可以实时掌握学校各类资金的流动情况，确保资金使用的合规性和透明性，并防范资金风险。

资金流向监控模块能够对各类资金的流动进行实时监控，特别是科研经费、政府拨款、学费收入等关键资金来源和使用情况。系统能够自动生成资金流动报告，帮助管理层了解学校的资金使用情况，防止违规使用和资金挪用。

通过资金流向监控模块，学校可以确保每一笔资金的流动都有详细的记录，确保资金的使用符合预算计划和财务规定。财务人员可以通过系统审核资金的使用情况，及时发现问题并进行调整，从而提升财务管理的透明度。

（三）高校财务信息化系统的整合性

1. 信息化系统的整合与协同水平

高校财务管理涉及多个部门的协作，信息化系统的整合性直接影响到财务管理的效率和效果。目前，许多高校的财务信息化系统仍然存在孤岛现象，各部门的系统无法实现无缝衔接，导致信息流通不畅，影响决策的效率和准确性。

理想的财务信息化系统应能够在不同部门之间实现数据共享和协同操作。例如，财务部门、科研管理部门、资产管理部门应能够通过系统共享资金使用、项目进展、设备采购等数据。然而，实际情况是，部分高校的各部门系统相互独立，信息难以共享。这不仅增加了重复工作量，也导致数据不一致，降低了决策的准确性。

信息化孤岛问题是高校财务管理中的常见现象，通常由于不同部门使用不同的信息系统，或系统升级不统一导致。孤岛问题不仅阻碍了信息的流动，还可能引发资金管理中的误差和风险。例如，科研项目的经费申请可能无法及时与财务系统同步，导致资金拨付延误或重复拨付的情况发生。为了解决这一问题，高校应着力推动信息化系统的整合，实现跨部门的信息协同。

2. 信息化系统整合的解决方案

为了解决高校财务管理中信息孤岛的问题，学校应推动信息化系统的整合，建立统一的数据管理平台，打通各部门的数据壁垒，提升管理效率。

高校应引入统一的财务管理平台，将各类信息系统整合到一个平台上，确保不同部门可以在同一系统中共享和管理数据。这样不仅可以减少数据传输和沟通的成本，还可以确保财务管理的透明性和准确性。例如，预算编制、科研经费管理、资产管理等功能都可以在统一平台上进行操作，提升数据一致性。

信息化系统的标准化是解决孤岛问题的关键。高校可以通过引入先进的信息化管理技术，推动系统的统一升级和标准化建设，确保各部门在同一标准下进行数据录入和管理。此外，学校还可以加强对财务人员的系统操作培训，确保信息化系统得到充分利用。

二、高校财务信息化中存在的主要问题

随着信息技术的发展和应用，高校财务管理的数字化进程不断推进，信息化系统为财务管理带来了诸多便利。然而，在实际应用中，高校财务信息化仍然面临诸多挑战，尤其是在数据共享、系统可操作性、信息化投入等方面存在明显的问题。这些问题不仅影响了信息化系统的应用效果，还阻碍了高校财务管理的效率提升和创新发展。

（一）数据孤岛与信息不互通

1. 数据孤岛问题的表现

数据孤岛现象是高校财务信息化中普遍存在的问题，指的是不同部门或财务系统之间缺乏数据共享和协同操作，导致信息无法在全校范围内实现无缝流通。由于各部门之间的财务管理系统通常相对独立，数据难以互通，这不仅影响了管理效率，还可能导致财务决策失误。在许多高校中，财务系统、科研管理系统、资产管理系统等各自为政，彼此之间缺乏有效的数据交换渠道。例如，科研项目的经费申请流程常常与财务部门的审批流程脱节，导致科研经费拨付迟缓；同样，资产管理部门在设备购置上也可能与财务系统脱钩，导致设备采购、维护和报废等流程无法统一管理。这些现象不仅影响了资金流向的实时监控，还增加了管理中的信息传递误差。

2. 数据孤岛问题的原因

数据孤岛现象的产生，主要是由于高校内部信息化系统之间缺乏统一的标准和集成平台。不同部门可能使用不同的软件系统，系统之间接口不统一，数据格式不同，

难以实现无缝对接。此外，一些高校的管理者对于数据共享的意识较为薄弱，各部门倾向于"各自为政"，未能有效推动跨部门的数据共享和协作。高校内部各部门的财务系统往往由不同的开发商提供，系统之间缺乏统一的技术标准和接口设计。例如，财务管理系统可能由一家公司提供，资产管理系统由另一家公司开发，这导致数据格式和操作流程存在差异，无法实现数据的无缝共享。系统不兼容是导致数据孤岛现象的重要技术原因。即使技术上能够实现数据共享，一些高校在管理制度和流程上并未建立有效的数据共享机制。各部门缺乏共享数据的动力，甚至在某些情况下担心信息共享会导致数据的滥用或泄露，阻碍了信息化系统之间的数据流通。这种管理意识上的不足使得数据孤岛现象难以解决，严重影响了财务管理的效率。

（二）信息化系统的可操作性与用户友好性不足

1. 可操作性与用户友好性不足的表现

尽管高校逐步引入财务信息化系统，但许多系统在实际应用中，因操作复杂、界面不友好，导致财务人员和管理者在使用过程中面临诸多困难。用户友好性不足不仅增加了操作的时间成本，还影响了信息化系统的应用效果。部分财务信息化系统的设计并未充分考虑财务人员的日常操作需求，界面烦琐、功能布局不合理。例如，一些系统的功能模块划分过于复杂，操作步骤繁多，财务人员需要花费大量时间学习如何使用系统，导致工作效率下降。此外，一些系统的操作界面设计不够直观，用户难以快速找到所需功能，增加了日常财务操作的难度。

信息化系统的引入需要专业的技术支持和用户培训，但许多高校在系统上线后，未能提供足够的技术支持和培训资源，导致财务人员在实际操作中遇到问题时无法及时解决。例如，系统出现故障或数据录入错误时，财务人员可能缺乏相应的技术支持，导致操作中断或数据处理延误。此外，部分管理层对信息化系统的应用也不熟悉，影响了财务管理决策的及时性和准确性。

2. 可操作性不足的原因

信息化系统可操作性和用户友好性不足，主要是由于开发商在设计系统时，未能充分考虑用户的实际需求，缺乏与高校财务管理人员的有效沟通。此外，系统上线后的培训和技术支持不足也是导致这一问题的原因之一。

部分信息化系统在开发过程中，设计者对高校财务管理的具体操作流程缺乏深入了解，导致系统功能与实际操作需求脱节。例如，一些系统未能考虑到高校预算编制和科研经费管理的复杂性，导致系统功能难以满足实际操作中的多样化需求，增加了财务人员的操作负担。

系统上线后，高校往往未能提供充分的技术培训和支持，导致财务人员对系统操作不熟悉，难以发挥信息化系统的应有作用。特别是在系统出现技术故障时，缺乏及时的技术支持会导致财务管理流程的中断或延误，影响财务管理的效率。

（三）信息化投入与管理意识不足

1. 信息化投入不足的表现

信息化系统的建设和维护需要长期的资金投入，但许多高校在财务信息化建设上投入不足，系统开发、更新和维护都存在经费限制，导致信息化系统难以跟上学校发展的需求。此外，信息化硬件设施的投入不足也是制约信息化系统运行的因素之一。

许多高校在初期引入信息化系统时，往往选择价格较低、功能相对简单的解决方案，缺乏对系统长期维护和升级的经费投入。这导致系统在上线后无法得到及时的更新和优化，随着时间的推移，系统逐渐无法满足学校日益复杂的财务管理需求。例如，预算管理模块可能缺乏适应性，难以处理科研经费的复杂审批流程。

除了软件系统本身的问题，硬件设施的投入不足也影响了信息化系统的运行效率。例如，财务部门的服务器设备和网络基础设施可能未能得到及时更新，导致系统运行速度缓慢，频繁出现卡顿或崩溃的现象，影响了财务数据的录入和查询。

2. 管理层信息化意识不足的表现

高校管理层对财务信息化建设的重视程度不足，也是信息化进程缓慢的原因之一。许多高校的管理层对信息化系统的长期价值缺乏充分认识，未能为财务信息化提供足够的政策支持和资源保障，导致系统的建设和推广进展缓慢。

部分高校的管理层在推动财务信息化建设时，缺乏明确的规划和目标，导致系统建设的长期性和系统性不足。例如，一些高校的管理层可能将信息化建设视为短期任务，未能为系统的持续更新和优化提供长期资金支持。这种短视的规划导致信息化系统难以适应学校未来的发展需求。

信息化系统的应用不仅涉及技术问题，更是管理层决策的重要工具。然而，部分高校管理层对信息化系统的决策支持功能认识不足，未能充分利用系统提供的财务分析和决策支持功能。例如，管理层可能依赖传统的财务报表，而忽视了信息化系统能够提供的实时数据分析和趋势预测功能，影响了财务管理的现代化进程。

三、高校财务信息化发展趋势

随着信息技术的快速进步，高校财务管理的信息化与智能化也在不断发展。高校财务信息化的未来发展趋势不仅是对现有系统的改进，更是全方位、全过程的智能化升级，逐步实现数据整合、深度分析、云平台应用以及区块链技术的引入。这些创新技术的应用将显著提高高校财务管理的效率、透明度和准确性。

（一）全面信息化与智能化发展

1. 局部信息化的局限性

在许多高校，财务信息化系统往往只涵盖部分财务管理环节，系统化程度较低。例如，部分高校的财务信息化仅限于预算编制、报销审核等基础性操作，而诸如科研经费管理、资产管理等关键财务环节仍依赖人工处理或传统的手工操作。这种局部信息化不仅降低了财务管理的效率，还可能导致信息不完整、管理难以实时进行等问题。

2. 向全面信息化与智能化发展的趋势

随着技术的进步和高校管理需求的提升，未来高校财务信息化将逐步从局部信息化向全校、全过程的智能化管理升级。全面的信息化意味着学校各个部门的财务操作、资金流向、资产管理和报销审批等都将纳入统一的财务管理平台，实现自动化和智能化。

智能化的财务管理将涵盖预算编制、资金使用、资产管理等各个环节，打通学校内部的财务管理流程。通过智能化的系统，各部门可以在同一平台上进行实时操作，消除信息孤岛现象，提高协同效率。例如，科研项目的经费使用将通过智能化系统实时追踪，管理人员可以自动获取项目的资金流动情况和使用效率，避免超支或资金浪费。

智能化系统还可以利用机器学习和人工智能技术，帮助管理层进行财务决策。例如，系统可以根据历史数据和趋势分析，预测未来的收入和支出变化，提供决策支持，帮助学校更好地应对外部环境变化或政策调整。

（二）数据整合与大数据应用

1. 数据整合的必要性

随着高校财务管理的复杂化，财务数据的规模和种类也在不断增长。大数据技术的引入将帮助高校整合各类财务数据，实现从基础数据到决策信息的全面挖掘与利用。例如，通过将学费收入、科研经费、社会捐赠、资产使用等数据整合到统一的平台，学校可以对财务数据进行全面分析，挖掘数据之间的关联，提升管理的精准性。

2. 大数据在财务分析中的应用

大数据技术为高校财务管理提供了更为精确的分析工具。通过大数据分析，高校可以识别财务管理中的潜在问题，优化资源配置，提升资金使用效率。

（1）精准预算编制与调整：基于大数据的财务系统可以通过对历年财务数据、外部经济环境和政策变化进行分析，帮助学校编制更加科学的预算。例如，系统可以分析历年科研经费的使用情况，预测未来科研经费需求的增长趋势，帮助财务部门合理分配预算资源，确保资金的最佳使用效果。

（2）财务风险预测与预警：大数据技术还可以帮助学校构建财务风险预警系统，通过对资金流动数据的实时监控，识别出可能的风险点。例如，当某一项目的支出超出预期或资金流动异常时，系统可以自动发出预警，帮助管理层及时做出应对决策，降低财务风险。

（三）财务云平台与移动端应用

1. 财务云平台的发展趋势

随着云计算技术的发展，财务管理的云平台化已成为不可逆的趋势。财务云平台可以将高校的财务管理系统部署在云端，打破物理设备的限制，实现数据存储、处理和分析的弹性扩展。这不仅提高了数据的安全性和存取效率，还大幅降低了高校在硬件和维护上的投入。

通过云平台，学校可以实现财务数据的集中存储与共享，确保各部门的财务数据能够实时同步，提升协同工作的效率。例如，财务部门和科研部门可以同时访问科研经费的使用情况，避免信息滞后或数据不一致的问题。云平台的弹性扩展性还可以应对数据量的快速增长，确保系统能够平稳运行。

云平台的另一个优势是可以降低高校的财务管理成本。通过将数据存储和处理外包给专业的云服务提供商，学校可以减少对本地服务器和 IT 基础设施的依赖，降低硬件采购和维护成本。同时，云平台的自动备份功能也提升了数据安全性，减少了数据丢失的风险。

2. 移动端应用的便利性

随着移动技术的普及，未来高校财务管理将越来越依赖于移动端应用。通过移动设备，管理者和财务人员可以随时随地进行财务审批、资金查询和预算调整，大大提升了财务管理的灵活性和响应速度。

高校可以通过移动应用实现在线报销和审批，教师和科研人员可以随时提交报销申请，管理人员也可以通过手机进行实时审批，缩短报销流程的时间，提高效率。此外，移动端应用还可以实现预算执行进度的实时查询，帮助财务部门随时掌握学校的资金使用情况。

通过移动端应用，财务决策者可以随时获取最新的财务数据和分析报告，做出快速反应。例如，管理层可以通过移动设备查看学校的资金流向、预算执行情况和资产管理状态，在必要时进行资金调度和预算调整，确保财务管理的灵活性和实时性。

未来高校财务信息化将朝着全面信息化与智能化、数据整合与大数据应用、财务云平台与移动端应用、区块链与信息化结合的方向发展。这些新技术的引入将显著提升高校财务管理的效率、透明度和精准性，同时也为学校的财务决策和风险管理提供了更多的数据支持和技术手段。通过推动这些技术的应用，高校财务管理将更好地应对复杂的财务环境和多变的外部因素，确保财务管理的长期健康与可持续发展。

第二节　高校财务信息化的创新手段

一、大数据技术在财务管理中的应用

随着信息技术的快速发展，大数据技术在高校财务管理中的应用日益广泛。通过对庞大的财务数据进行系统化分析与挖掘，大数据技术为高校财务管理提供了更加精准的决策支持、资金风险监控、预算编制等方面的解决方案。

（一）大数据分析与决策支持

1. 大数据财务趋势分析

大数据技术为高校财务管理提供了强大的数据分析能力。通过对财务历史数据的深度挖掘和分析，学校可以更全面地了解财务趋势，及时发现管理中的潜在问题和机会。大数据分析不仅涵盖收入和支出的历史轨迹，还包括资金使用效率、项目回报率等细节，为管理层的财务决策提供了可靠的依据。

（1）收入与支出趋势分析。通过大数据分析，学校可以掌握各类收入来源的变化趋势，如学费收入、科研经费、社会捐赠等。这有助于学校预测未来的资金流入状况，提前调整资源配置。例如，通过分析历年学费收入的波动趋势，学校可以预测未来几年的学费收入变化，并根据生源情况制定招生政策。同样，支出趋势分析可以帮助学校识别高额支出领域，并在未来预算中进行优化配置。

（2）资金预测与计划制订。大数据技术还可以用于预测未来的资金需求和现金流，帮助学校制订加科学的财务计划。例如，通过大数据分析，学校可以预测未来某些大规模基础设施项目的资金需求，并相应调整资金储备或融资计划。这种预测性分析不仅提高了财务管理的前瞻性，还增强了应对外部变化的灵活性。

2. 大数据支持下的成本控制

大数据技术的应用也为成本控制提供了新的手段。通过分析各类项目的支出和成本数据，学校可以更好地掌握成本构成，发现成本超支或资源浪费的问题，并制定有效的控制措施。例如，在科研项目中，学校可以通过分析大数据发现科研经费的高效使用模式，从而优化科研经费的分配和管理。

（1）优化项目成本管理。学校可以利用大数据分析项目的成本构成，从中发现非必要支出或成本超支的情况。例如，某些项目的经费支出可能在特定阶段出现了异常增长，通过数据分析可以迅速找出原因并采取调整措施。同时，学校还可以利用大数据优化物资采购流程，减少重复采购或非计划性采购，降低运营成本。

（2）资源配置优化。通过大数据分析，学校可以更加精准地进行资源配置。比如，学校可以根据大数据提供的科研经费使用效率分析，优化科研项目的资金配置，确保资源分配与实际需求相匹配，从而提高资金的使用效率。

（二）实时监控与风险预警

1. 实时监控资金流向

大数据技术可以帮助学校实现资金流向的实时监控，从而提高财务管理的透明度与效率。通过对资金流动的实时跟踪，学校可以随时掌握资金的使用情况，及时发现资金流向中的异常现象，防止资金被滥用或流失。

（1）资金使用透明化。通过大数据技术，学校可以实时监控各类资金的使用情况，特别是在科研经费、基建项目和其他大规模资金流动领域。大数据系统能够自动生成详细的资金流向报告，让管理层清楚每一笔资金的使用情况，确保所有资金都符合预算计划，避免资金滥用或挪用。例如，学校可以监控科研经费的使用进度，确保经费按计划分配到不同科研项目中。

（2）资金流动优化。实时监控还能帮助学校优化资金流动，确保资金及时拨付到最需要的项目中。例如，通过大数据监控，学校可以发现某些项目在特定阶段的资金需求较为集中，从而提前做好资金调度，避免资金紧张问题。同时，实时监控还可以帮助学校提高资金的使用效率，减少资金闲置现象，确保资金流动的顺畅性。

2. 大数据支持下的资金风险预警

资金风险是高校财务管理中的重要挑战，大数据技术可以通过实时监控和历史数据分析，提前识别资金风险并发出预警。通过建立资金风险预警模型，学校可以在风险发生前采取相应的防范措施，降低财务风险的影响。

（1）自动化风险预警。大数据技术可以自动分析各类财务数据，识别出资金流向中的异常变化。例如，当某个项目的支出超出预算，或某些资金流动异常时，系统会自动发出预警，提醒财务管理人员采取措施。同时，大数据技术还可以根据历史数据预测未来可能发生的资金风险，为管理层提供风险防控的前瞻性支持。

（2）资金流动异常监控。大数据技术可以对资金的流动进行细化监控，及时发现异常的资金流向或资金流动频率过高的现象。例如，某个项目突然出现了多笔大额支出，或某个部门的资金使用量远超历史平均水平，大数据系统可以快速检测到这些异常现象，帮助管理层及时处理潜在的资金风险问题。

（三）精准预算编制与执行

1. 精准预算编制

预算编制是高校财务管理中的核心环节，大数据技术可以通过对历史数据的深度分析，帮助学校实现更加精准的预算编制，提高预算编制的科学性和可操作性。大数据技术不仅可以提供详尽的历史财务数据，还能够结合当前的经济环境、政策变化等因素，预测未来的预算需求。

通过对历年财务数据的分析，学校可以更加准确地预测未来的预算需求。例如，学校可以分析过去几年科研项目的资金使用情况，得出不同科研领域的经费需求变化趋势，从而编制更合理的预算。同时，大数据技术还可以帮助学校识别资金分配中的问题，为未来预算编制提供优化建议。

大数据技术还可以通过实时数据反馈，帮助学校进行预算调整与动态管理。预算编制往往需要结合实际执行情况进行调整，大数据技术可以实时跟踪预算执行情况，发现预算超支或资金使用不均衡的现象，帮助学校及时调整预算分配方案，确保预算的精准执行。

2. 预算执行的精准监控

在预算执行阶段，大数据技术同样发挥着重要作用。通过实时跟踪各部门的预算执行情况，学校可以确保预算得到合理使用，避免超支或浪费现象的发生。同时，大数据技术还能够为预算执行的绩效评估提供数据支持，帮助学校在预算执行结束后对资金使用效果进行评估和总结。

通过大数据技术，学校可以实时跟踪各部门的预算执行进度，发现预算执行中的问题。例如，某些科研项目可能在执行过程中出现了资金滞后或超支现象，大数据技术可以帮助财务人员及时发现问题，提醒项目负责人进行调整。这样，学校可以根据实时反馈数据，优化预算执行流程，确保预算得到最大限度的合理使用。

大数据技术还可以为预算执行后的绩效评估提供依据。学校可以通过大数据分析，评估不同项目的预算执行效果，发现资金使用效率较高的项目，并为未来的预算分配提供参考依据。例如，学校可以分析过去几年的科研项目绩效，根据大数据技术提供的资金使用效率和产出比，优化未来的科研经费分配策略。

二、人工智能与智能财务管理系统

随着人工智能（AI）技术的快速发展，AI正在深刻改变高校财务管理的各个方面。传统的财务管理系统逐渐向智能化、自动化转型，利用AI的计算能力和分析工具，能够提高财务管理的效率和准确性。高校通过引入智能财务管理系统，可以实现财务核算的自动化、智能报表生成与分析，以及通过AI客服与智能问答系统提供财务咨询服务。

（一）人工智能在财务核算中的应用

1. 自动化财务核算

在传统财务管理中，财务核算涉及大量的人工操作，包括数据录入、核对、计算等环节，效率低下且容易出错。人工智能的引入使财务核算的自动化成为可能，极大地提高了财务管理的效率和准确性。

AI技术可以通过自然语言处理（NLP）和光学字符识别（OCR）技术，自动识别和录入财务数据，减少了人工输入的工作量。例如，财务人员可以通过扫描发票和报销凭证，AI系统可以自动识别发票上的关键信息，并将数据录入到系统中。这不仅提高了录入效率，还减少了人工输入错误的风险。

在财务核算中，人工智能可以自动核对不同来源的财务数据，确保数据的一致性和准确性。AI系统可以实时监控各类财务数据的流入和流出，发现数据不一致或异常时自动发出警告。通过自动化的核算流程，财务人员可以更专注于战略性的财务决策，减少了日常核算的繁重任务。

2. 智能报销审核与资金分配

报销审核和资金分配是财务管理中的重要环节，涉及大量复杂的审批和审核流程。通过引入 AI 技术，报销和资金分配流程可以得到自动化处理，简化了管理流程，提升了效率。

AI 系统能够根据设定的规则自动审核报销申请，减少了人工审核的负担。系统可以分析报销单据，自动识别与财务政策不符的支出，并提出预警或拒绝处理。例如，当某位员工的差旅费用超出公司规定的标准时，AI 系统可以自动拒绝报销申请，并发送通知要求提交详细解释或修改申请。通过自动化审核，学校可以提高报销流程的透明度和效率。

AI 技术还可以用于优化资金分配。例如，在科研项目中，AI 系统可以根据项目的进展和资金需求，自动建议或执行资金拨付。AI 可以实时分析科研项目的资金使用情况，根据项目进度和实际需求动态调整资金分配，确保资金合理流动，避免资金浪费或超支现象。同时，AI 系统还可以通过历史数据分析，预测项目未来的资金需求，并提前做出资金调度计划。

（二）智能报表生成与财务分析

1. 自动生成财务报表

财务报表是高校财务管理的重要组成部分，传统的财务报表生成需要财务人员手动汇总数据、计算指标，工作量大且效率较低。AI 技术的引入使得财务报表生成过程变得更加高效和智能化。

AI 系统可以自动从各个财务模块中提取所需的数据，实时生成财务报表。例如，系统可以自动整合收入、支出、资产负债等财务数据，生成月度、季度或年度的财务报表。财务人员只需简单的设置参数，AI 系统便能自动生成符合要求的报表，极大地减少了手动操作的工作量。此过程不仅节省时间，还减少了人为错误的发生。

AI 技术可以实现财务报表的动态更新，确保管理层始终掌握最新的财务数据。例如，随着财务数据的不断变化，AI 系统可以自动更新报表中的关键数据，确保报表的时效性和准确性。这一功能尤其适用于预算执行和资金使用的实时监控，管理层可以通过动态报表随时了解财务状况，并在必要时做出决策。

2. 智能财务健康状况分析

除了自动生成报表，AI 还可以通过分析财务数据，帮助高校管理层了解财务健康状况，识别潜在的财务风险，并提出改进建议。

通过 AI 的分析功能，学校可以对财务数据进行全面的健康状况评估。AI 系统能够根据各种财务指标（如资产负债率、流动比率、资金使用效率等）自动计算财务健康指数，生成综合评估报告。这种智能分析不仅能够帮助学校及时了解财务健康状况，还能识别出影响财务健康的潜在问题，如负债过高或资金流动性不足。

AI 系统可以根据历史财务数据和当前的资金流动情况，预测未来可能出现的财务风险。例如，AI 可以通过分析现金流数据，提前预警未来可能发生的资金短缺情况。通过智能风险预警，学校可以提前采取措施，防止财务危机的发生。此外，AI 还能够通过分析财务报表中的异常数据，识别出财务操作中的潜在问题，帮助学校及时做出调整。

三、云计算与财务信息化管理平台

随着云计算技术的快速发展，高校财务管理正在从传统的本地化系统逐步转向基于云计算的财务信息化管理平台。云平台不仅能够实现财务数据的实时共享与跨部门联动，还可以提高系统的灵活扩展性，降低运维成本，并为财务数据的安全存储和备份提供强有力的支持。

（一）基于云平台的财务数据共享

1. 跨部门财务数据共享

在传统财务管理模式下，各部门的财务数据往往分散在不同系统中，数据的传递与协同效率较低，容易造成信息孤岛。通过云计算技术，高校可以在云平台上整合所有财务数据，打破部门间的数据壁垒，实现跨部门的财务数据实时共享与联动。

基于云平台的财务管理系统能够自动整合来自各个部门的数据，包括科研经费、资产管理、学生缴费、教学支出等不同模块的财务信息。这一整合不仅提高了数据的准确性和完整性，还增强了各部门之间的协同能力。例如，科研管理部门可以通过云平台实时查看科研项目的经费使用情况，而财务部门可以随时获取项目的资金流动信息。这种跨部门的数据联动减少了重复操作和信息传递过程中的误差，提升了财务管理的整体效率。

通过实时的数据共享，管理层能够快速获取最新的财务数据，帮助其做出更加及时和准确的决策。例如，当学校的某个部门需要进行资金调拨时，云平台可以即时提供当前的资金余额和使用情况，帮助管理者快速决定资金的最优调拨方案。这样，学校可以更加灵活地应对财务需求的变化，提高资金管理的效率。

2. 跨校区财务数据联动

对于拥有多个校区的高校来说，基于云计算的财务管理平台还能够实现跨校园的财务数据共享。无论是主校区还是分校区，所有财务数据都可以集中存储在云端，并通过云平台进行统一管理和实时更新。

云平台能够打破空间上的限制，将不同校区的财务数据进行统一管理。例如，学校可以通过云平台集中管理各个校区的财务预算、科研项目资金和基础设施建设支出，避免各校区数据分散带来的管理困难。这种集成化管理提高了多校区学校财务管理的透明度和效率，确保各校区的财务操作规范化、标准化。

跨校区的财务数据共享还能够帮助学校实现资源的合理调配和优化配置。例如，某个校区如果出现资金短缺，财务部门可以通过云平台实时查看其他校区的资金情况，并根据需要调配资金，从而避免财务资源的浪费或短缺。这种跨校园的数据联动不仅提高了学校整体的财务管理水平，也为学校的战略发展提供了强有力的财务支持。

（二）云财务系统的灵活扩展与维护

1. 云财务系统的弹性扩展

传统的本地财务管理系统往往受限于硬件设施和存储容量，难以应对数据规模的快速增长或业务需求的变化。而基于云平台的财务管理系统具有高度的弹性扩展能力，能够根据实际需求灵活调整系统容量和处理能力。

云计算平台可以根据财务数据的增长情况和使用需求，灵活扩展存储空间和计算能力。例如，在某些特定的财务管理高峰期（如学期初的学费收缴或科研项目经费拨付时），财务数据处理量激增，传统系统可能难以应对这种突发的处理需求，而云平台可以按需分配计算资源，确保系统的平稳运行，避免因处理能力不足导致的系统崩溃或延迟问题。

云财务系统还可以根据学校的业务需求灵活调整应用模块。例如，学校可以根据实际需求增设或删除某些财务模块，如预算管理、报销审核、资产管理等。云平台可以自动适应这些变化，快速部署新的模块，确保系统始终保持最佳的运行状态。这种灵活的扩展能力不仅提高了财务系统的适应性，还为学校的财务管理创新提供了技术保障。

2. 云财务系统可以降低运维成本

传统的本地财务系统需要投入大量的资金用于硬件设备的采购、维护以及 IT 团队的日常运维，而云计算平台则能够显著降低这些运维成本。通过云平台，学校可以将大部分 IT 基础设施的管理工作交由云服务提供商负责，减少了本地硬件的维护负担。

基于云平台的财务管理系统无须学校自行购置大量的服务器和存储设备，所有的数据存储和计算都由云端处理。这不仅减少了初期的硬件采购成本，还降低了日常维护的费用。此外，云平台的自动更新功能可以确保系统始终处于最新状态，无须学校进行烦琐的系统升级和维护工作。

云平台的使用还可以减少学校对 IT 运维团队的依赖。云服务提供商会负责系统的日常维护、安全监控和数据备份等工作，学校的 IT 团队只需专注于系统的使用和配置，而不必为硬件设备和基础设施的管理操心。这不仅节省了人力成本，还提升了财务管理系统的运行效率。

四、区块链技术在财务管理中的应用

随着区块链技术的迅速发展，越来越多的高校开始将其引入到财务管理领域，利用其去中心化、透明化、不可篡改等特性，提升财务管理的透明度、效率和安全性。区块链技术的应用不仅为高校提供了更加透明和安全的资金管理方案，还能通过智能合约自动化财务审批流程，防止数据篡改与违规操作。

（一）去中心化与透明管理

1. 去中心化的资金管理

区块链的去中心化特性使得高校财务管理不再依赖于单一的中心化系统，从而避免了因中心故障或数据失真带来的风险。通过区块链，所有的资金流向都可以在多个节点上同步记录，确保数据的真实性和完整性。这种去中心化的管理模式为高校的资金管理提供了新的解决方案。

区块链技术通过分布式账本记录每一笔资金的流向，使得所有参与节点可以实时查看资金使用情况。例如，学校可以将所有的财务交易记录在区块链上，所有授权的财务人员、科研人员和管理者都可以查看这些记录，了解每一笔资金从拨付到使用的全流程。这种透明性不仅提高了资金管理的效率，还增强了对资金使用的监管力度，避免了资金滥用或挪用。

区块链的实时性使得资金流向可以即时追踪。学校可以通过区块链技术实时查看科研项目、基建资金、学生缴费等不同类型资金的流动情况，确保每一笔资金都能按计划使用。例如，某个科研项目的经费拨付可以通过区块链实时更新，管理者可以随时查看资金的使用进度和具体支出，确保资金使用的透明化和可控性。

2. 透明管理与问责机制

去中心化的财务管理为高校建立了更加透明的管理体系。通过区块链，所有资金的使用记录都公开透明且无法篡改，使得每一笔支出都可以被审计和追踪，从而有效加强了财务问责机制。

区块链使资金使用的每个环节都公开透明，避免了暗箱操作的可能性。对于捐赠资金、科研经费等资金使用敏感的领域，区块链技术能够确保所有交易记录都被公开记录在链上，捐赠者、科研人员、管理层等相关方可以随时查看资金的使用情况，确保资金被合理、合法使用。

通过区块链记录的不可篡改性，学校可以建立完善的资金责任追踪体系。当出现资金使用不当或违规操作时，管理者可以通过区块链查找责任方，追溯到资金流动的每一个环节。这种透明的问责机制不仅减少了违规操作的发生，还增强了资金管理的合规性和公正性。

（二）智能合约在财务审批中的应用

1. 智能合约的自动化财务审批

智能合约是区块链技术的一项重要应用，它可以根据预先设定的规则自动执行财务审批流程，从而大幅度提高高校财务管理的效率。通过智能合约，预算审批、报销审核、资金拨付等流程可以自动化执行，无须人为干预，避免了人为操作中的延误和错误。

智能合约可以根据学校设定的预算规则自动执行预算审批。例如，某个部门提交预算申请时，智能合约可以自动检查预算金额是否在规定范围内、是否符合预算审批条件等。如果条件满足，智能合约可以自动批准预算申请并进行相应的资金分配。通过这种自动化流程，预算审批的时间大大缩短，提升了资金使用的效率和管理的透明度。

对于报销流程，智能合约同样可以发挥自动化作用。例如，教师或科研人员提交报销申请时，智能合约可以自动根据学校的报销政策对申请进行审核，包括费用的合理性、报销限额、支出凭证等。一旦审核通过，智能合约可以自动发起支付，报销金额会直接转入申请人的账户。这种自动化审核过程减少了人工审核的烦琐步骤，提升了报销流程的效率。

2. 智能合约中的资金拨付与控制

智能合约不仅可以用于审批流程，还可以用于资金拨付与控制，确保资金使用符合预算计划和学校的财务规定。例如，智能合约可以根据项目进展或阶段性目标，自动分批拨付资金，确保项目资金按计划使用，避免资金滥用或超支。

在科研项目或基建项目中，智能合约可以根据项目进度自动进行资金拨付。例如，当项目完成某一阶段的目标时，智能合约会自动触发下一笔资金的拨付，确保资金按进度使用。这样不仅减少了人工操作的时间成本，还能更好地控制资金流向，避免超预算或资金浪费现象。

智能合约可以设置严格的资金使用条件，确保资金的合规性。例如，智能合约可以规定，只有当项目负责人和财务部门的审批通过后，资金才能被使用。如果有违规使用资金的行为，智能合约将自动中止资金的进一步拨付，并发出警告。这种智能控制机制提高了资金管理的安全性和可靠性。

（三）防伪溯源与数据安全保障

1. 防伪溯源的优势

区块链的不可篡改性和全程记录功能为财务管理中的防伪溯源提供了强有力的技术保障。通过区块链，所有的财务交易记录都可以被追溯，任何试图篡改数据的行为都会被发现并记录在链上。这种防伪溯源能力使得学校的财务管理更加安全、透明，杜绝了数据篡改和违规操作的可能性。

区块链上的每一笔交易都由多个节点共同验证并记录，一旦交易被记录在链上，便无法被篡改。这意味着所有的财务交易记录都是真实可信的，任何企图修改或删除财务数据的行为都会被系统拒绝。例如，学校拨付科研经费时，区块链系统会将这一拨付记录永久存储，确保资金流向的透明性和可追溯性。这种不可篡改性增强了财务数据的可靠性，避免了人为篡改的风险。

区块链的防伪溯源功能确保了资金使用的完整性和透明度。例如，某笔资金从预算拨付到最终支出都可以通过区块链记录下来，形成完整的使用链条，任何相关方都可以通过区块链查看这笔资金的流动情况，确保资金使用的合法性和合规性。这种全程可追溯的资金记录不仅提高了财务管理的透明度，还为学校的审计和监管工作提供了有力支持。

2. 数据安全保障

区块链技术为高校财务管理中的数据安全提供了强大的保障。通过加密、分布式存储和共识机制，区块链系统可以有效防止数据泄露、篡改和丢失，确保财务数据的安全性和稳定性。

区块链采用了先进的加密算法，确保所有财务数据在传输和存储过程中的安全性。例如，学校的财务交易数据在上传到区块链时会被加密处理，只有拥有解密权限的用户才能查看数据内容。即使外部人员获得了数据，也无法读取或篡改数据内容，确保财务信息的安全性。

区块链通过分布式存储数据，避免了单点故障的风险。例如，财务数据会被同时存储在多个节点上，即使某个节点发生故障或遭受攻击，数据也能在其他节点上完好无损地保存下来。这种分布式存储机制提高了数据的容错性和稳定性，确保学校的财务数据始终安全可靠。

第九章　高校财务管理的未来趋势与挑战

高校财务管理的未来趋势与挑战将在全球化、信息化和多元化背景下发生深刻变化。随着高校面临的内外部环境日益复杂，未来的财务管理将更加注重数据驱动与智能化决策。通过引入大数据分析、人工智能、区块链等先进技术，高校财务管理能够实现实时监控、精准预算、动态资金调配等功能，进一步提高管理效率和资金使用效益。同时，随着高校财务来源的多样化，如何在政府拨款、学费收入、科研经费、社会捐赠等多元收入渠道中保持平衡，将成为一大挑战。此外，高校还需要应对全球经济不确定性带来的资金风险，建立健全的风险控制和预警机制，确保财务的稳定性和可持续性。在此背景下，高校财务管理的创新与变革将为其未来发展奠定坚实基础，但也需要在政策变化、资金安全和资源配置等方面做出前瞻性应对。

第一节　高校财务管理的创新趋势

一、资金多元化管理与筹资模式创新

在现代高校的财务管理中，单一的资金来源已难以满足高校日益增长的资金需求。为确保高校的可持续发展，资金的多元化管理和筹资模式创新成为当前高校财务管理的重要课题。通过开拓新的筹资渠道、深化校企合作以及应用创新型融资工具，高校能够拓宽资金来源，提升财务管理的灵活性和稳健性。

（一）校企合作与产学研结合模式的深化

1. 校企合作模式的深化

校企合作是高校财务管理中的一项重要筹资手段，通过与企业的深度合作，高校不仅能够获得资金支持，还可以加强科研创新和人才培养。随着校企合作模式的不断深化，高校与企业的合作内容日益多元化，合作形式也更加灵活。

通过与企业联合设立科研项目，学校可以获得企业提供的资金支持，同时还可以

利用企业的技术和市场资源，实现科研成果的应用与转化。产学研联合项目有助于打破学术与产业之间的壁垒，推动技术创新和市场化进程。例如，某些高校与大型科技公司联合设立实验室，共同研究前沿技术，这不仅促进了科研成果的商业化，也为高校带来了稳定的资金来源。

校企合作还可以通过人才培养计划为高校提供资金支持。企业可以根据自身的需求，与高校合作设立定向培养项目，资助学生学习，并在学生毕业后提供就业机会。这种合作模式不仅为学生提供了更好的学习和就业机会，也为学校带来了长期的资金支持。

2. 产学研结合的长效机制

产学研结合是高校创新能力的重要体现，也是高校筹集资金的重要方式之一。通过与企业、科研机构和社会组织的合作，高校可以建立长效的产学研结合机制，为财务管理提供长期稳定的资金来源。

高校的科研成果是产学研合作的重要资源。通过与企业合作进行技术转移或专利授权，学校可以获得技术转让费和专利使用费。知识产权合作不仅为高校带来了可观的收入，还推动了科研成果的应用转化，为学校、企业和社会带来多重收益。

高校与企业可以通过共建联合实验室和科研平台，共同进行科研攻关和技术研发。这种合作模式能够充分利用高校的科研力量和企业的市场优势，推动创新成果的产业化应用。通过这种模式，企业可以为高校提供科研资金支持，而高校则可以通过技术输出获得收入，形成稳定的资金来源。

（二）创新型融资工具的应用

1. 项目融资在高校中的应用

项目融资是一种基于项目自身现金流的融资方式，在高校的基建、科研和产业化项目中得到广泛应用。高校可以通过项目融资的方式，吸引外部资本参与特定项目的建设和运营，减轻学校的资金压力。

高校的基建项目，如新校区建设、教学楼和实验室扩建等，通常需要大量资金投入。通过项目融资，学校可以与社会资本合作，利用项目未来的现金流（如学费、租金收入等）作为还款来源，吸引银行或其他金融机构提供贷款。这种融资方式减少了学校的前期资金压力，确保项目顺利实施。

对于一些有市场前景的科研项目，高校可以通过项目融资的方式吸引外部投资。例如，某些高校通过与风险投资公司合作，为具有产业化潜力的科研项目融资。投资公司可以为科研项目提供启动资金，帮助科研成果实现商业化，而高校则可以通过项目的成功获得收益分成。

2. 债券融资在高校财务中的实践

债券融资是一种常见的融资工具，近年来逐渐被高校接受和应用。通过发行债券，高校可以筹集到较大规模的长期资金，用于支持基建、科研等重大项目。一些高校通过发行校园债券为基础设施建设筹集资金。校园债券的特点是利率较低，期限较长，适合用于长期投资项目。通过债券融资，高校可以避免大规模的银行贷款，降低融资成本。例如，某些高校在进行校园扩建时，通过债券融资筹集了数千万美元，用于建设新的教学设施和科研实验室。随着可持续发展理念的推广，绿色融资工具在高校中得到了越来越多的应用。高校可以通过发行绿色债券，为环保项目、节能建筑等绿色项目筹集资金。绿色债券不仅符合环保要求，还能吸引有社会责任感的投资者，提升高校的社会影响力和品牌形象。

3. 绿色融资与社会责任投资

绿色融资是一种专注于环境友好项目的融资方式，适用于高校的可持续发展项目。高校通过绿色融资，不仅可以获得资金支持，还能够履行社会责任，推动校园的可持续发展。高校可以通过绿色融资为节能减排项目筹集资金，如建设节能教学楼、安装太阳能发电设备等。这些项目不仅有助于降低学校的能源消耗和碳排放，还可以通过节约的能源成本获得长期的资金回报。例如，某些高校通过绿色融资，成功建设了校园内的新能源发电设施，大大降低了校园的碳排放。高校可以通过设立可持续发展基金，吸引社会资本投资于绿色项目。基金可以用于资助与环保、可持续发展相关的科研项目，也可以用于支持校园的绿色建设。这种融资方式不仅为高校提供了资金，还能为高校的环保项目带来更多的社会关注和支持。

二、全球化与跨境财务管理的加强

随着高校国际化进程的加速，全球化与跨境财务管理已成为高校财务管理中的重要议题。在与国际高校合作日益增多的背景下，高校需要应对跨境资金流动、外汇风险管理以及不同财务标准之间的兼容问题。同时，国际科研合作的扩展使得资金管理的合规性和透明度变得尤为重要。通过引入国际财务管理标准，优化资金管理，高校能够更好地应对全球化带来的财务挑战。

（一）国际化背景下的资金管理优化

1. 跨境财务管理的复杂性

随着高校与国际合作院校、企业以及科研机构的合作不断增加，资金的跨境流动变得更加频繁和复杂。高校在国际合作项目中面临的跨境财务管理问题主要包括多种货币的使用、跨国汇款、税务合规等方面。此外，由于全球经济环境的波动，外汇风险的控制也成为高校财务管理中的一个重要课题。

高校在与国外合作时，往往涉及多币种资金的收支管理。这些资金可能来源于不同国家的政府拨款、国际捐赠、跨国科研合作项目等。为了确保资金管理的有效性和透明度，高校需要建立完善的多币种账户管理机制，确保不同货币资金在预算编制、资金使用和汇款过程中得到有效管理。

在进行跨境资金流动时，高校还需要遵守不同国家的税务法规和金融监管规定。例如，在支付跨国科研项目的资金或进行国际学术会议的赞助时，高校需要了解合作国的税务合规要求，避免因疏忽而导致资金使用违规或受到处罚。此外，跨国汇款的复杂性也要求高校财务部门具备处理国际支付的能力，确保资金能够及时、准确地传递到合作方。

2. 外汇风险的管理

在跨境财务管理中，外汇风险是高校必须应对的重要问题。汇率波动可能导致跨国项目资金预算的不可控性，甚至会对项目的实施产生不利影响。因此，外汇风险控制成为国际化背景下高校财务管理的重要议题。

高校可以通过建立外汇风险对冲机制来降低汇率波动对资金的影响。常见的对冲工具包括外汇远期合同、期权和掉期交易等。这些工具可以帮助高校锁定汇率，确保在未来支付或接收外币资金时，不会因汇率变化导致资金损失。例如，某些高校在进行大规模国际合作项目时，会提前锁定未来几年的汇率，确保项目预算不会因汇率波动而超支。

通过设立多币种账户，高校可以灵活管理不同货币的资金流动，避免因频繁兑换货币而产生额外成本。此外，高校可以根据外汇市场的变化，灵活调整资金调配策略，例如在汇率有利时提前购入外币或将多余的外汇储备投资于低风险的外汇理财产品，增加资金的收益。

（二）国际财务标准的引入

1. 国际财务管理模式的借鉴

随着高校国际化进程的加快，借鉴国际先进高校的财务管理模式成为推动高校财务管理现代化的关键措施之一。通过学习国外领先高校在财务管理上的成功经验，高校可以优化内部财务流程，提升资金管理的效率和透明度。国际先进高校普遍在预算管理和资金使用绩效评估上采取了精细化的管理模式。例如，哈佛大学、牛津大学等高校通过建立严格的预算编制和执行监督机制，确保每笔资金的使用都符合既定的绩效目标。国内高校可以借鉴这一模式，建立以绩效为导向的预算管理体系，通过明确的财务目标和绩效指标，提升资金使用的效率和效果。国际高校通常会在财务管理中引入全面风险管理（ERM）框架，通过系统化的风险识别、评估和应对策略，确保学校在资金管理、投资、外汇操作等方面的风险得到有效控制。国内高校可以参考这一框架，建立符合自身特点的风险管理制度，以应对全球化进程中可能出现的财务风险。

2. 国际财务标准的引入与本土化

在推动财务管理与国际接轨的过程中，引入国际财务报告标准（IFRS）等国际公认的财务标准，有助于高校提升财务管理的透明度和规范性。通过遵循国际财务标准，高校不仅可以增强对外合作的信誉，还能够更好地管理国际项目资金。国际财务报告标准（IFRS）在全球范围内广泛应用，许多国际合作项目、跨国科研基金等都要求参与方提供符合 IFRS 标准的财务报表。高校可以通过引入 IFRS，提升财务报表的国际可读性，确保在与国外合作方开展合作时，能够提供符合国际标准的财务信息。此外，高校还需要结合本地的会计准则和法规，进行国际财务标准的本土化应用，以确保符合国内外的财务合规要求。国际财务标准的引入需要与高校的信息化建设相结合。通过信息化平台，学校可以更好地实现财务数据的标准化管理，确保不同部门、院系的数据统一规范，方便财务报表的编制与分析。这不仅提升了财务管理的效率，还为国际项目的财务监管提供了有力支持。

（三）跨国科研项目资金管理

1. 国际科研合作中的资金使用规范

随着跨国科研合作项目的增多，资金的合规性和透明度成为高校管理的重点。高校在管理跨国科研项目资金时，不仅要遵守国内的财务法规，还要符合合作国家或机构的财务要求和科研经费管理规范。

在国际科研合作中，高校需要确保每一笔资金的使用都符合合作方的规定和国内外的法律要求。例如，某些国际科研基金要求详细记录资金使用情况，并定期向合作机构提交资金使用报告。高校在管理这类项目时，需要加强对资金使用的监控，确保科研人员的支出符合项目预算和资助方的规定，避免出现资金滥用或违规使用的情况。

为了提升国际科研项目资金管理的透明度，高校应建立完善的科研经费管理系统，确保每一笔科研资金的使用都可追溯。通过信息化系统，科研人员和财务部门可以实时查看资金使用情况，生成详细的资金使用报告。这不仅有助于提升科研项目的管理效率，还能够提高学校在国际科研合作中的公信力。

2. 跨国科研项目中的财务协调与沟通

在跨国科研合作中，高校往往需要与多个国际合作方进行财务协调与沟通。由于不同国家的财务管理制度存在差异，如何确保资金的顺利流动和有效使用成为高校财务管理中的一大挑战。

为了确保跨国科研项目的顺利进行，高校需要建立跨国财务协调机制，及时解决在资金划拨、预算执行和财务审计过程中出现的问题。例如，在一些国际合作项目中，不同国家的科研人员可能对项目资金的使用方式存在不同理解，这就要求高校通过财务协调会或项目进度汇报会议，确保各方在资金使用上的共识和透明度。

许多国际科研项目都需要定期进行财务审计，以确保资金的合规使用。高校需要提前了解合作方的审计要求，并根据项目的资金使用情况，准备符合国际标准的财务审计报告。例如，某些欧盟资助的科研项目会要求定期提交详细的财务报告，确保资金使用透明和合法。高校应根据这些要求，制订相应的审计计划，确保资金审计的顺利完成。

三、财务管理中的可持续发展理念

随着全球对可持续发展和环保议题的关注不断增强，越来越多的高校开始将可持续发展理念融入财务管理中，积极推动绿色投资、节能减排、社会责任与财务管理的结合。高校作为社会的重要教育与科研机构，不仅在人才培养和科学研究方面承担着重要角色，也在履行社会责任、推动绿色转型和可持续发展中扮演着积极的作用。

（一）绿色财务管理

1. 节能减排与资源优化

在财务管理中推动绿色发展首先体现在节能减排和资源优化上。高校可以通过财务管理手段，将节能减排的理念落实到具体的资金使用和项目规划中，确保在日常运营和建设项目中最大限度地减少能源消耗和环境影响。

高校在进行校园基础设施建设时，可以优先考虑绿色建筑的设计和材料使用，通过资金支持节能建筑和可再生能源项目。例如，建设符合绿色建筑标准的教学楼和实验室，不仅减少了能耗，还为学生和教职工提供了更为健康环保的学习和工作环境。这类项目的资金可以通过专门的绿色投资项目或财政拨款实现，同时节能所带来的长期经济效益也有助于平衡建设成本。

通过信息化的资源管理系统，高校可以实时监控校园能源使用情况，优化能源管理策略。例如，某些高校通过安装智能电表和能源管理系统，追踪校内电力、水资源的使用情况，进而制订更为科学的能源使用计划。这些技术手段在节约资源的同时，还为学校带来了长期的财务节约效果，促进了财务管理与环境保护的结合。

2. 绿色投资与资金引导

绿色财务管理的另一重要内容是推动绿色投资，确保资金流向符合环保和可持续发展的目标。高校可以通过设立专门的绿色基金或投资于绿色项目，推动节能减排和可持续发展的全面落实。

高校可以通过发行绿色债券筹集资金，用于支持节能环保项目的建设。例如，某些高校通过发行绿色债券，为校园内的太阳能发电项目或节能设备的升级改造筹集资金。绿色债券不仅符合可持续发展理念，还能够吸引具有社会责任感的投资者，扩大高校在环保领域的影响力。

高校作为科研机构，在绿色技术的研发上具有巨大的潜力。通过财务管理引导资金流向绿色技术的研究和开发，学校可以支持教师和学生在环保、可再生能源、气候变化等领域的创新。例如，某些高校通过设立绿色科研基金，资助环保相关的科研项目，推动绿色技术的产业化应用。

（二）社会责任与财务管理的融合

1. 高校财务管理中的社会责任

高校在财务管理中体现社会责任感，体现在资金的使用和分配不仅局限于内部运营和发展的需求，还要兼顾对社会的贡献和公益事业的推动。财务管理可以通过支持公益活动、促进社区发展和提升公众教育水平，履行高校作为社会责任主体的义务。

通过设立专项资金，高校可以在社会公益领域发挥积极作用。例如，某些高校设立了专门的社会责任基金，用于资助社区教育、扶贫项目或环境保护活动。这些资金可以来自社会捐赠、校友捐赠或者通过学校内部预算的分配。通过支持这些项目，高校不仅可以增强自身在社会中的影响力，还能够培养学生的社会责任感。

在投资决策中，高校可以优先选择那些注重社会责任的企业或项目。例如，一些高校在选择合作伙伴或投资对象时，会重点考虑企业的社会责任表现，包括环保、劳工权益保护和社区贡献等。这种财务管理方式不仅符合高校的社会责任目标，也能够提高学校在公众中的声誉。

2. 财务管理对教育公益事业的支持

高校作为教育机构，其社会责任不仅体现在对环境和社会的贡献上，还包括通过财务管理支持教育公益事业的发展。高校可以通过提供奖学金、资助贫困学生、参与社区教育等方式，促进教育公平，提升社会整体的教育水平。

高校可以通过财务管理，设立奖学金和助学金项目，帮助贫困学生顺利完成学业。例如，一些高校通过社会捐赠和校友捐赠设立了奖学金基金，用于资助成绩优秀或经济困难的学生。通过这些资助项目，学校不仅履行了社会责任，也为社会培养了更多的人才。

高校可以通过财务支持，组织面向社区的教育项目和培训计划。例如，一些高校设立了社区教育中心，为社会提供免费或低成本的职业培训、技能提升课程，帮助社会成员提高自身竞争力。这类项目通过财务支持，发挥了高校在社会教育和人才培养中的积极作用。

（三）可持续资金使用模式的探索

1. 绿色债券与可持续融资

随着可持续发展理念的普及，绿色债券作为一种创新型融资工具，逐渐在高校中得到应用。绿色债券的资金主要用于支持环保、节能、可再生能源等可持续项目，帮助高校在财务管理中实现资金使用与环境保护的统一。

通过发行绿色债券，高校可以为节能建筑、清洁能源设施等项目筹集资金。例如，一些高校通过绿色债券的发行，为校园内的太阳能发电设施和电动汽车充电桩项目提供了资金支持。这种融资方式不仅降低了校园运营的碳排放，还通过节能效益为学校带来了长期的经济收益。

绿色债券的发行为高校提供了低成本、长期的资金来源，同时也提升了高校在环保领域的声誉。然而，绿色债券的发行需要严格的资金使用监管和透明的项目评估体系。高校在发行绿色债券时，需要确保项目的可行性和资金使用的合规性，以获得投资者的信任。

2. 可持续发展基金的设立与管理

可持续发展基金是一种专注于支持环境保护、社会发展和经济可持续性项目的资金管理模式，适用于高校在财务管理中的长期发展规划。通过设立可持续发展基金，高校可以吸引社会资本，推动校园内外的可持续发展项目。

高校可以通过社会捐赠、政府支持或合作企业的资金注入，设立可持续发展基金，用于资助环境友好型项目和社会责任项目。例如，一些高校通过设立可持续发展基金，资助绿色科研项目、社区教育计划以及环保技术的推广。基金的运作需要透明的管理体系，确保资金使用符合可持续发展目标，并通过定期评估提升资金管理的效果。

可持续发展基金不仅为高校提供了可持续资金支持，还能够产生广泛的社会效应。例如，基金可以通过资助社区环境改造项目，改善校园周边的生态环境，提升学校在社会中的形象。此外，基金通过支持绿色科技研发和创新创业项目，还能够为高校带来长期的经济回报和社会影响力。

第二节　高校财务管理面临的挑战与应对策略

一、资金来源多元化带来的管理难题

随着高校资金来源的多元化，财务管理面临着日益复杂的挑战。政府拨款、社会捐赠、科研经费、学费收入及校办产业的收入等多种资金来源，使高校拥有更广泛的资金渠道，然而，这也带来了资金整合、管理和监管的难题。高校不仅需要确保资金的有效使用，还需提升资金使用效率，符合合规性要求，同时应对绩效压力。

（一）多元化资金的整合与协调

不同资金来源带来的管理挑战不仅体现在资金用途的差异上，还涉及资金的监管和分配。各类资金往往要求独立核算和透明的管理，这使得高校在整合资金时，面临着管理流程复杂、监管要求高的难题。由于捐赠资金和科研经费的使用需符合特定的合规要求，高校在整合资金时，需要确保所有资金的透明使用，避免重复分配或不当使用。比如，社会捐赠资金可能要求专门用于某项学术研究或特定奖学金的发放，而校办产业收入则可以用于更多灵活的项目支出。高校必须确保不同资金之间不存在冲突，并符合各自的使用要求。多元化资金的使用涉及多个部门、项目和利益相关者。

资金分配的过程中，如何在满足不同来源资金的使用要求的前提下，科学、合理地分配资源，是高校财务管理中的重大难题。

（二）科研经费的合规管理与绩效压力

1. 科研经费的合规管理要求

随着科研经费的多元化和来源增加，政府及科研资助机构对科研经费的合规管理要求越来越严格。科研项目的资金使用不仅需要符合资助方的管理规定，还需确保科研成果的输出与资金投入的匹配度。在这种背景下，高校财务管理面临更大的合规性压力。

2. 绩效压力与资金使用效率

除了合规管理要求，科研经费的使用效率和资金投入的产出比也成为高校面临的另一大挑战。资助方对科研项目资金使用的绩效考核日益严格，要求高校在使用科研经费的同时，能够尽快产出高质量的科研成果。

资助方越来越注重科研经费的使用效率，希望通过有限的资金投入获得最大的科研成果。这种绩效考核压力体现在资金使用过程中的每一个环节，高校需要确保每一笔资金的使用都能够为科研成果的产出带来直接或间接的贡献。

在科研经费管理中，高校不仅要考虑经费的合规性，还要重点关注科研成果的产出时间和质量。例如，一些资助方可能要求项目在规定时间内发表一定数量的高水平学术论文或技术专利。高校需要通过优化科研资金的分配和使用，尽量减少资金浪费，提升科研投入的产出效益。

（三）应对策略

1. 优化资金管理流程

为应对多元化资金管理带来的挑战，高校可以通过优化资金管理流程，确保各类资金的有效整合与高效使用。

（1）建立统一的资金管理平台。高校可以通过信息化手段，建立统一的资金管理平台，将来自不同渠道的资金进行集中管理与分配。该平台不仅可以实现资金使用的透明化，还可以通过数据分析和资金流向监控，确保各类资金的有效使用和分配。

（2）简化资金审批流程。在资金管理流程中，过于烦琐的审批环节可能会导致科研经费的使用效率降低。高校可以通过简化资金审批流程、引入自动化审批系统等方式，提升资金使用效率，确保科研项目能够及时获得资金支持，减少科研进展受资金影响的情况。

2. 建立科学的资金分配机制

为了更好地应对多元化资金来源带来的分配挑战，高校需要建立科学的资金分配机制，确保资金在不同项目和部门之间的合理分配。

（1）基于绩效的资金分配模式。高校可以引入基于绩效的资金分配模式，将资金分配与科研项目的成果产出和绩效考核相结合。通过定期评估各个项目的资金使用情况，调整资金分配比例，确保资源向具有高科研产出的项目倾斜。这不仅提升了资金使用效率，还能够推动学校科研水平的整体提升。

（2）资金使用的灵活性管理。高校还可以根据项目的实际需求，建立灵活的资金使用机制，确保在不违背合规要求的情况下，科研人员可以根据项目进展灵活调整资金的使用方向。例如，允许科研项目在设备、人员费用和材料支出等预算项之间进行适当的调整，以适应科研工作的实际需求，提升资金使用的灵活性。

3. 强化资金监管与审计

在多元化资金管理中，确保资金使用的透明度和合规性至关重要。高校应通过强化资金监管与审计机制，保障各类资金在使用中的合规性和高效性。

（1）定期财务审计与监督。高校应定期对各类资金的使用情况进行财务审计，确保资金流向和使用的合规性。同时，建立严格的资金使用监督机制，避免资金浪费或不当使用，确保每一笔资金都用在实处。

（2）信息化资金监管系统。通过信息化资金监管系统，实时监控各类资金的使用情况，并生成详细的财务报告。这不仅提升了资金使用的透明度，还为管理者提供了更强的决策支持，确保资金管理更加规范和高效。

二、财务信息化建设中的技术与成本问题

随着高校财务管理需求的不断增加，信息化技术在财务管理中的应用日益广泛。然而，财务信息化建设并非一帆风顺，尤其是在高校复杂的资金来源和管理环境下，信息化系统的建设与维护面临技术和成本的双重挑战。高校在推进财务信息化过程中，不仅需要考虑高昂的建设和维护成本，还需应对系统整合的技术复杂性，以及由此引发的数据孤岛问题。

（一）信息化系统建设成本高、技术复杂

1. 高昂的建设成本与维护费用

财务信息化系统的建设和维护需要大量的资金投入，这对资金有限的高校来说是

一个重大挑战。高校财务信息化系统涉及预算管理、科研经费管理、资金流向监控、报销审核等多个模块，每一个模块的开发和实施都需要相应的技术投入。此外，随着信息化系统的升级与优化，系统维护费用也将成为长期成本。

财务信息化系统的开发不仅包括软件系统的建设，还涉及硬件设备的升级和购置，如服务器、数据存储设备、网络安全设施等。这些硬件设施的投入往往一次性成本高昂，并且需要定期进行更新，以应对日益增长的数据处理需求和安全性要求。财务信息化系统在运行过程中，需要持续的技术支持与维护。随着高校规模的扩大和业务的复杂化，财务系统的需求也会随之增加，系统的不断升级优化是不可避免的。系统维护费用不仅包括软件更新，还包括技术支持服务、数据备份和安全性管理等多个方面，对高校造成长期的财政压力。

2. 技术复杂性与支持不足

高校财务管理的复杂性使得财务信息化系统的开发技术要求较高，尤其是在涉及多元化资金管理、科研经费合规性管理以及跨部门协同时，系统的技术支持显得尤为关键。然而，许多高校在技术支持方面存在不足，无法为信息化系统的正常运行提供足够的保障。

高校财务信息化系统需要涵盖预算编制、资金分配、科研经费管理、资产管理等多项功能，这些功能模块之间既相互独立又相互关联，系统架构设计需要具备高度的灵活性和兼容性，以适应未来扩展和变更的需求。这一复杂性要求财务信息化系统具备较高的技术开发能力，而部分高校在技术团队建设上存在不足，导致系统的开发和实施过程缓慢。在信息化系统的实施过程中，许多高校缺乏专业的技术支持团队，无法及时处理系统运行中出现的技术问题。特别是在系统升级和新功能上线时，技术支持的不足可能导致系统不稳定，影响日常财务管理工作。这一问题在中小型高校中较为明显，因其缺乏足够的资金支持来组建技术支持团队，只能依赖第三方公司提供服务，增加了管理的复杂性。

（二）系统整合难度大，数据孤岛现象严重

1. 财务信息系统的孤立性

高校的财务管理系统往往由多个独立的系统组成，包括预算管理系统、科研经费管理系统、资产管理系统和报销审核系统等。这些系统之间往往缺乏有效的互联互通机制，导致各个系统独立运作，形成"数据孤岛"现象。数据无法共享和互通，不仅降低了管理效率，还增加了财务管理的复杂性。

（1）不同系统的数据标准不统一。各个财务系统通常是由不同的供应商开发，系统的接口、数据格式、标准不一致，导致系统之间无法进行无缝的数据共享。例如，预算管理系统生成的财务数据可能无法直接导入科研经费管理系统，财务人员需要手动处理这些数据，增加了工作量并提高了出错的风险。

（2）跨部门数据整合困难。财务数据往往涉及多个部门和院系，而不同部门的管理系统在数据管理和操作流程上存在差异，导致财务数据在跨部门使用时难以统一。例如，科研经费管理系统可能需要与科研管理部门的系统对接，而资产管理系统则需要与后勤部门的系统整合。如果无法实现数据的流畅互通，各部门之间的沟通成本将大幅增加，影响管理效率。

2. 数据孤岛带来的管理困境

数据孤岛现象的存在不仅影响财务数据的及时性和准确性，还对管理层的决策造成不利影响。由于数据无法共享和整合，管理者难以获取完整、准确的财务信息，无法对财务状况进行全面的分析和评估。

（1）决策支持的局限性。由于财务数据分散在不同系统中，管理者无法实时获取整体的财务状况，特别是在预算调整和资金调配时，缺乏全面的数据支持。例如，管理者需要了解某个科研项目的预算执行情况，但由于科研经费管理系统与预算管理系统数据不通，管理层可能难以获得准确的预算执行报告，影响决策的及时性和准确性。

（2）财务风险的增加。由于系统间数据不共享，财务管理中的风险控制难以全面实施。例如，某些项目可能在多个系统中重复申请经费，或者由于数据不一致导致某些项目资金被滥用。数据孤岛问题使得财务管理透明度下降，风险控制能力减弱，增加了学校资金管理的难度。

（三）应对策略

1. 逐步投入与分阶段建设

高校财务信息化建设不可能一蹴而就，考虑到系统建设成本高昂、技术复杂等问题，高校应采取逐步投入和分阶段建设的策略，确保系统的稳定发展。

（1）分阶段实施财务信息化建设。高校可以根据财务管理的优先需求，分阶段实施信息化建设。例如，可以先从预算管理、科研经费管理等核心模块入手，逐步扩展到报销审核、资产管理等非核心模块。通过这种分阶段建设的方式，既可以减少一次性大规模投入的资金压力，也能够通过反馈及时调整系统设计，提高整体实施的效果。

（2）合理分配资源，控制成本。高校在财务信息化建设过程中应充分评估各模块的建设成本和预期效益，合理分配资金和资源，对于较为重要的财务模块，应优先投入资金，确保系统的顺利上线和正常运行，而对于一些次要模块，可以根据学校的发展计划和资金情况，适时调整投资节奏，避免过度负担。

2. 提升系统兼容性与数据协同

解决系统整合和数据孤岛问题是财务信息化建设的核心难点之一。高校可以通过提升系统兼容性和数据协同能力，打破不同财务系统之间的壁垒，实现数据的无缝共享和整合。

（1）采用开放标准与 API 接口。高校在财务信息化系统建设过程中，可以优先选择支持开放标准和 API 接口的系统，确保各模块能够通过统一的数据接口进行互联互通。开放标准的应用不仅能够简化系统集成的难度，还能为未来的系统扩展提供更大的灵活性。例如，预算管理系统和科研经费管理系统可以通过 API 实现数据自动同步，避免人工重复录入数据的风险。

（2）数据中台的构建。高校可以通过构建数据中台，实现财务数据的集中管理和共享。数据中台作为一个统一的数据管理平台，能够将来自不同系统的财务数据进行汇集、处理和分析，提供给各个业务系统使用。这样一来，学校管理层和财务人员可以通过一个统一的界面访问所有财务数据，极大提高了管理的便捷性和效率。

三、政策变化带来的财务风险

随着国家政策和教育财政制度的不断调整，高校财务管理面临的风险日益增多。特别是政府拨款政策、科研经费管理政策、学费调整等外部政策的变化，直接影响高校的资金来源与财务规划。对于高校而言，如何在不确定的政策环境下保持财务稳定性，并减少对单一资金来源的依赖，成为财务管理中亟待解决的问题。

（一）政府拨款政策的变化

1. 政府拨款的变化及其影响

高校长期以来对政府拨款具有较高依赖性，尤其是公立高校，政府拨款往往是其主要资金来源之一。然而，随着国家经济形势变化和财政政策的调整，政府拨款的稳定性受到影响，拨款额度可能出现波动，给高校的财务规划和运营带来不确定性。

（1）拨款政策调整。在国家进行财政预算调整时，教育经费可能面临缩减，特别是在经济下行期，政府可能优先保障公共医疗、社会保障等项目的拨款，削减教育经费。对于高度依赖政府拨款的高校而言，资金紧缩可能导致其运营资金不足，影响正常的教学和科研活动。

（2）拨款项目的重新分配。政府拨款政策的变化不仅体现在总额的调整上，还包括资金分配的结构性变化。政府可能根据政策优先级，增加对"双一流"高校、重点科研项目或新兴学科领域的支持，减少对其他普通院校的资助。这种结构性的变化可能导致部分高校面临资金分配不公或资金减少的风险，进而影响其发展的可持续性。

2. 依赖性带来的风险

高校对政府拨款的高度依赖性使其在政策变化面前显得脆弱。政府拨款的不确定性直接影响高校的资金流动性、预算执行和长期发展规划。特别是在政府拨款比例较大的高校，一旦拨款削减或延迟，可能对学校的正常运转带来巨大压力，甚至影响教师薪酬、科研项目进展和校园建设等关键领域。

（1）资金链断裂风险。如果政府拨款减少或发放延迟，对政府拨款依赖度高的高校可能面临资金链断裂的风险，无法按时支付教职员工工资或支持科研项目的正常进行。例如，一些高校在财政拨款延迟的情况下，往往需要借助短期贷款来填补资金缺口，但这无疑增加了学校的财务负担。

（2）长期发展受限。依赖政府拨款的高校在政策变化中容易受到限制，导致长期发展受阻。例如，某些高校依赖拨款进行基础设施建设和科研设备的更新，但如果拨款政策发生变化，这些投资可能难以为继，进而影响学校的科研能力和教学水平。

（二）财务管理中外部政策的不确定性

1. 科研经费政策的变动

科研经费是高校财务的重要组成部分，而科研经费管理政策的变化对高校财务产生直接影响。近年来，科研经费的管理日益严格，政府和资助机构对经费使用的合规性要求不断提高，且随着财政紧缩，科研经费的竞争也更加激烈。一些高校因不当使用科研经费受到处罚，甚至影响后续的经费申请和拨付。这种合规性要求增加了高校的财务管理压力，需要投入更多的人力和资源进行经费的合规监管和审核。科研经费政策变化可能导致科研项目资金削减，尤其是对某些领域或学科的资助减少。与此同时，科研经费的竞争加剧，申请成功率降低，给高校科研团队带来资金压力，影响科研成果产出。

2. 学费调整政策的影响

高校的另一大收入来源是学费收入，而学费政策的变化也会对高校财务状况产生重要影响。政府对学费的调控政策、学费增长的限制以及学生人数的波动都会影响高校的收入预期和资金流动。在某些国家和地区，政府可能会对学费增长进行限制，尤其是在经济困难时期，政府可能要求高校冻结或降低学费标准，以减轻学生和家庭的经济负担。这对依赖学费收入的高校来说是一个巨大的挑战，因为学费收入减少意味着学校运营资金的减少，可能需要削减支出或增加其他收入来源。

（三）应对策略

1. 建立灵活的财务规划机制

面对政府拨款和外部政策变化带来的不确定性，高校应通过建立灵活的财务规划机制，增强对突发财务风险的应对能力。这种灵活的财务规划机制可以帮助高校在面对资金不足或拨款延迟时，及时调整预算和资金使用计划，确保财务稳定。

（1）多层次的财务预算与应急预案。高校可以制定多层次的财务预算，确保在政府拨款减少或科研经费波动时，能够快速进行资金调整。通过设立应急预案和储备基金，高校可以在短期资金不足时及时调动其他资源，保证学校的正常运转。

（2）动态资金分配与优化。高校还应建立动态的资金分配机制，根据政策变化和财务状况实时调整资金的使用优先级。例如，可以在资金紧张时期优先保障教师薪酬和科研核心项目的资金供应，减少在基础设施建设或其他非核心领域的支出。

2. 增加高校自筹资金比例，减轻对单一资金来源的依赖

高校可以通过增加自筹资金比例，减少对政府拨款或其他单一资金来源的依赖，提升财务的自主性和灵活性。通过多元化收入来源，高校可以在面对政策变化时，保持财务的稳定性和可持续发展能力。

（1）校办产业和产学研合作。高校可以通过校办产业的收益、科技成果转化和产学研合作，增加自筹资金比例。例如，一些高校通过成立科技园区或创业孵化器，利用自身的科研优势开展技术转让和知识产权交易，获取可观的经济收益。这些自筹资金可以为高校的日常运营和科研提供重要支持，减少对外部资金的依赖。

（2）拓展社会捐赠与校友基金。高校还可以通过吸引社会捐赠和设立校友基金，拓展自筹资金渠道。例如，一些高校通过校友捐赠设立奖学金、科研基金或基础设施建设项目，借此获得稳定的资金来源。校友基金的设立不仅增强了学校与校友之间的联系，还为学校的长远发展提供了可靠的资金保障。

3. 提高学费收入的稳定性

在面对学费政策变化和生源波动的影响时，高校可以通过提升教育服务质量、吸引国际学生和开发新型教育项目，来提高学费收入的稳定性和可持续性。

（1）吸引国际学生。通过提升国际化办学水平，高校可以吸引更多的国际学生，增加学费收入。国际学生学费通常高于本国学生，这有助于高校在学费政策不利的情况下，稳定收入。此外，国际化的学生来源可以减少对单一生源市场的依赖，增强学校的财务抗风险能力。

（2）开发在线教育与继续教育项目。高校还可以通过开发在线教育、继续教育和职业培训项目，拓展学费收入来源。例如，许多高校通过开设短期培训课程、在线学位项目等，吸引在职人员或职业转型者参与学习，获取额外的学费收入。这类灵活的教育项目能够帮助高校在生源波动的情况下，保持学费收入的稳定。

第三节　高校财务管理的改革与发展前景

一、高校财务管理制度改革的方向

随着高校规模的不断扩大和资金来源的多元化，传统的财务管理模式面临效率低下、透明度不足以及资金使用效果难以有效评估等问题。高校财务管理制度的改革成为当下推动高校可持续发展的重要任务。通过简化管理流程、提高财务透明度、推动精细化管理，以及建立预算管理的绩效考核机制，高校可以实现资金管理效率和资源配置的最优化。

（一）简化管理流程与加强透明度

1. 传统财务管理流程的复杂性

目前，高校的财务管理流程往往较为烦琐，尤其在预算审批、报销审核、资金划拨等环节中，存在大量的人工操作与层层审批程序。这种传统的管理模式不仅降低了工作效率，还容易导致资金流动滞后，无法及时满足高校科研、教学等核心活动的资金需求。烦琐的流程还可能滋生不透明的操作，使财务风险难以控制。

许多高校的财务管理系统依然依赖于多级审批和烦琐的报销流程，尤其是科研经费的使用，经常涉及院系、科研处、财务处等多个部门的审批。这种多层次的审批模式增加了资金使用的复杂性，也延长了资金到位的时间，影响科研项目的进展。

传统财务管理中的手工记录、纸质单据处理等方式容易出现数据遗漏、报表错漏和不透明操作等问题。这不仅增加了财务管理的难度，也削弱了资金使用的公开性和透明度，难以对资金流向进行实时有效的监督。

2. 信息化手段简化财务流程

为应对传统管理模式中的低效与不透明问题，高校应当通过引入财务信息化管理系统，简化审批流程、提升资金管理透明度，并增强数据的实时监控与分析能力。

通过信息化手段，简化财务审批流程，实现审批环节的数字化和自动化。例如，预算申请和科研经费使用审批等可以通过电子系统完成，减少人工介入的环节，提升审批效率。自动化系统能够实时提醒相关审批人员，提高资金划拨的速度，并降低资金流动的滞后性。

信息化系统可以通过数据实时更新与监控，使财务管理的透明度显著提升。资金流动和使用情况可以通过信息平台展示出来，相关部门能够随时查看预算执行情况和资金使用进度。这种透明化管理不仅提高了财务管理的公开性，还能有效减少资金使用中的违规操作。

（二）精细化财务管理

1. 粗放式管理的弊端

传统的高校财务管理模式往往侧重于资金的粗放式管理，缺乏对资金使用效率的细致分析和资源配置的科学评估。这种管理模式不仅容易导致资金浪费，还可能因为资源分配不合理影响高校的科研与教学发展。例如，在基础设施建设、科研项目资金分配等方面，资金的使用效果难以评估，资金浪费与效率低下并存。

（1）资金使用效率低下。在粗放式管理模式下，高校资金的使用效率往往难以得到有效提升。例如，某些科研项目的资金分配过于宽泛，未能根据实际需求进行精准投入，导致部分资金闲置或使用不当。同时，因缺乏对预算执行情况的实时监控，资金使用效率低下的问题难以及时发现和解决。

（2）资源配置不合理。传统管理模式下的资源配置往往缺乏科学依据。例如，在校内的不同部门之间，预算分配和资源投入常常没有统一的绩效标准，这可能导致资金分配不均或资源浪费。

2. 推动精细化管理的实施

为了提高资金使用效率和资源配置的科学性，高校应当推动财务管理从粗放式管理向精细化管理转变。精细化管理不仅要求对资金使用进行精准的监控和评估，还需要在资金分配的过程中，依据具体的绩效目标进行资源的最优化配置。

（1）资金使用的精细化管控。精细化财务管理的核心在于对每一笔资金的用途进行详细的规划和实时管控。例如，在科研经费的使用中，可以将经费用于设备采购、人员开支、实验耗材等方面的资金细化到具体的项目和阶段，并根据项目进展实时调整资金分配，确保资金的高效使用。

（2）资源配置的科学性评估。精细化管理还需要通过数据分析与绩效考核对资源配置进行科学评估。例如，通过对过去年度的资金使用情况进行分析，识别出资金使用效率高的部门或项目，优先配置资源；而对资金使用效率低的项目或部门，进行针对性的调整和优化。

（三）加强预算管理的绩效考核机制

高校预算管理通常存在预算编制与执行脱节的问题。部分高校在预算编制过程中，未能结合实际需求和财务状况制定合理的预算计划，导致预算执行过程中出现资金使用不当或浪费的现象。此外，预算的执行结果缺乏有效的绩效考核机制，使得资金使用效益难以评估，也无法根据预算执行效果进行动态调整。

为了解决预算编制与执行脱节的问题，高校应当通过建立完善的预算管理绩效考核机制，确保资金使用与绩效目标紧密结合。在资金使用的全过程中，应当对预算执行的效果进行实时评估，确保每一笔资金都能发挥最大的使用效益。

（1）绩效导向的预算编制。在预算编制过程中，高校可以通过设立明确的绩效目标和资金使用效果预期，确保预算编制更加科学合理。例如，在科研经费的预算编制中，可以将预期的科研成果（如发表论文、申请专利等）作为绩效指标，并根据绩效指标调整资金分配比例，确保资金的投入能够转化为实际成果。

（2）动态调整与反馈机制。预算管理的绩效考核还应当包括预算执行过程中的动态调整机制。通过定期对预算执行情况进行评估，一旦发现资金使用效率低或资金超支的问题，可以及时调整资金分配，避免预算执行与绩效脱节。此外，建立反馈机制，将资金使用的效果反馈至管理层，为未来的预算编制提供科学依据。

二、高校财务自主权的扩大与财政政策的互动

随着高等教育的发展，高校财务管理面临着越来越复杂的需求，尤其是在经费使用、资金分配等方面，过度依赖政府拨款和政策指导的传统模式，已逐渐暴露出一定的局限性。近年来，国家逐步赋予高校更多的财务自主权，使其能够根据自身发展需求灵活调整资金使用方向，同时与政府财政政策保持紧密互动，以确保教育政策与高校发展的有效衔接。

（一）高校财务自主权的提升

1. 高校财务自主权的现状与提升趋势

过去，高校在财务管理中对政府的依赖度较高，尤其在资金来源方面，政府拨款占据了较大比例。虽然政府拨款为高校的运营和发展提供了基础保障，但在资金使用和分配上，高校自主权较为有限，很多资金的使用必须严格按照政府规定的预算科目执行，缺乏灵活性。这种模式不仅限制了高校的创新发展空间，还使其难以快速应对市场变化和社会需求的多样化。

传统财务管理中，高校的资金使用必须遵循政府的统一规定，尤其是政府专项拨款，通常只能用于特定的项目或支出，如基础设施建设、科研项目、教学设备等。这种规定虽然保证了资金的专款专用，但也在一定程度上限制了高校根据自身发展战略和实际需求调整资金的灵活性。例如，一些高校在科研经费管理上受到过于严格的使用限制，难以灵活分配资金用于前沿领域的创新项目。

近年来，国家逐步意识到赋予高校更多财务自主权的重要性，特别是在"双一流"建设和创新驱动战略背景下，高校被鼓励自主配置和使用资金，以提高其在科研、教学、社会服务等方面的竞争力。通过政策调整，国家逐步放宽了高校在经费使用上的限制，允许其根据实际需求灵活分配资金，推动高校在资源优化配置中的自主性提升。

2. 扩大经费使用与资金分配的自主性

高校财务自主权的扩大主要体现在经费使用和资金分配的灵活性上。通过自主决策，高校可以更有效地调配资金资源，满足教学科研发展的需求，同时在资源分配上实现创新性突破。

扩大高校财务自主权的一个重要表现是增加经费使用的灵活性。例如，政府拨款不再严格限定资金的具体用途，高校可以在科研、教学、基础设施等多个方面自由调配拨款，根据学科发展的需求和市场变化及时调整资金使用方向。这种灵活性能够使高校在科研经费管理上更加自主，尤其是在新兴学科和跨学科领域，能够迅速响应外部变化，推动前沿研究的发展。

高校在资金分配上获得更多自主权后，可以根据自身的战略目标，优先支持重点学科、重大科研项目以及人才引进等关键领域。例如，一些"双一流"高校通过自主管理科研经费，专注于国家重大科技项目和重点学科的发展，显著提升了科研创新能力。同时，在财政自主权的基础上，高校也能够吸引更多社会资本参与教育投资，如校友捐赠、社会捐赠等，从而拓展资金来源，进一步增强自主资金调配能力。

（二）与政府财政政策的协同发展

1. 政府财政政策对高校财务管理的影响

政府的财政政策一直是高校财务管理的重要指导依据。无论是教育拨款政策、科研资助政策，还是教育收费标准等，都直接影响高校的财务结构和资金运作模式。随着国家教育政策的调整和财政预算的变化，高校必须及时调整财务管理策略，以应对政策变化带来的挑战和机遇。

然而，随着国家经济形势和财政政策的调整，政府对高校的拨款政策也在不断变化。例如，近年来，政府加大了对"双一流"建设高校的拨款支持，推动高校在科研创新和学科建设方面取得突破性进展。但与此同时，一些普通高校的拨款比例有所下降，要求这些高校通过自主筹资和加强内部管理来弥补资金缺口。

国家对科研经费的管理越来越严格，并且随着科研项目竞争的加剧，科研资金的分配方式也变得更加复杂和多样化。高校需要根据政府的科研资助政策，灵活调整科研资金的管理方式，并且在科研经费使用上遵循更加透明和高效的管理标准，以获得更多的科研经费支持。

2. 高校财务管理与政府政策的协同机制

在扩大财务自主权的同时，高校必须与政府财政政策保持高度的协同配合，确保自身的财务管理能够与国家教育发展战略和财政政策调整相契合。通过建立完善的政策协同机制，高校不仅可以更好地利用政策红利，还能够实现财务管理的可持续发展。

高校需要根据国家财政政策的调整，及时更新自身的财务管理计划。例如，在教育拨款政策变化时，高校可以通过提高资金使用效率、优化资源配置以及加大社会资金筹集力度等方式，减少对政府拨款的依赖，确保学校财务稳定。此外，随着政府对教育收费政策的调整，高校也可以通过优化学费结构、增加收入来源，适应财政政策的变化。

高校在制定财务规划时，需要积极响应国家政策，确保与政府的教育政策保持一致。例如，在政府重点推动"双一流"建设的背景下，高校可以在财务规划中加大对重点学科建设、科研创新和国际合作的资金投入，以争取更多的政府拨款支持。此外，高校还可以根据国家财政政策的调整，优化科研经费管理和使用，提升项目竞争力，确保资金的高效使用。

3. 促进高校与政府之间的财政互动

高校与政府之间的财政互动机制是推动高校财务自主权与政府政策协调发展的重

要保证。通过建立良好的沟通与合作机制，政府可以更好地了解高校的财务需求，并通过政策支持高校的发展；同时，高校也能够根据政策导向，积极调整自身财务管理战略，实现与政府财政政策的有效衔接。

高校应积极与政府部门保持沟通，通过定期的财务报告和政策反馈，向政府展示高校的财务管理情况和资金需求，从而获得更多的政策支持。例如，一些高校通过定期提交资金使用情况报告，展现出在科研创新、人才培养等方面取得的显著成效，获得了政府更大力度的财政支持。

三、财务信息化与智能化管理的发展前景

随着科技的迅猛发展，信息化与智能化技术的不断创新为高校财务管理提供了更多可能性。未来，智能化财务管理系统将进一步普及，财务流程实现全面自动化，管理效率大幅提升。同时，云计算和区块链等前沿技术的广泛应用，将在数据安全、透明度和操作便捷性等方面为财务管理带来革命性变化。

（一）智能化财务管理系统的普及

1. 传统财务管理模式的局限性

传统的高校财务管理系统主要依赖人工操作和纸质文档，流程复杂、效率低下，且容易出现信息不对称、数据误差等问题。财务人员在预算编制、审批、报销、核算等过程中，常常面临大量烦琐的手工操作，工作负担大且效率低。此外，传统的财务系统还面临信息孤岛问题，不同部门间的数据无法互通，导致财务管理的信息化水平较低。

2. 智能化财务管理系统的普及与应用

随着科技的进步，智能化财务管理系统将在未来高校财务管理中全面普及，实现财务流程的全程自动化管理。智能化系统能够在预算编制、审批、报销、财务分析等多个环节中实现自动化处理，不仅提高了管理效率，还降低了出错率。同时，智能化系统具备数据共享、实时监控、自动生成报表等功能，为管理层提供了更为全面、准确的财务信息支持。

3. 人工智能与大数据技术的深入应用

智能化财务管理系统的普及离不开人工智能与大数据技术的支持。通过大数据分析，系统可以准确预测财务需求，自动优化预算分配和资金使用策略。而人工智能技术可以在财务审核、费用报销、异常检测等方面发挥重要作用，实现自动审核和实时

预警功能，降低人工操作的错误率，并提升管理的精准度。

人工智能技术可以应用于财务审核中，通过历史数据的学习和自动规则设置，系统能够对每笔支出进行自动审核，并及时发现异常开支。例如，当某项目的报销金额超过预算额度或不符合审批要求时，系统能够自动发出预警，提醒财务人员进行核查，避免资金使用中的违规现象。

大数据技术能够将高校的历史财务数据、实时支出数据与未来发展计划相结合，通过对大量数据的分析，智能化系统可以为财务管理提供精确的决策支持。例如，系统可以基于数据分析预测某项目的资金需求，并根据历史支出情况优化资金分配，从而提升财务管理的效率和合理性。

（二）云计算与区块链技术的广泛应用

1. 云计算技术的广泛应用

云计算技术为高校财务管理提供了更加灵活和高效的解决方案。通过将财务管理系统部署在云平台上，高校可以实现财务数据的实时存储、共享与访问，打破了传统财务系统中数据孤岛的问题。此外，云计算技术具备高扩展性和强大的计算能力，能够支持高校财务系统的灵活扩展和数据处理需求。

云计算技术使高校财务管理系统能够实现不同部门之间的实时数据共享，各部门可以通过云平台访问最新的财务信息，极大提高了协同管理的效率。例如，科研处、财务处、各院系可以通过云平台同时查看项目的预算执行情况，避免了数据孤立和重复操作的问题。

云计算技术减少了高校在硬件设备、服务器维护等方面的成本投入，高校只需根据需求购买云平台的使用服务，避免了传统财务系统中高昂的硬件和维护成本。此外，云计算平台的自动备份与数据安全机制，能够确保财务数据的安全存储和快速恢复，提升了财务系统的稳定性和安全性。

2. 区块链技术提升数据安全与透明度

区块链技术在财务管理中的应用将进一步提升数据的安全性和透明度。区块链作为一种去中心化的分布式账本技术，能够确保财务数据的不可篡改性和高度透明性。通过区块链，所有财务交易信息可以公开记录在链上，所有参与者都能实时查看数据流动情况，确保资金的透明使用。

区块链技术最大的优势在于其去中心化和不可篡改的特性。在高校财务管理中，区块链技术可以应用于资金流向记录、科研经费管理等场景，确保每一笔资金的使用都能够被记录并追踪，任何篡改行为都将被系统自动识别并拒绝。这种高度透明的财务管理方式，能够有效杜绝资金挪用、报销造假等违规操作，提升资金使用的透明度。

区块链中的智能合约技术能够用于财务审批流程的自动化管理。通过预先设定好的规则，智能合约可以自动执行资金划拨、预算审批等流程，减少人工干预，提升效率。例如，某科研项目完成审批流程后，智能合约会自动将资金拨付给相应的账户，实现全程自动化管理，既提高了资金使用效率，又保障了财务流程的透明性和安全性。

四、全球化背景下的财务管理创新

随着高校国际化进程的加速，全球化背景下的财务管理成为高校发展的重要议题。高校不仅要应对国内财务管理的复杂性，还需要适应国际化环境中跨国资金管理的挑战。在全球化背景下，国际合作的日益频繁以及跨境资金流动的增加，使得高校在财务管理中面临新的风险和机遇。为了提升高校财务管理的国际竞争力，高校需要在借鉴国际财务管理经验的同时，结合本土实际进行实践创新，从而构建适应全球化发展需求的财务管理体系。

（一）国际合作与全球化资金管理

1. 高校国际化进程中的资金管理挑战

随着越来越多的高校积极开展国际合作，参与全球科研项目、跨国学术交流和国际教育合作，资金的跨国流动变得越来越普遍。然而，跨国资金管理面临着比国内资金管理更加复杂的挑战，尤其是在外汇政策、税务政策、资金汇出汇入限制等方面，这对高校财务管理提出了更高的要求。

每个国家的外汇管理制度和税收政策各不相同，高校在进行跨国资金流动时，需要遵守各国的法律法规。这些政策差异可能导致资金的流动不顺畅，甚至会影响国际合作项目的顺利开展。例如，高校在进行国际科研合作时，可能面临外汇汇率波动、跨国税收负担等问题，这不仅增加了资金管理的难度，还可能对项目的整体预算产生影响。

国际化进程中，高校需要同时管理多种币种的资金流动，包括科研项目资金、国际学生学费、外籍教职员工薪酬等。这些资金不仅涉及不同币种的转换，还涉及汇率风险、外汇管制等问题。高校财务部门需要建立有效的多币种管理体系，确保资金安全、流动顺畅，防止因汇率波动带来的资金损失。

2. 全球化背景下的资金管理创新

为了应对全球化背景下的资金管理挑战，高校需要通过财务管理创新，构建跨国资金管理的机制和体系。这不仅包括适应不同国家和地区的资金管理政策，还需要通过信息化手段提升资金管理的效率与安全性。

（1）引入跨国资金管理系统。在国际化背景下，信息化和智能化技术在跨国资金管理中发挥着越来越重要的作用。高校可以通过引入跨国资金管理系统，进行多币种资金流动的实时监控、汇率风险管理以及资金流向的自动化处理。例如，系统可以根据汇率波动情况，自动进行资金兑换和流动安排，降低资金管理中的外汇风险。

（2）构建跨境资金流动的合规机制。为了确保资金流动的合规性和安全性，高校需要构建跨境资金流动的合规机制，确保每一笔跨国资金流动都符合法律法规要求。财务部门可以与法律、税务专家合作，针对不同国家的政策规定，制定相应的资金管理规范，确保国际合作项目中的资金流动不受外汇政策或税收政策的限制。

3. 国际科研项目资金管理的协同合作

随着全球科研合作项目的增加，高校不仅需要处理国内资金的管理，还需要与国际合作伙伴共同管理科研资金。跨国科研项目的资金管理涉及多方参与者，资金流动的透明性、合规性以及高效性至关重要。高校在国际科研合作中，通常会与合作机构共同设立联合科研基金。这种基金的管理需要透明、公平且符合法律规定。通过建立透明的资金管理机制，高校可以确保科研资金按计划合理使用，并与国际合作伙伴保持密切的财务协同，避免资金流动中的纠纷或管理不善问题。跨国科研项目资金的管理还应包括定期的资金监控与审计，确保每一笔资金的使用符合法律和项目的预算安排。高校可以引入第三方国际审计机构，定期对国际科研合作项目的资金使用进行独立审计，确保资金的透明性和使用效率。

（二）国际财务管理经验的借鉴与本土化实践

1. 国际先进财务管理经验的借鉴

全球知名高校在财务管理方面积累了丰富的经验，特别是在科研经费管理、预算管理、资源配置优化等方面，许多国际高校的管理模式已经相对成熟。借鉴这些高校的财务管理经验，可以帮助本土高校在财务管理上实现创新发展，提高资金使用效率和管理水平。

许多国际高校在科研经费管理上注重精细化和绩效导向。通过引入国际先进的科研经费管理模式，本土高校可以在科研项目的资金分配和使用上更加注重成果产出和经费效率。例如，美国高校通过大数据分析和绩效考核机制，优化科研经费的分配，提高科研项目的资金使用效益。

国外高校在预算管理和资源配置方面，普遍采取基于绩效的预算编制和分配方式。借鉴这种模式，本土高校可以在预算编制时设立明确的绩效目标，根据不同项目和部门的实际绩效调整预算分配，确保资金使用的合理性与高效性。

2. 本土化实践与创新

在借鉴国际先进财务管理经验的基础上，高校还需要结合本土实际情况进行实践创新，确保财务管理模式既能适应国际化需求，又能有效融入本地的法律、政策和文化环境。每个国家的财务法规、税务政策和教育管理体制存在差异，因此在引入国际财务管理经验时，必须充分考虑本土法规和政策的要求。例如，在中国，高校财务管理必须符合政府的预算审批、拨款管理等政策规定，因此在引入国际先进管理模式时，需要进行适当调整，确保符合本地的合规要求。在引进国际财务管理经验的同时，还需要考虑其与本土文化和管理实践的融合。例如，国际高校的资金管理注重自主性和分权管理，而本土高校的管理体系往往较为集中，因此在实际操作中，可以适度借鉴国际高校的分权管理模式，同时保留本土高校的集中管理优势，实现管理效率与灵活性的平衡。

3. 本土化创新的前景与发展方向

高校在进行财务管理创新的过程中，应积极探索本土化的实践模式，并在此基础上引入国际化视角。例如，通过建立更加自主灵活的科研经费管理机制，鼓励跨学科、跨领域的科研合作；或者通过引入国际化的预算管理和绩效考核体系，推动高校资金管理的精细化和透明化。在全球化背景下，高校可以借鉴国际科研经费管理模式，结合本土高校的实际需求，推动科研资金管理模式的创新，如设立专门的科研基金管理机构，集中管理科研经费，提升资金的透明性和使用效率。通过引入国际化预算管理模式，本土高校可以更加注重资金使用的绩效评估和资源优化配置。例如，可以根据项目的实际进展动态调整资金分配，确保资金的高效利用，并通过大数据分析和人工智能技术，提升财务管理的科学性和决策的精准性。

参考文献

[1] 顾艳，莫翔雁．高校财务管理［M］．延吉：延边大学出版社，2022.

[2] 熊一心．高校财务管理理论与实践研究［M］．长春：吉林出版集团股份有限公司，2023.

[3] 赵翔宇．高校财务管理改革与创新研究［M］．北京：北京工业大学出版社，2023.

[4] 刘斌．财务绩效与高校财务管理研究［M］．长春：吉林人民出版社，2022.

[5] 王艳荣．现代高校财务管理的实施与创新［M］．长春：吉林大学出版社，2024.

[6] 李强．高校财务管理与发展新探［M］．成都：电子科学技术大学出版社，2021.

[7] 段顺玲，李灿芳．财务管理［M］．北京：北京理工大学出版社，2020.

[8] 栾泽沛，刘芳菲，于瑞杰．高校财务管理与会计理论应用［M］．北京：中国商务出版社，2022.

[9] 辛妍．新时期高校财务管理与审计［M］．北京：新华出版社，2022.

[10] 肖首荣，张亚丽，王晗作．财务管理与会计研究［M］．长春：吉林科学技术出版社，2023.

[11] 王力东，李晓敏．财务管理［M］．北京：北京理工大学出版社，2019.

[12] 张书玲，肖顺松，冯燕梁．现代财务管理与审计［M］．天津：天津科学技术出版社，2021.

[13] 杨汉荣．高校财务管理改革与创新研究［M］．北京：北京工业大学出版社，2021.

[14] 孙慧玲．新时期高校财务管理创新探索与发展［M］．北京：新华出版社，2023.

[15] 袁凤林．创业财务管理［M］．北京：机械工业出版社，2020.

[16] 索金龙，申昉．高校财务管理技术创新研究［M］．北京：北京工业大学出版社，2020.

[17] 宋振水．"互联网+"视域下的高校财务管理创新研究［M］．西安：陕西科学技术出版社，2022.

［18］吕素昌，孙永杰，徐娜娜．高校财务管理绩效评价研究［M］．北京：北京工业大学出版社，2020.

［19］宋大龙．新形势下高校财务管理与审计监督［M］．长春：吉林人民出版社，2021.

［20］杨丹华．新形势下高校财务管理与发展研究［M］．太原：山西经济出版社，2021.

［21］李巧巧，魏玉平．国际财务管理理论与实务第1版［M］．武汉：华中科技大学出版社，2022.

［22］刘振鹏．山东省教育财务管理研究第10辑［M］．济南：山东大学出版社，2022.

［23］张远康．新时期高校财务管理问题研究［M］．天津：天津科学技术出版社，2019.

［24］金贵娥．民办高校财务管理研究［M］．武汉：华中科技大学出版社，2017.

［25］文静，赵宏强．财务管理实务［M］．成都：西南交通大学出版社，2018.

［26］徐峰．现代高校财务管理的实施与监督［M］．长春：东北师范大学出版社，2018.

［27］金宏莉，曾红．大数据时代企业财务管理路径探究［M］．北京：中国书籍出版社，2021.

［28］杨宗岳．财务管理必备制度与表格典范［M］．北京：企业管理出版社，2020.

［29］孙杰．高校财务管理创新理念与关键问题探索［M］．长春：吉林大学出版社，2018.

［30］胡服．中国高校财务管理探索［M］．昆明：云南人民出版社，2014.